Cloud Native

클라우드 네이티브

| 표지 설명 |

표지 그림은 주홍도요(purple sandpiper, 학명 *Calidris maritime*)입니다. 유럽 북서부, 캐나다의 북극 제도의 툰드라에서 서식하는 포동포동한 섭금류입니다. 대서양의 암석해안 부근에서 겨울을 보냅니다. 다리는 짧고 노란색이며, 몸은 회색에 보라색이 약간 섞여 있습니다. 부리는 약간 아래쪽으로 구부려져 있습니다. 몸길이는 보통 21~24cm, 몸무게는 70g입니다. 수컷과 암컷은 비슷하게 생겼습니다. 새끼는 부화한 지 몇 시간 지나지 않아도 땅 위를 걸으며 먹이를 찾으면 먹기도 합니다. 주로 곤충, 연체동물, 거미, 씨앗을 먹고 삽니다. 도요새와 다른 섭금류의 흔한 행동은 달리기입니다. 이는 포식자들로부터 둥지를 보호하기 위한 행동입니다. 헝클어진 깃털을 휘날리며, 꽥꽥 소리를 내면서 포식자로부터 도망칩니다. 작은 설치류가 도주할 때 하는 행동과 비슷해서 포식자들을 둥지로부터 유인할 수 있습니다.

오라일리 표지에 등장하는 동물은 대부분 멸종 위기종입니다. 이 동물들은 모두 소중한 존재입니다. 표지 그림은 『British Birds』에서 가져왔고 캐런 몽고메리(Karen Montgomery)가 채색했습니다.

클라우드 네이티브

클라우드 네이티브 애플리케이션을 설계, 개발, 운영하는 핵심 가이드

초판 1쇄 발행 2020년 6월 13일

지은이 보리스 숄, 트렌트 스완슨, 피터 야우쇼베츠 / **옮긴이** 정원천 / **펴낸이** 김태헌
펴낸곳 한빛미디어(주) / **주소** 서울시 서대문구 연희로2길 62 한빛미디어(주) IT출판부
전화 02-325-5544 / **팩스** 02-336-7124
등록 1999년 6월 24일 제25100-2017-000058호 / **ISBN** 979-11-6224-318-3 93000

총괄 전정아 / **책임편집** 이상복 / **기획 · 편집** 김지은 / **교정** 백지선
디자인 표지 최연희 내지 김연정 조판 백지선
영업 김형진, 김진불, 조유미 / **마케팅** 박상용, 송경석, 조수현, 이행은, 홍혜은 / **제작** 박성우, 김정우

이 책에 대한 의견이나 오탈자 및 잘못된 내용에 대한 수정 정보는 한빛미디어(주)의 홈페이지나 아래 이메일로
알려주십시오. 잘못된 책은 구입하신 서점에서 교환해드립니다. 책값은 뒤표지에 표시되어 있습니다.

한빛미디어 홈페이지 www.hanbit.co.kr / 이메일 ask@hanbit.co.kr

지금 하지 않으면 할 수 없는 일이 있습니다.
책으로 펴내고 싶은 아이디어나 원고를 메일(writer@hanbit.co.kr)로 보내주세요.
한빛미디어(주)는 여러분의 소중한 경험과 지식을 기다리고 있습니다.

Cloud Native

클라우드 네이티브

O'REILLY® **HB** 한빛미디어
Hanbit Media, Inc.

지은이·옮긴이 소개

지은이 **보리스 숄** Boris Scholl

마이크로소프트 애저 컴퓨트 팀의 수석 프로그램 관리자. 애저 컴퓨트 팀에서 제품 아키텍트로 일하고 있으며 차세대 분산 시스템 플랫폼과 애플리케이션 모델에 집중하고 있습니다.

지은이 **트렌트 스완슨** Trent Swanson

소프트웨어 솔루션 설계를 돕는 컨설팅 회사인 Full Scale 180의 공동창업가 및 컨설턴트. 마이크로소프트의 고객들이 애플리케이션을 마이그레이션하고 개발할 수 있도록 돕고 있다.

지은이 **피터 야우쇼베츠** Peter Jausovec

소프트웨어 개발 분야에서 10년 이상 경력을 지닌 소프트웨어 엔지니어. 마이크로소프트에서 애저 개발과 클라우드 툴링을 개발한 경험이 있습니다. 그러나 최근에는 분산 시스템 및 클라우드 네이티브 솔루션 개발에 집중하고 있습니다.

옮긴이 **정원천** arisu1000@gmail.com

클라우드 개발 업무를 하고 있으며, 커뮤니티 스피커로 관련 분야의 발표를 진행한 경험이 있습니다. 최근에는 클라우드 분야에 남다른 열정으로 개인 블로그에 관련 지식을 업로드하고 있습니다. 『쿠버네티스 입문』(동양북스, 2020)를 집필했고, 『자바 프로그래밍 면접, 이렇게 준비한다』(한빛미디어, 2015), 『C++ 버그 헌팅』(한빛미디어, 2013), 『클라우드 컴퓨팅 바이블』(길벗, 2012), 『프로 윈도우폰 7 개발』(길벗, 2012)을 번역했습니다.

옮긴이의 말

클라우드 사용이 보편화면서 클라우드 사용 방법뿐만 아니라 클라우드 위에서 동작하는 애플리케이션 개발 환경이 중요해졌습니다. 이 책은 그런 부분을 다루고 저자들이 수년간 컨설팅 경험에서 쌓아온 다양한 노하우를 소개합니다. 구체적인 예제보다 특정 문제나 아키텍처에 어떻게 접근해야 하는지를 설명합니다. 그렇다고 단순히 이론만 제공하는 것은 아닙니다. 실질적인 접근 방법을 제시하여 클라우드 네이티브로 전환하고자 하는 독자에게 매우 유용할 것입니다.

클라우드 네이티브로 전환한다는 것은 단순히 애플리케이션을 컨테이너나 함수로 변경하는 것이 아닙니다. 애플리케이션이 다루는 데이터는 어디에 어떤 구조로 저장해야 하는지, 마이크로서비스에서 비동기 통신은 어떻게 동작하는지, 배포를 위한 CI/CD 환경은 어떻게 구성해야 하는지, 운영 중인 앱의 모니터링을 어떻게 하는지, 멀티 클라우드 공급자를 사용할 때는 무엇을 주의해야 하는지 등 전반적인 내용을 이 책에서 모두 배울 수 있습니다.

저 또한 이 책에서 다양한 지식을 배울 수 있었고 현업에서 고민하던 문제들을 해결할 수 있었습니다. 이 책을 읽는 모든 독자들에게도 큰 도움이 될 것이라고 확신합니다.

좋은 책을 번역할 기회를 주시고 투박한 초고 내용을 잘 검토해주신 한빛미디어 김지은 님께 감사의 인사를 드립니다. 번역하는 동안 함께 보내는 시간이 줄어들어도 옆에서 항상 큰 힘이 되어준 아내와 아들 수인에게 감사를 전합니다.

정원천

2020년 5월

여러 회사와 산업계의 리더들이 와츠 험프리Watts Humphrey의 말을 바꿔서 "모든 사업은 소프트웨어 사업이 될 것입니다"라고 다시 말하고 있습니다. 와츠 험프리가 내다본 미래 예측은 정확했습니다. 소프트웨어가 전 세계를 장악하고 있으며 정체된 회사에 도전하고 있습니다. 넷플릭스는 미디어 산업, 우버는 교통 산업을 변화시켰습니다. 에어비앤비는 숙박 산업에 도전하고 있습니다. 몇 년 전만 해도 상상할 수 없는 일이었지만, 소프트웨어는 모든 산업군에 있는 스타트업이 새로운 모험에 나설 수 있게 만들고 새로운 사고방식과 사업 모델을 구축할 수 있게 도와줍니다.

앞서 언급한 회사들이 제공하는 서비스는 클라우드에서 실행되므로 '클라우드에서 탄생한 회사'라고 불립니다. 이런 서비스들은 회사가 시장에서 고객 요구에 빠르게 반응할 수 있도록 구성되어 있습니다. 짧은 기간 안에 서비스를 업데이트 및 수정해서 배포할 수 있고, 최신 기술을 사용하고, 클라우드가 제공하는 경제적인 장점을 누리고 있습니다. 클라우드 네이티브한 방법으로 개발한 서비스는 회사의 사업 모델을 다시 생각해서 구독기반 모델과 같은 새로운 모델로 변경할 수 있습니다. 이런 서비스들을 **클라우드 네이티브 애플리케이션**cloud native application이라고 합니다.

클라우드 네이티브 애플리케이션의 성공과 인기가 많은 기업에서 클라우드 네이티브 아키텍처를 사용하도록 만들었습니다. 이와 관련한 많은 개념이 온프레미스on-premises 애플리케이션에 영향을 미치고 있습니다.

클라우드 네이티브 애플리케이션의 심장은 **컨테이너**container, **함수**function, **데이터**data입니다. 각 기술을 구체적으로 설명하는 책들은 시중에 이미 많이 있습니다. 클라우드 네이티브 애플리케이션은 이러한 모든 기술을 사용하고 클라우드의 모든 장점을 활용합니다. 필자는 많은 사람이 이런 기술을 활용해 클라우드 네이티브 애플리케이션을 설계하고 개발할 때 애쓰는 걸 많이 봤습니다. 그래서 개발자와 아키텍트가 클라우드 네이티브 애플리케이션을 설계할 때 필요한 기본 지식을 제공하기 위해 이 책을 집필했습니다.

이 책은 독자가 분산 컴퓨팅의 기본 개념을 이해하고, 그 개념들이 클라우드 네이티브 애플리케이션과 어떤 관련이 있는지 이해하는 것에서 시작합니다. 그다음 컨테이너와 함수를 자세히 살펴봅니다. 추가로 서비스 커뮤니케이션 패턴, 회복성, 데이터 패턴을 다룰 뿐만 아니라 언제 사용하는지에 대한 방향도 제시합니다. 필자가 클라우드 네이티브 애플리케이션에 유용하게 사용했던 데브옵스 접근법, 이식성 고려, 모범 사례 등을 제공합니다.

이 책은 특정한 요구 사항을 만족하는 클라우드 네이티브 애플리케이션 개발에 필요한 단계적인 구현 방법을 제공하지 않습니다. 그러나 이 책을 읽고 나면, 성공적인 클라우드 네이티브 애플리케이션을 설계, 개발, 운영하는 데 도움이 되는 지식을 얻을 수 있습니다. 튜토리얼은 특정 주제에 대해 훌륭하게 작동됩니다. 하지만 클라우드 네이티브 애플리케이션의 개발에 필요한 기본 개념을 이해하면, 팀은 성공적인 클라우드 네이티브 애플리케이션을 만드는 데 필요한 기술을 익힐 수 있습니다.

감사의 말

오라일리 담당 편집자 니콜 타셰Nicole Taché와 이 책에 헌신해준 기술리딩들과 베타리더들에게 감사의 말을 전합니다. 더불어 책의 품질 개선을 위해 검토하고 의견을 준 하이시 바이Haishi Bai 와 부샨 네네Bhushan Nene에게 감사합니다.

보리스는 참을성을 갖고 그의 곁을 지켜준 아내 크리스티나Christina와 자녀 마리에Marie와 안톤 Anton에게 감사를 전합니다.

트렌트는 그를 지원하고 참아준 아내 리사Lisa와 아들 마크Mark에게 감사를 전합니다.

피터는 밤낮을 가리지 않고 책을 쓸 때에도 항상 옆에서 격려하고 이해해준 아내 니베스Nives에 게 감사를 전합니다.

CONTENTS

CONTENTS

CHAPTER **3 클라우드 네이티브 애플리케이션 설계**

CHAPTER 4 데이터 다루기

CONTENTS

CONTENTS

CONTENTS

CHAPTER 7 이식성

CONTENTS

CHAPTER 1

클라우드 네이티브 소개

클라우드 네이티브 애플리케이션이란 무엇일까요? 클라우드 네이티브 모델을 클라우드^{cloud}뿐만 아니라 에지^{edge}에서도 사용하는 매력적인 이유는 무엇일까요? 마지막으로 클라우드 네이티브 애플리케이션을 설계하고 개발하는 방식은 무엇일까요? 모든 질문에 대한 답은 이 책에서 찾을 수 있습니다. 그러나 이러한 궁금증을 해결하기 전에 클라우드 네이티브 세계에 대한 간략한 소개, 최신 클라우드 네이티브 애플리케이션과 환경을 이해하는 데 필요한 기본 개념과 가정을 먼저 살펴보겠습니다.

1.1 분산 시스템

클라우드 네이티브 애플리케이션을 개발할 때 개발자가 처음으로 마주치는 가장 큰 장애물은 같은 장비에 있지 않은 서비스들을 다루고 장비들 사이의 네트워크를 고려해야 하는 것입니다. 하지만 이 부분을 모르는 많은 개발자가 이미 분산 시스템의 세계에 들어섰습니다. **분산 시스템**^{distributed system}은 개별 컴퓨터들이 네트워크로 연결되어서 하나의 컴퓨터로 보이는 시스템입니다. 컴퓨팅 파워를 장비 여러 대로 분산하는 것은 안정성, 신뢰성, 경제성을 위한 훌륭한 방법입니다. 예를 들어 대부분 클라우드 제공자는 값싼 하드웨어를 사용하고, 소프트웨어 기반 솔루션으로 고가용성과 신뢰성과 같은 문제들을 해결하고 있습니다.

1.1.1 분산 시스템의 오류

분산 시스템의 세계에 들어설 때 대부분 개발자와 아키텍트가 반드시 알아야 하는 몇 가지 잘못되거나 근거 없는 가정이 있습니다. 썬 마이크로시스템즈의 펠로였던 피터 도이치Peter Deutsch는 1994년에 분산 컴퓨팅의 오류를 밝혀냈습니다. 그 당시에는 아무도 클라우드 컴퓨팅에 대해 생각하지 않았습니다. 클라우드 네이티브 애플리케이션 핵심에 분산 시스템이 있어서 이런 오류는 오늘날에도 여전히 유효합니다. 도이치가 언급한 다음 오류 목록은 클라우드 네이티브 애플리케이션에도 적용됩니다.

네트워크는 안정적이다

클라우드에서도 네트워크가 안정적이라고 가정할 수 없습니다. 서비스들은 다른 장비들에 있기 때문에 잠재적인 네트워크 실패에 대응하도록 소프트웨어를 개발해야 합니다. 이 책의 뒷부분에서 다루겠습니다.

네트워크 지연이 없다

지연과 대역폭은 종종 헷갈리기 때문에 차이를 이해하고 있어야 합니다. 지연은 데이터를 받을 때까지 걸리는 시간을 의미합니다. 대역폭은 주어진 시간 동안 얼마나 많은 데이터를 전송할 수 있는지를 의미합니다. 지연은 사용자 경험과 성능에 큰 영향을 미치기 때문에 다음 사항들을 주의해야 합니다.

- 네트워크 호출과 네트워크에 대한 대화를 자주 하지 않도록 합니다.

- 클라이언트 가까운 곳에 데이터를 두도록 클라우드 네이티브 애플리케이션을 설계합니다. 이를 위해 캐싱caching, 콘텐츠 전송 네트워크content delivery network(CDN), 멀티리전multiregion 배포 등을 활용합니다.

- 새로운 데이터를 인지하고 즉시 이용 가능하도록 로컬에 저장하기 위해 발행/구독pub/sub 방법을 이용합니다. pub/sub 같은 메시징 패턴은 3장에서 자세히 다룹니다.

대역폭은 무한대다

최근 들어 네트워크 대역폭은 큰 이슈가 아니지만, 에지 컴퓨팅 같은 새로운 기술과 영역에서는 대역폭이 더 많이 필요합니다. 예를 들어 무인 자동차는 하루에 50테라바이트 정도 용량의 데이터를 만들어낼 거라고 예상합니다. 이 정도 크기의 데이터를 다루려면 클라우드 네이티브 애플리케이션을 설계할 때 대역폭도 고려해야 합니다. 도메인 주도 설계domain-driven design(DDD)와 명령 쿼리 책임 분리command query responsibility segregation(CQRS) 같은 데이터 패턴은 대역폭이 커야 하는 환경에서 매우 유용합니다. 클라우드 네이티브 애플리케이션의 데이터를 어떻게 다뤄야 하는지는 4장과 6장에서 다룹니다.

네트워크는 안전하다

네트워크에서 개발자는 두 가지를 고려해야 합니다. 진단과 보안입니다. 네트워크가 안전하다는 가정은 치명적이며, 개발자나 아키텍트는 설계할 때 보안에 항상 높은 우선순위를 둬야 합니다. 예를 들어 **심층 방어**defense-in-depth 같은 방법을 고려해야 합니다.

토폴로지는 변하지 않는다

애완동물 대 소 떼pets versus cattle는 컨테이너의 등장과 함께 인기를 얻게 된 용어입니다. 장비를 정적 IP와 같은 속성들의 집합을 가진 엔티티(예: 애완동물)로 다루지 않습니다. 대신에 장비를 특별한 속성이 없는 무리의 멤버로 다룹니다. 이 개념은 클라우드 네이티브 애플리케이션에서 매우 중요합니다. 클라우드 환경은 탄력성을 제공하므로 장비들은 자원 소모량과 초당 요청 횟수 같은 기준에 따라 추가하거나 제거할 수 있습니다.

관리자는 한 명이다

전통적인 소프트웨어 개발에서는 한 명이 애플리케이션의 환경, 설치, 업그레이드에 대한 권한을 가지고 있는 게 일반적이었습니다. 그러나 최근의 클라우드 아키텍처와 데브옵스 방법은 소프트웨어 개발 방법을 변화시켰습니다. 최신 클라우드 네이티브 애플리케이션은 여러 팀이 나눠서 개발한 많은 서비스로 구성되어 있습니다. 따라서 한 명이 문제를 해결할 수 없을 뿐만 아니라 전체 애플리케이션을 이해하는 것도 현실적으로 불가능해졌습니다. 따라서 이 책에서는 **배포 관리**release management, **디커플링**decoupling, **로깅**logging, **모니터링**monitoring과 같은 중요한 개념을 소개할 것입니다. 5장에서 클라우드 네이티브 애플리케이션을 위한 일반적인 데브옵스 방법들을 설명하겠습니다.

전송 비용이 없다

클라우드 네이티브 관점에서 보면 전송 비용을 바라보는 두 가지 방법이 있습니다. 첫째, 전송은 네트워크에서 발생하고 대부분 클라우드 제공 업체에서 네트워크 비용은 무료가 아닙니다.

대부분 클라우드 제공 업체는 들어오는 데이터에는 과금하지 않지만 나가는 데이터에 대해 과금합니다. 둘째, 페이로드payload를 오브젝트로 변환하는 비용이 무료가 아닙니다. 예를 들어 네트워크 호출 지연 외에도 직렬화와 역직렬화를 고려해야 하는 상당히 비싼 연산입니다.

네트워크는 동등하다

대부분 개발자와 아키텍트가 애플리케이션을 만들 때, 서로 다른 프로토콜의 존재를 고려한다는 점을 생각해보면 이 말은 거의 가치가 없습니다.

이러한 오류들은 이미 오래 전에 문서로 만들어졌지만, 사람들이 클라우드 네이티브 세계에 들어설 때 잘못된 가정을 하지 않도록 도와줍니다. 이 책에서 분산 컴퓨팅의 이러한 오류들을 고려한 패턴과 모범 사례를 다룰 예정입니다.

1.1.2 CAP 이론

CAP 이론은 분산 시스템에서 자주 언급되는 이론입니다. CAP 이론은 모든 네트워크 공유 데이터 시스템의 다음 세 가지 중 두 가지만 만족한다는 내용입니다.

- 일관성consistency (C)은 데이터는 하나의 동일한 복제본을 가지고 있다는 의미입니다.

- 데이터의 고가용성availability (A)

- 네트워크 파티션partition (P)이 가능합니다.

현실에서는 항상 네트워크 파티션이 발생합니다(기억해봅시다. '네트워크는 안정적이다'는 분산 컴퓨팅의 여러 가지 오류 중 하나입니다). 그래서 CAP 이론에 따르면 일관성과 고가용성만 최적화할 수 있다는 뜻입니다. 카산드라 같은 NoSQL 데이터베이스들은 가용성을 최적화합니다. 하지만 SQL 기반 시스템들은 ACIDatomicity, consistency, isolation, durability 원리를 지키기 위해 일관성을 최적화합니다.

1.2 12요소 앱

서비스형 인프라^{infrastructure as a service}(IaaS)와 서비스형 플랫폼^{platform as a service}(PaaS)의 초기에 클라우드에서의 애플리케이션 개발에는 새로운 방법이 필요하다는 게 빨리 밝혀졌습니다. 예를 들어 온프레미스에서의 확장은 주로 장비에 자원을 추가하는 방식의 수직적 확장이었습니다. 반면 클라우드에서의 확장은 장비 여러 대에 로드를 분산하는 방식의 수평적 확장입니다. 이런 형식의 확장은 애플리케이션에 상태가 없어야 합니다. 이건 **12요소 앱**^{Twelve-Factor App} 선언 (*https://12factor.net*)의 한 가지 요소입니다. 12요소 앱 방법론은 클라우드 네이티브 애플리케이션의 기초로 생각할 수 있고 클라우드에서 애플리케이션을 개발하기 위한 모범 사례들을 참고해서 헤로쿠^{Heroku}의 엔지니어들이 처음으로 소개했습니다. 클라우드 개발은 12요소 선언문 이후로 발전했지만, 그 원칙들은 여전히 유효합니다. 클라우드 네이티브 애플리케이션을 위한 12요소와 의미는 다음과 같습니다.

1. 코드베이스: 버전 관리되는 하나의 코드베이스와 다양한 배포

애플리케이션당 하나의 코드베이스만 있어야 합니다. 이런 코드베이스로 개발, 테스트, 실서비스와 같은 다양한 환경에 배포할 수 있습니다. 클라우드 네이티브 아키텍처에서는 서비스나 함수당 하나의 코드베이스가 있어야 한다는 의미입니다. 각각의 지속적 통합^{continuous integration}(CI)과 지속적 배포^{continuous deployment}(CD)의 조합인 CI/CD가 있습니다.

2. 종속성: 명시적으로 선언되고 분리된 종속성

종속성을 선언하고 분리하는 건 클라우드 네이티브 개발에서 중요한 관점입니다. 온프레미스와 클라우드 환경의 차이 때문에 종속성을 읽어버리거나 버전 불일치로 많은 이슈가 발생합니다. 일반적으로 메이븐이나 npm 같은 언어별 종속성 관리자를 항상 사용해야 합니다. 컨테이너는 도커파일 안에 종속성을 선언하고 모든 종속성을 컨테이너 내부에 함께 패키지해서 종속성과 관련된 문제를 많이 줄였습니다. 셰프^{Chef}, 퍼핏^{Puppet}, 앤서블^{Ansible}, 테라폼^{Terraform}도 시스템 종속성을 관리하고 설치하는 훌륭한 도구들입니다.

3. 설정: 환경에 저장된 설정

설정은 코드와 엄격하게 분리해야 합니다. 그래야 환경별로 설정을 쉽게 적용할 수 있습니다. 예를 들어 사용자는 테스트 환경에서 사용하는 다른 정보와 모든 연결 문자열을 저장하는 테스트 설정 파일이 있습니다. 이때 같은 애플리케이션을 실제 서비스 환경에 배포하고 싶다면 사용자는 설정만 변경하면 됩니다. 최근에 많은 플랫폼은 외부 설정을 지원합니다. 쿠버네티스의 ConfigMap이나 클라우드 환경의 매니지드 설정 서비스들이 있습니다.

4. 백엔드 서비스: 백엔드 서비스를 연결한 리소스로 취급

백엔드 서비스는 '앱이 일반적인 동작을 위해 네트워크를 통해 사용하는 모든 서비스'라고 정의합니다. 클라우드 네이티브 애플리케이션의 경우, 백엔드 서비스는 매니지드 캐싱 서비스 managed caching service 또는 서비스형 데이터베이스database as a service (DBaaS) 등이 될 수 있습니다. 여기서 추천하는 것은 결합도를 떨어뜨릴 수 있게 외부 설정 시스템에 저장된 설정 정보로 백엔드 서비스에 접근하는 것입니다. 이런 원칙은 클라우드 네이티브 애플리케이션에도 유효합니다.

5. 빌드, 릴리즈, 실행: 철저하게 분리한 빌드와 실행 단계

CI/CD 사례를 이용해 빌드와 릴리즈 단계를 완벽하게 자동화하는 것이 좋습니다(5장 참조).

6. 프로세스: 애플리케이션을 하나 또는 여러 개의 상태가 없는 프로세스로 실행

앞에서 설명했듯이, 클라우드에서 연산은 상태가 없어야 합니다. 즉, 데이터는 프로세스 외부에 저장해야 합니다. 따라서 클라우드 컴퓨팅의 약속 중 하나인 탄력성을 갖게 됩니다.

7. 데이터 격리: 각 서비스가 자신의 데이터를 관리

클라우드 네이티브 애플리케이션의 일반 패턴이며 마이크로서비스 아키텍처의 핵심 요소입니다. 각 서비스가 API를 통해서만 접근할 수 있도록 자신의 데이터를 관리합니다. 즉, 애플리케이션의 일부인 다른 서비스가 또 다른 서비스의 데이터에 직접 접근할 수 없다는 것을 의미합니다.

8. 동시성: 프로세스 모델을 사용한 확장

클라우드 네이티브 애플리케이션의 중요한 두 가지 장점은 확장과 자원 사용량 개선입니다. 각 서비스와 함수를 독립적이고 수평적으로 확장할 수 있음을 의미합니다. 그래서 사용자는 더 나은 자원 사용량을 달성할 수 있습니다.

9. 폐기 가능: 빠른 시작과 그레이스풀 셧다운을 통한 안정성 극대화

컨테이너와 함수는 빠른 시작 시간을 제공한다는 점에서 이미 이 조건들을 만족합니다. 시나리오에서 충돌이나 확장에 대한 부분이 설계할 때 종종 빠집니다. 이는 함수나 컨테이너의 인스턴스 개수가 줄어드는 것을 의미합니다.

10. 개발/실서비스 일치: 개발, 스테이징, 실서비스 환경을 최대한 비슷하게 유지

컨테이너는 서비스의 모든 종속성을 패키지할 수 있게 합니다. 이로 인해 환경 불일치 문제가 줄어듭니다. 시나리오에 따라 까다로운 차이가 있을 수 있습니다. 특히 개발 환경을 온프레미스에서 이용할 수 없는 매니지드 서비스에서 그렇습니다. 5장에서 환경을 가능한 한 일관성 있게 만들기 위한 방법과 기술을 설명하겠습니다.

11. 로그: 로그를 이벤트 스트림으로 취급

로깅은 분산 시스템에서 가장 중요한 작업입니다. 움직이는 부분이 너무 많고 좋은 로깅 전략이 없다면, 애플리케이션이 예상대로 동작하지 않을 때 '눈 가리고 아웅'하는 상태가 되고 맙니다. 12요소 선언은 로그를 스트림으로 다뤄서 외부 시스템으로 보내라고 합니다.

12. 관리 프로세스: 관리 작업을 일회성 프로세스로 실행

관리 작업은 수명이 짧은 프로세스로 실행하라는 의미입니다. 함수와 컨테이너는 이렇게 할 수 있는 훌륭한 도구들입니다.

이 책에서 이런 개념들을 많이 배울 것입니다. 클라우드 네이티브 애플리케이션에서 여전히 큰 도움이 되는 요소들이기 때문입니다.

1.3 가용성과 서비스 수준 협약서

대부분 클라우드 네이티브 애플리케이션은 컨테이너나 함수 같이 연산하는 애플리케이션의 조합이지만 DBaaS, 캐싱 서비스, 인증 서비스와 같은 매니지드 클라우드 서비스도 있습니다. 여러 서비스를 통합한 서비스 수준 협약서^{service-level agreement}(SLA)의 가용성이 개별 서비스의 최고 가용성만큼 높을 수 없습니다. 서비스 수준 협약서는 보통 연간 실행 시간으로 측정합니다. 더 쉽게 말하자면 '9의 개수'로 표현합니다. [표 1-1]은 클라우드 서비스의 일반적인 가용성 퍼센트를 실제 다운타임으로 환산해서 보여줍니다.

표 1-1 업타임 퍼센트와 서비스 다운타운

가용성(%)	연간 다운타임	월간 다운타임	주간 다운타임
99%	3.65일	7.20시	1.68시
99.9%	8.76시	43.2분	10.1분
99.99%	52.56분	4.32분	1.01분
99.999%	5.26분	25.9초	6.05초
99.9999%	31.5초	2.59초	0.605초

다음은 통합 서비스 수준 협약서의 예입니다.

- 서비스 1 (99.95%) + 서비스 2 (99.90%): 0.9995 × 0.9990 = 0.9985005

즉, 이 예의 통합 서비스 수준 협약서는 99.85%입니다.

1.4 마치며

많은 개발자가 클라우드에서 개발을 시작할 때 세 가지 주요 도전에 직면하게 됩니다. 첫째, 분산 시스템을 이해해야 합니다. 둘째, 컨테이너와 함수 같은 새로운 기술을 이해해야 합니다. 셋째, 클라우드 네이티브 애플리케이션을 개발할 때 어떤 패턴을 이용해야 하는지 알아야 합니다. 분산 시스템의 오류, 12요소 선언, 통합 SLA 같은 기본에 익숙해져야 클라우드 개발에 쉽게 적용할 수 있습니다. 이 장에서는 앞으로 책에서 다룰 아키텍처 관련 고려 사항과 패턴을 더 잘 이해할 수 있도록 클라우드 네이티브의 기본 개념을 소개했습니다.

CHAPTER 2

기본 지식

1장에서 살펴봤듯이, 클라우드 네이티브 애플리케이션은 기본적으로 분산된 클라우드 인프라를 활용한 애플리케이션입니다. 수많은 기술로 클라우드 네이티브 애플리케이션을 구현할 수 있습니다. 컴퓨트 관점에서 보면 **함수**^function와 **컨테이너**^container가 있습니다. 아키텍처 관점에서는 **마이크로서비스 아키텍처**^microservices architecture가 최근에 많은 인기를 얻고 있습니다. 이러한 용어들은 종종 잘못 사용되거나 서로 같은 기술로 오해를 받기도 합니다. 실제로, 함수와 컨테이너는 서로 다른 목적을 지닌 다른 기술입니다. 반면 마이크로서비스는 아키텍처 방식을 설명합니다. **이벤팅**^eventing과 **메시징**^messaging 기술을 포함한 함수와 컨테이너 사용 방법을 이해하면 개발자는 가장 효율적이고 민첩한 방법으로 차세대 클라우드 네이티브 마이크로서비스 애플리케이션을 설계, 개발, 운영할 수 있게 됩니다. 이러한 종류의 애플리케이션을 설계할 때 아키텍처적 결정을 올바르게 하려면 용어와 기술의 기본을 정확히 아는 것이 가장 중요합니다. 따라서 2장은 클라우드 네이티브 애플리케이션이 사용하는 중요한 기술을 설명하고 마이크로서비스 아키텍처 스타일의 전반적인 내용을 소개합니다.

2.1 컨테이너

초기에는 스타트업과 클라우드 기반 회사들만 컨테이너에 주목했습니다. 그러나 몇 년 후, 컨테이너라는 단어는 애플리케이션 현대화와 동의어가 되었습니다. 현재는 컨테이너를 사용하지 않거나 앞으로 컨테이너 사용을 고려하지 않는 회사들이 거의 없을 정도입니다. 따라서 모든 아키텍트와 개발자는 컨테이너가 제공하는 기술과 제공하지 못하는 기술을 정확히 이해해야 합니다.

오늘날 대부분 사람이 언급하는 컨테이너는 '도커 컨테이너'를 의미합니다. 도커가 현재의 컨테이너 붐을 일으킨 기술이기 때문입니다. 그러나 컨테이너는 리눅스 운영체제 세계에서 이미 10년 이상 된 기술입니다. 컨테이너가 처음 나왔을 때, 운영체제를 프로세스별로 독립적으로 사용했습니다. 컨테이너를 프로세스별로 사용하면 애플리케이션 여러 개를 실행할 때 서로 간섭하지 않아서 안전하게 실행할 수 있기 때문입니다. 이러한 프로세스를 따로 관리하기 위해 리눅스 커널 기능인 네임스페이스와 컨트롤 그룹을 사용했습니다. 네임스페이스는 운영체제별로 다른 구성 요소를 구분하여 격리된 작업 공간을 만들어줍니다. 컨트롤 그룹은 자원 활용을 효율적으로 다룰 수 있도록 컨테이너 하나가 시스템의 모든 자원을 전부 사용할 수 없게 관리합니다.

커널 기능의 어떤 부분을 사용해야 하는지 익숙하지 않은 개발자를 위해 리눅스 컨테이너Linux Containers(LXC)가 나오게 되었습니다. LXC는 복잡한 기술로 조합된 '컨테이너'를 추상화해서 사용하기 편하게 해줍니다. 나중에는 LXC를 활용해 커널 기능을 개발자들에게 익숙한 방법으로 묶어서 제공한 도커가 컨테이너를 주류로 만들었습니다. 도커는 '소프트웨어 표준 단위'라고 컨테이너를 정의했습니다. 컨테이너 내에서 실행하는 서비스나 애플리케이션인 '소프트웨어의 단위'는 격리된 운영체제의 모든 명령어를 사용할 수 있습니다. 즉, 컨테이너는 캡슐화되었습니다. 운영체제 수준에서 가상화를 하기 때문에 커널을 공유하지만 각각 격리된 형태로 인스턴스를 배포해서 실행할 수 있습니다.

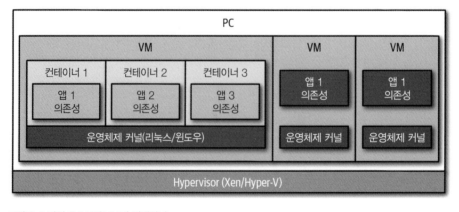

그림 2-1 단일 호스트의 VM과 컨테이너

컨테이너는 COW^{copy-on-write} 파일 시스템을 사용합니다. COW를 활용하면 컨테이너 여러 개가 같은 데이터를 공유할 수 있고, 운영체제는 컨테이너가 데이터를 수정하거나 새로 쓸 수 있게 데이터의 복제본을 제공할 수 있습니다. 따라서 컨테이너의 메모리나 디스크 공간 사용량이 매우 가벼워지므로 컨테이너를 빠르게 실행할 수 있습니다. 또 다른 장점은 환경, 격리, 높은 응집도 간의 이동이 가능하도록 배포할 수 있습니다. 최신 클라우드 네이티브 애플리케이션에서 컨테이너 이미지는 애플리케이션이나 서비스의 코드, 실행 환경, 의존성, 시스템 라이브러리 등을 하나로 묶은 배포 단위입니다. 컨테이너는 초기 구동 시간이 빨라서 클라우드 네이티브 애플리케이션에서 흔히 사용하는 스케일아웃 시나리오에 이상적인 기술입니다. [그림 2-1]은 단일 호스트에서 VM과 컨테이너의 차이를 보여줍니다.

2.1.1 컨테이너 격리 수준

컨테이너는 운영체제 가상화에 기반을 두고 있어서 같은 호스트에서 실행한다면 같은 커널을 공유합니다. 커널이 대부분 상황에 맞는 충분한 격리를 제공하지만 VM에서 제공하는 하드웨어 기반의 가상화에는 조금 못 미칩니다. 클라우드 네이티브 애플리케이션을 VM에서 사용할 때 생기는 단점은 다음과 같습니다.

- VM은 전체 운영체제를 부팅하기 때문에 구동하는 데 시간이 꽤 걸립니다.

- VM의 크기도 문제가 될 수 있습니다. VM은 전체 운영체제를 포함해서 금방 기가바이트로 용량이 증가합니다. 예를 들어 네트워크로 중앙 이미지 저장소에 저장한 이미지를 다른 곳으로 복사한다면 시간이 많이 걸릴 것입니다.

- VM은 확장이 어렵습니다. VM에 더 많은 자원을 추가하는 스케일업을 하려면 기존 CPU, 메모리, 스토리지보다 더 큰 VM을 준비하고 부팅해야 합니다. 스케일아웃은 필요한 만큼 빠르게 동작하지 못합니다. 새 인스턴스를 실행하는 데 시간이 오래 걸리기 때문입니다.

- VM은 메모리, CPU, 디스크와 같은 자원을 많이 사용할 때 오버헤드가 더 많이 일어납니다. 그래서 하나의 호스트 머신에서 실행할 수 있는 VM의 숫자에 한계가 있습니다.

하드웨어 가상화 수준의 엄격한 격리가 필요한 경우는 악의적인 의도를 지닌 사용자가 동일한 호스트에 접근하거나 공유 중인 인프라의 다른 대상으로 접근하려는 것을 막아야 하는 다중

테넌트 상황입니다. 클라우드 제공자들은 컨테이너 수준의 속도와 효율을 가지면서 VM 수준의 격리를 제공하는 기술을 내부적으로 사용합니다. 이러한 기술에는 **Hyper-V 컨테이너**^{hyper-V} container, **샌드박스 컨테이너**^{sandboxed container}, **마이크로VM**^{MicroVM}이 있습니다. 이 중에서 가장 인기 있는 마이크로VM의 기술 몇 가지를 소개하겠습니다(순서는 중요하지 않습니다).

나블라 컨테이너: *https://nabla-containers.github.io*

나블라 컨테이너는 유니커널 기술의 장점을 이용해서 더 나은 격리를 가능하게 합니다. 특히 솔로5 프로젝트^{solo5 project} (**https://github.com/Solo5/solo5**) 기술로 컨테이너에서 호스트 커널의 시스템 호출을 제한합니다. 나블라 컨테이너 런타임(runc)은 오픈 컨테이너 이니셔티브^{open container initiative} (OCI) 런타임입니다. 2.1.4절에서 OCI를 더 상세히 다루겠습니다.

구글 gVisor: *https://github.com/google/gvisor*

구글 gVisor는 Go 언어로 개발한 컨테이너 런타임과 유저 스페이스 커널입니다. '유저 스페이스'라는 새로운 커널은 호스트 운영체제와 직접 상호작용하는 것을 막으면서 컨테이너가 시스템을 호출할 수 있게 합니다. gVisor 런타임(runSC)은 OCI 호환 런타임이고 쿠버네티스를 지원합니다.

마이크로소프트 Hyper-V 컨테이너: *https://oreil.ly/5njcd*

2018년 10월에 출시한 마이크로소프트의 Hyper-V 컨테이너는 VM 워커 프로세스(*vmwp.exe*) 기반입니다. 완벽한 VM 수준의 격리를 제공하고 OCI와 호환됩니다. 실서비스 중인 쿠버네티스에서 Hyper-V 컨테이너를 사용하면 윈도우에서 일반적인 쿠버네티스의 가용성 수준을 제공합니다.

카타 컨테이너: *https://katacontainers.io*

카타 컨테이너^{Kata Containers}는 Hyper.sh와 인텔 클리어 컨테이너의 조합입니다. 고전적인 하드웨어 기반의 가상화를 제공합니다. 카타 컨테이너는 도커 컨테이너용 OCI 명세와 호환되고 쿠버네티스용 컨테이너 런타임 인터페이스^{container runtime interface} (CRI)와도 호환됩니다.

아마존 파이어크래커

파이어크래커는 아마존의 람다 인프라를 지원하고 아파치 2.0 라이선스로 오픈 소스화되었습니다. 파이어크래커는 KVM API를 이용하고 최신 리눅스 커널을 실행하도록 설계된 사용자 모드 VM 솔루션입니다. 파이어크래커의 목적은 카타 컨테이너와 같이 더 엄격히 격리된 컨테이너 기술처럼 하이퍼바이저 수준의 격리를 하면서 리눅스 컨테이너를 실행하도록 지원합니다. 단 파이어크래커는 쿠버네티스, 도커, 카타 컨테이너와 함께 쓸 수 없습니다.

[그림 2-2]는 이러한 기술의 격리 수준을 보여줍니다.

	VM	Kata/gVisor/Hyper-V/Firecracker	Nabla	Container	Process
하드웨어	공유됨	공유됨	공유됨	공유됨	공유됨
운영체제 커널	공유되지 않음	공유되지 않음	공유됨, 운영체제 호출 막힘	공유됨	공유됨
시스템 자원 (예: 파일 시스템)	공유되지 않음	공유되지 않음	공유되지 않음	공유됨	공유됨

그림 2-2 VM, 컨테이너, 프로세스의 격리 수준

2.1.2 컨테이너 오케스트레이션

일정 규모 이상에서 컨테이너의 생명 주기를 관리하려면 컨테이너 오케스트레이터를 사용해야 합니다. 컨테이너 오케스트레이터가 수행하는 작업은 다음과 같습니다.

- 클러스터의 노드에 컨테이너를 프로비저닝하고 배포
- 컨테이너 자원 관리. 자원이 충분한 노드에 컨테이너를 배치하고 노드 자원이 부족해지면 다른 노드로 컨테이너 이동
- 컨테이너와 노드 상태 모니터링. 컨테이너나 노드에 장애가 발생했을 때 컨테이너를 재배치 및 재시작
- 클러스터 내 컨테이너를 스케일인 또는 스케일아웃
- 네트워크 연결을 위해 컨테이너 매핑
- 컨테이너 간의 내부 로드 밸런싱

여러 개의 컨테이너 오케스트레이터가 있습니다. 하지만 클러스터 관리와 클러스터에서 컨테이너 중심의 스케줄링을 한다면 쿠버네티스가 가장 인기 있는 선택지가 될 것입니다.

2.1.3 쿠버네티스 개요

쿠버네티스kubernetes(k8s)는 컨테이너를 실행하고 관리하는 오픈 소스 프로젝트입니다. 2014년에 구글이 쿠버네티스를 오픈 소스화했습니다. 쿠버네티스는 컨테이너 플랫폼, 마이크로서비스 플랫폼, 클라우드 이식성 레이어로 간주됩니다. 현재는 모든 주요 클라우드 제공 업체에서 관리형 쿠버네티스를 제공합니다.

쿠버네티스 클러스터의 구성 요소는 세 가지 카테고리인 **마스터**master, **노드**node, **애드온**addon으로 분류할 수 있습니다. 마스터 구성 요소는 클러스터 관리 기능인 컨트롤 플레인을 제공합니다. 또한 클러스터 전체에서 스케줄링 작업을 어떻게 하는지, 지정된 컨테이너 개수와 다르거나 컨테이너 하나가 동작하지 않을 때 어떻게 처리하는지에 대한 권한을 가지고 있습니다. 그리고 클러스터의 아무 노드에서 실행할 수 있지만 보통은 마스터 전용 노드에 배포합니다. 클라우드 제공 업체의 관리형 쿠버네티스는 마스터 구성 요소를 관리, 업그레이드, 패치를 합니다.

쿠버네티스 마스터 구성 요소는 다음과 같습니다.

kube-apiserver
쿠버네티스 API를 제공하는 쿠버네티스 컨트롤 플레인의 프런트엔드입니다.

etcd
클러스터의 모든 데이터를 저장하는 키/값 데이터베이스입니다.

kube-scheduler
노드에 할당되지 않은 새로 생성된 **파드**pod(쿠버네티스에서 컨테이너를 관리하는 단위로 2장 후반부에서 자세히 설명합니다)를 모니터링하고 해당 파드가 이용 가능한 노드를 찾습니다.

kube-controller-manager
클러스터 내 지정된 컨테이너 개수를 유지할 수 있도록 컨트롤러를 관리합니다.

cloud-controller-manager

클라우드 제공 업체와 연동하는 컨트롤러를 실행합니다.

노드 구성 요소는 클러스터 내 모든 노드에서 실행하는 **데이터 플레인**data plane입니다. 노드 환경과 실행 중인 파드들을 관리합니다.

쿠버네티스 노드 구성 요소는 다음과 같습니다.

kubelet

클러스터 내 각 노드에서 실행하는 에이전트입니다. 파드 명세에 맞게 파드 내 컨테이너를 실행하는 역할입니다.

kube-proxy

노드의 네트워크 규칙을 관리하고 커넥션 포워딩을 수행합니다.

컨테이너 런타임

컨테이너를 실행하는 소프트웨어입니다(2.1.4절 참조).

[그림 2-3]은 쿠버네티스 마스터 노드와 워커 노드 구성 요소를 보여줍니다.

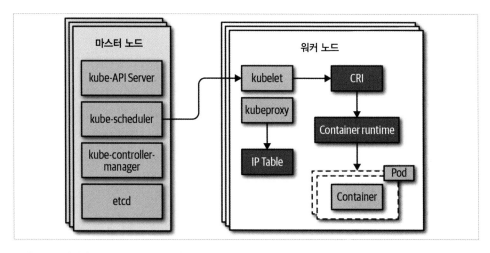

그림 2-3 쿠버네티스의 마스터 노드와 워커 노드 구성 요소

쿠버네티스는 마스터와 워커 노드 구성 요소를 관리하는 애드온을 함께 배포합니다. 이러한 애드온에는 DNS와 UI가 있습니다.

쿠버네티스에 대한 심화 내용은 이 책의 범위를 벗어나므로 여기서는 중요한 기본 개념만 살펴보겠습니다.

파드

파드는 기본적으로 컨테이너 생명 주기를 관리하기 위해 하나 이상의 컨테이너와 스토리지 자원, 네트워크 IP 등을 한꺼번에 묶은 단위입니다. 쿠버네티스가 파드 하나에 컨테이너 여러 개를 지원하지만 대부분은 파드 한 개에 애플리케이션 컨테이너 한 개만 사용합니다. 애플리케이션 컨테이너의 기능을 확장하고 추가하기 위해 **사이드카**sidecar 컨테이너의 패턴을 사용하는 방법이 인기를 얻고 있습니다. 이스티오Istio 같은 서비스 메시는 사이드카를 많이 사용합니다. 이는 3장에서 다룹니다.

서비스

쿠버네티스 서비스는 클러스터에서 실행 중인 파드들의 그룹에 대한 안정적인 엔드포인트를 제공합니다. 쿠버네티스는 서비스가 대상으로 하는 파드를 식별하기 위해 레이블 셀렉터를 이용합니다.

레플리카셋

레플리카셋을 쉽게 이해하는 방법은 서비스 인스턴스라고 생각하는 것입니다. 파드의 복제본이 몇 개가 있어야 하는지를 정의하면 쿠버네티스가 항상 설정한 개수만큼의 복제본이 실행됩니다.

디플로이먼트

쿠버네티스 디플로이먼트 문서에는 "디플로이먼트 오브젝트에 원하는 상태를 적으면 디플로이먼트 오브젝트가 실제 상태를 원하는 상태에 맞게 바꾼다"라고 적혀 있습니다. 다시 말하자면 레플리카셋 모니터링, 레플리카셋 스케일링, 파드 업데이트, 이전 디플로이먼트 버전으로 롤백, 오래된 레플리카셋 정리 등의 용도에 디플로이먼트를 사용할 수 있다는 의미입니다.

[그림 2-4]는 쿠버네티스 기본 개념들에 대한 논리적인 구조도와 이들이 서로 어떤 관계가 있는지를 보여줍니다.

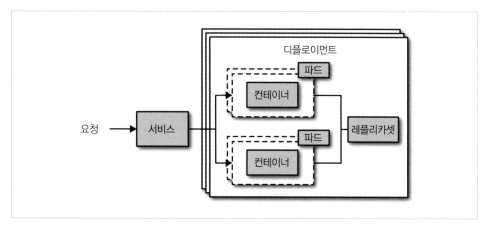

그림 2-4 쿠버네티스 기본 개념

2.1.4 쿠버네티스와 컨테이너

쿠버네티스는 컨테이너 오케스트레이션 플랫폼입니다. 그래서 쿠버네티스가 컨테이너 생명 주기를 관리하려면 컨테이너 런타임이 있어야 합니다. 쿠버네티스에서 도커 런타임을 처음 지원했지만, 도커가 사용할 수 있는 유일한 컨테이너 런타임이 아닙니다. 그래서 쿠버네티스 커뮤니티는 컨테이너 런타임들을 통합하기 위한 일반적인 방법으로 쿠버네티스를 내세우고 있습니다. 인터페이스는 시스템 두 개를 연결하기 좋은 소프트웨어 패턴입니다. 그래서 커뮤니티는 **컨테이너 런타임 인터페이스**container runtime interface(CRI)를 만들었습니다. CRI는 컨테이너 런타임이 변경될 때마다 쿠버네티스 코드도 바뀌는 것을 피하고자 쿠버네티스 코드에 특정 런타임을 '하드코딩'하지 않았습니다. 대신에 CRI는 컨테이너 런타임이 CRI와 호환되려면 어떤 함수를 구현해야 하는지를 보여줍니다. 이 함수들은 컨테이너 파드의 생명 주기를 관리하고(시작, 정지, 일시 정지, 종료, 삭제), 컨테이너 이미지를 관리하고(예: 저장소에서 이미지 다운로드), 로그와 메트릭을 수집하고 네트워킹을 위한 함수입니다. [그림 2-5]는 도커와 카타 컨테이너 CRI 아키텍처를 보여줍니다.

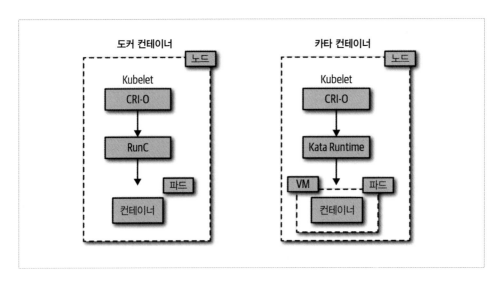

그림 2-5 쿠버네티스의 도커 컨테이너와 카타 컨테이너

다음은 유용한 컨테이너 기술입니다.

OCI

OCI는 컨테이너 이미지와 런타임의 오픈 표준을 설계하기 위한 리눅스 재단 프로젝트입니다. 많은 컨테이너 기술이 OCI 호환 런타임과 이미지 명세를 구현합니다.

containerd

containerd는 도커와 쿠버네티스 CRI에서 사용하는 업계 표준 컨테이너 런타임입니다. 컨테이너 이미지 관리, 컨테이너 실행, 저수준 스토리지, 네트워크 연동 등을 포함한 호스트 시스템에서 전체 컨테이너 생명 주기를 관리하는 리눅스와 윈도우의 데몬으로 사용할 수 있습니다.

모비

모비는 소프트웨어의 컨테이너화가 가능하도록 도커가 만든 오픈 소스 도구 모음입니다. 도구 모음은 컨테이너 빌드 도구, 컨테이너 레지스트리, 오케스트레이션 도구, 런타임 등을 포함합니다. 다른 도구 및 프로젝트와 함께 빌딩 블록 형태로 사용할 수 있습니다. 모비는 기본 컨테이너 런타임으로 containerd를 사용합니다.

2.2 서버리스 컴퓨팅

서버리스serverless 컴퓨팅은 클라우드 공급자가 인프라 밑단underlying infrastructure과 스케일을 관리한다는 의미입니다. 애플리케이션을 자원에 자동으로 할당하거나 해제하면 개발자는 인프라 밑단을 어떻게 관리해야 하는지 전혀 신경 쓰지 않아도 됩니다. 모든 관리와 운영은 사용자에게서 추상화되고 마이크로소프트 애저, 아마존 웹 서비스(AWS), 구글 클라우드 플랫폼(GCP) 등과 같은 클라우드 공급자가 관리합니다. 서버리스는 개발자 관점에서 볼 때 이벤트 주도event-driven 프로그래밍 모델이고, 경제적인 관점에서는 CPU 시간을 소모한 만큼만 비용을 지불합니다.

많은 사람이 서비스형 함수function as a service(FaaS)를 서버리스라고 생각합니다. 기술적인 측면에서는 맞지만, FaaS만이 유일한 서버리스 컴퓨팅은 아닙니다. 마이크로소프트의 애저 컨테이너 인스턴스Azure container instance(ACI), Azure SF Mesh, AWS 파게이트AWS Fargate, GCP의 클라우드 함수의 서버리스 컨테이너 등이 좋은 예시입니다. ACI와 AWS 파게이트는 서비스형 컨테이너container as a service(CaaS)로 알려진 서버리스 컨테이너를 제공합니다. 이러한 서비스들을 이용하면 인프라 밑단을 모른 채 컨테이너화된 애플리케이션을 배포할 수 있습니다. 서버리스가 제공하는 다른 예제는 API 관리와 머신러닝 서비스입니다. 인프라 밑단 관리를 신경 쓰지 않고 기능을 사용할 수 있고 사용자가 사용한 만큼 비용을 지불하는 모델의 모든 서비스가 서버리스입니다.

2.3 함수

함수를 말할 때 일반적으로 사람들은 서버리스 인프라인 AWS 람다Lambda, 애저 함수Azure Functions, 구글 클라우드 함수와 같은 FaaS 오퍼링을 말합니다. 서버리스 컴퓨팅의 장점(빠른 기동과 실행 시간, 애플리케이션의 단순함)으로 FaaS 오퍼링은 개발자가 코드 작성에만 집중할 수 있도록 도와줍니다.

개발 관점에서 보면 함수는 작업 단위입니다. 즉, 코드에는 시작과 끝이 있다는 것입니다. 함수는 보통 다른 함수나 플랫폼 서비스가 만든 이벤트에서 시작합니다. 예를 들어 함수는 데이터베이스 서비스나 이벤팅 서비스에 항목을 추가할 때 실행됩니다. 개발자가 함수를 활용해 크고 복잡한 애플리케이션을 개발할 때 고려할 사항이 있습니다. 코드를 더 독립적인 상태로 잘 관리해야 합니다. 또한 함수가 다른 함수에 의존성이 있도록 패턴을 구현해야 합니다. 컨테이너화된 마이크로서비스들은 수많은 비슷한 패턴을 공유합니다. 그래서 FaaS나 컨테이너를 사용할 때 꽤 많은 논쟁이 있었습니다. [표 2-1]은 FaaS와 컨테이너의 특징을 보여줍니다. 3장에서 더 자세하게 트레이드오프를 살펴봅니다.

표 2-1 FaaS와 컨테이너화된 서비스의 비교

FaaS	컨테이너화된 서비스
한 가지만 수행	한 가지 이상 수행
의존성을 배포할 수 없음	의존성을 배포할 수 있음
한 종류의 이벤트에만 응답	한 종류 이상의 이벤트에 응답

FaaS 오퍼링의 경제성은 좋지만 사용에 적합하지 않은 경우가 두 가지 있습니다. 첫째, 벤더 록인vendor lock-in을 피하고 싶을 때입니다. 특정 FaaS 오퍼링에 맞는 함수를 개발해야 하고 클라우드 공급자의 고수준 클라우드 서비스를 사용해야 하므로 전체 애플리케이션의 이식성이 떨어집니다. 둘째, 함수를 온프레미스나 사용자의 클러스터에서 실행하고 싶을 때입니다. 모든 쿠버네티스 클러스터에서 실행할 수 있는 오픈 소스 FaaS 런타임이 많이 있습니다. Kubeless, OpenFaaS, 서버리스, 아파치 오픈위스크Apache OpenWhisk 등이 가장 인기 있는 설치형 FaaS 플랫폼입니다. 애저 함수도 오픈 소스화된 이후 더 많은 인기를 얻고 있습니다. 설치형 FaaS 플랫폼은 보통 컨테이너로 배포되어 개발자가 인프라 밑단에 대해 걱정할 필요 없이 작은 분량의 코드(함수)를 간단하게 배포할 수 있게 합니다. 많은 설치형 FaaS 프레임워크가 라우팅, 오토스케일링, 모니터링을 위해 쿠버네티스 자원을 사용합니다.

클라우드 제공자의 서버리스 인프라나 직접 설치한 FaaS에서 FaaS 구현에 가장 중요한 부분은 초기 구동 시간입니다. 일반적으로 실행 명령을 받은 함수는 매우 빠르게 실행을 원하기 때문입니다. 따라서 FaaS의 하위 기술은 초기 실행 시간을 매우 빠르게 제공합니다. 앞서 살펴봤듯이 컨테이너는 좋은 초기 구동 시간을 제공하지만 자원 격리를 충분히 제공하지는 않습니다.

2.4 VM부터 클라우드 네이티브까지

차세대 클라우드 네이티브 애플리케이션을 어떻게 만들었는지 이해하려면 VM에서 실행하다가 함수로 실행하게 된 진화 과정을 살펴봐야 합니다. 개발자 생산성을 높이는 것에 집중하던 IT 업계가 새로운 기술을 어떻게 잘 활용할 수 있는지 초점 이동을 한 이유를 알게 되면 큰 도움이 될 것입니다. 클라우드 네이티브 세계로 가는 두 가지 경로가 있습니다. 첫 번째는 기존 애플리케이션을 리프트 앤 시프트^{lift and shift}에서 애플리케이션 현대화로 결국엔 애플리케이션 최적화 과정으로 가는 **브라운필드**^{brownfield} 시나리오입니다. 두 번째는 애플리케이션을 처음부터 클라우드 네이티브하게 개발하는 **그린필드**^{greenfield} 시나리오입니다.

2.4.1 리프트 앤 시프트

클라우드로 이전하는 사용자가 첫 단계로 여전히 많이 사용하는 방법은 소프트웨어를 클라우드 내 장비에 직접 설치하는 것입니다. 이때 사용자는 데이터 센터를 직접 운영할 필요가 없어서 운영을 최소화할 수 있습니다. 따라서 운영 비용을 절감할 수 있게 됩니다. 기술적인 관점에서 IaaS로 리프트 앤 시프트를 하면 사용자가 전체 스택을 대부분 제어할 수 있습니다. 사용자가 직접 제어한다면 소프트웨어를 설치할 때 의존성 누락으로 발생한 에러, 런타임 버전 충돌, 자원 경합, 격리 등에 대한 책임이 따라오게 됩니다. 논리적인 단계는 애플리케이션을 PaaS 환경으로 옮기는 것입니다. PaaS는 컨테이너가 인기를 끌기 전부터 존재했습니다. 예를 들어 애저 클라우드 서비스^{Azure Cloud Service}는 2010년부터 있었습니다. 예전에는 PaaS 환경에서 VM에 직접 접근하는 것을 금지하거나 제한했습니다. 그래서 클라우드로 이동하려면 애플리케이션을 재개발해야 했습니다. 이때 개발자가 인프라를 걱정할 필요가 없다는 장점이 있습니다. 하지만 클라우드 공급자가 운영체제를 패치하는 등 운영성 작업을 처리하지만 의존성을 누락하는 문제는 여전히 해결하지 못했습니다. 많은 PaaS 서비스가 VM 기반이어서 빠르게 스케일링하는 시나리오는 VM의 단점과 앞서 이야기했던 경제적인 이유로 여전히 어려웠습니다.

2.4.2 애플리케이션 현대화

서비스형 함수^{functions as a service}(FaaS) 오퍼링은 엄청나게 빠른 초기 구동 시간을 제공합니다. 반면 컨테이너는 애플리케이션에 필요한 모든 것을 컨테이너 내부에 패키지해서 의존성 누락 문제를 해결했습니다. 컨테이너의 이러한 패키지 형식의 개념이 개발자들에게 많은 사랑을 받기까지는 그리 오랜 시간이 걸리지 않았습니다. 요즘 대부분 새로운 애플리케이션은 컨테이너를 사용합니다. 또한 모놀리식 레거시 애플리케이션들이 더 많이 컨테이너화되었습니다. 수많은 고객이 기존 애플리케이션을 클라우드 네이티브 환경에 맞는 아키텍처로 변경하고 있습니다. 마이크로서비스를 선택하는 것이 당연하지만 몇 가지 단점이 있습니다. 모놀리식 구조를 벗어나야 하는 이유는 다음과 같습니다.

- 배포 시간이 더 빨라집니다.

- 어떤 구성 요소들은 다른 구성 요소보다 더 자주 업데이트됩니다.

- 어떤 구성 요소들은 다른 스케일이 필요합니다.

- 어떤 구성 요소들은 다른 기술을 활용해 개발해야 합니다.

- 코드가 너무 커지고 복잡해집니다.

모놀리스 구조 분해 방법을 다루면 이 책의 범위를 벗어납니다. 따라서 모놀리식에서 마이크로서비스로 전환할 때 사용하는 두 가지 주요 패턴만 살펴보겠습니다.

스트랭글러 패턴

스트랭글러 패턴strangler pattern을 이용하면 모놀리식 애플리케이션을 제거할 수 있습니다. 새로운 서비스나 기존 구성 요소는 마이크로서비스로 구현합니다. 파사드facade나 게이트웨이에서 사용자 요청을 새로운 애플리케이션으로 보내게 합니다. 마이크로서비스 애플리케이션으로 전부 바뀔 때까지 모놀리식 애플리케이션은 시간이 지날수록 더 많은 기능을 새로운 아키텍처로 옮깁니다.

손상 방지 레이어 패턴

손상 방지 레이어 패턴anti-corruption layer pattern은 스트랭글러 패턴과 유사하지만 레거시 애플리케이션에 접근하기 위한 새로운 서비스가 필요할 때 사용합니다. 레이어를 기존 애플리케이션에서 새로운 애플리케이션 방향 또는 그 반대 방향으로 변경합니다.

6장에서 이러한 패턴들에 대해 좀 더 자세히 다루겠습니다.

애플리케이션이 컨테이너 이미지에 패키지되면서 오케스트레이터의 역할이 더 중요해졌습니다. 물론 처음 시작할 때는 여러 선택지가 있지만, 그중 오늘날 가장 인기 있는 선택지는 쿠버네티스입니다. 사실상 쿠버네티스를 클라우드 운영체제라고 부릅니다. 하지만 이러한 쿠버네티스를 이해하기 위해 오케스트레이터는 개발팀과 운영팀에 새로운 변수를 만들었습니다. 이제는 클라우드 제공 업체가 '오케스트레이터'를 서비스로 제공하기 때문에 애플리케이션을 운영하는 환경의 여러 요소 중 관리 부분이 더 좋아졌습니다. 모든 클라우드 공급자가 말하는 '관리형' 쿠버네티스란 쿠버네티스 서비스의 설치와 실행을 관리해준다는 의미입니다. 경제적인 관점에서 보면, 사용자의 컴퓨트 시간(예: 과금 시간)을 바꾸기 시작했습니다. 이는 애플리케이션이 휴식 상태이거나 자원을 적게 쓸 동안 클러스터의 노드가 실행 중이라면 비용을 지불해야만 하는 것을 의미합니다.

개발자 관점에서 보면, 쿠버네티스는 PaaS나 CaaS 기능을 제공하지 않습니다. 따라서 쿠버네티스 위에서 작동하는 마이크로서비스 애플리케이션을 개발하려면 쿠버네티스가 어떻게 작동하는지 이해해야 합니다.

예를 들어 쿠버네티스 서비스는 컨테이너 내부의 서비스 코드를 실제로는 표현하지 않습니다. 서비스 코드의 엔드포인트만 제공하기 때문에 컨테이너 내부 코드에 접근할 수 있는 일정한 엔드포인트를 제공합니다. 개발자는 쿠버네티스에 대한 이해뿐만 아니라 복원, 진단, 라우팅과 같은 분산 시스템의 처리 패턴도 알아야 합니다.

이스티오나 링커드Linkerd 같은 서비스 메시는 분산 시스템의 복잡성을 플랫폼 레이어로 가져왔기 때문에 인기가 있습니다. 3장에서 서비스 메시의 자세한 내용을 살펴보겠지만 여기서는 서비스 메시를 서비스 간의 통신을 처리하는 전용 네트워킹 인프라 계층이라고 생각하면 됩니다. 서비스 메시의 다른 기능으로는 재시도, 서킷 브레이커circuit breaker, 분산 트레이싱, 라우팅과 같은 복원 기능이 있습니다.

애플리케이션 진화의 다음 단계는 컨테이너화된 워크로드를 위해 ACI, AWS 파게이트와 같은 CaaS 오퍼링 형태의 서버리스 인프라를 사용하는 것입니다. 마이크로소프트 애저는 **가상 노드**를 이용해 ACI라는 CaaS 오퍼링과 애저 쿠버네티스 서비스Azure Kubernetes Service(AKS)를 통합하는 데 성공했습니다. 가상 노드는 가상 쿠블렛virtual kubelet이라는 마이크로소프트의 오픈 소스 프로젝트에 기반을 둡니다. 이것은 모든 컴퓨트 자원을 쿠버네티스 노드로 작동하고 쿠버네티스 컨트롤 플레인으로 사용할 수 있게 합니다. AKS 가상 노드의 경우, 스케일아웃scale-out이 필요한 상황에서 더 이상 자원을 추가할 수 없을 때 클러스터에 노드를 추가하지 않고 AKS상의 애플리케이션을 할당하고 ACI로 확장해서 사용할 수 있습니다. [그림 2-6]은 어떻게 기존 모놀리식 애플리케이션(예: 레거시 앱)이 작은 단위의 마이크로서비스(feature 3)로 쪼개지는지 보여줍니다. feature 3은 독립적인 스케일이 필요하고 가상 쿠블렛을 이용한 CaaS 오퍼링 안에서 스케일아웃할 수 있습니다.

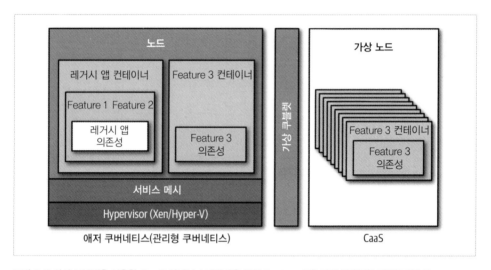

그림 2-6 가상 쿠블렛을 이용한 CaaS 안에서 스케일아웃 중인 Feature 3을 가진 현대화된 애플리케이션

2.4.3 애플리케이션 최적화

다음 단계는 애플리케이션의 비용 최적화뿐만 아니라 코드 최적화까지 다룹니다. 함수는 레코드 업데이트, 이메일 발신, 메시지 변환 같은 짧은 주기의 컴퓨트 시나리오를 더 빠르게 처리합니다. 함수의 장점을 얻기 위해서는 서비스 코드에서 짧은 주기로 연산 처리하는 함수를 찾아내 구현해야 합니다. 좋은 예제는 컨테이너화된 마이크로서비스가 생성create, 읽기read, 수정upload, 삭제delete(CRUD)를 하고 주문을 성공했다면 함수가 알림을 보내는 주문 서비스입니다. 함수를 트리거하기 위해 이벤팅이나 메시징 시스템을 사용합니다. 결국 당신은 각 기능이 CRUD 동작 하나씩을 실행하도록 함수를 이용해 전체 주문 서비스를 개발할 수 있습니다.

2.5 마이크로서비스

마이크로서비스는 마이크로서비스 아키텍처 스타일이나 마이크로서비스 아키텍처에서 개발 서비스를 언급할 때 사용하는 일반적인 용어입니다. 마이크로서비스 아키텍처는 애플리케이션들이 기능 단위로 작고 느슨하게 연결된 서비스로 나뉜 서비스 지향 아키텍처입니다. 서비스를 상대적으로 작게 유지하고 느슨하게 연결하기 위해서는 비즈니스 기능 단위로 나누는 게 중요합니다.

마이크로서비스 아키텍처는 모놀리식 아키텍처와 자주 비교되고 대조됩니다. 마이크로서비스 아키텍처는 모놀리스처럼 하나의 코드, 데이터베이스와 데이터 구조를 공유해서 관리하는 대신에 애플리케이션을 독립된 팀에서 만들고 관리하는 비슷한 코드로 조합합니다. 각 서비스는 작은 팀이 소유하고 운영하고, 서비스의 모든 요소는 잘 정의된 하나의 작업을 수행합니다. 서비스들은 별도의 프로세스로 실행하고 동기 또는 비동기 메시지 기반의 API로 상호작용합니다.

각 서비스는 테스트, 빌드, 데이터, 배포를 독립된 팀이 따로 수행합니다. [그림 2-7]은 재고 서비스에 마이크로서비스 아키텍처의 개념을 어떻게 적용하는지 보여줍니다.

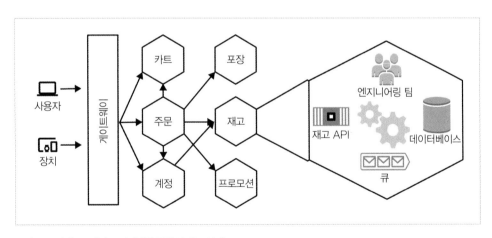

그림 2-7 마이크로서비스 아키텍처 구성의 재고 서비스

2.5.1 마이크로서비스 아키텍처 장점

제대로 구현된 마이크로서비스 아키텍처는 대규모 애플리케이션을 빠르게 출시합니다. 따라서 기업이 고객에게 더 빠르고 안정적으로 가치를 제공할 수 있게 도와줍니다.

민첩성

빠르고 안정적인 배포는 대규모 모놀리식 애플리케이션에서는 쉽지 않은 일입니다. 특정 기능을 위해 모듈의 작은 변경 사항만 배포하더라도 다른 기능의 변화에 영향을 받을 수 있기 때문입니다. 애플리케이션이 성장하면서 테스팅 작업이 증가하고 이해 관계자에게 새로운 가치를 제공할 때마다 많은 시간이 필요합니다. 기능 하나를 변경하려면 전체 애플리케이션을 재배포하고 변경한 기능에 문제가 있으면 전체를 롤백해야 합니다. 하지만 애플리케이션을 작은 서비스 단위로 나누면 변경 사항을 검증하고 출시하는 데 걸리는 시간이 줄어들고 더 안정적으로 배포할 수 있게 됩니다.

지속적인 혁신

기업이 살아남으려면 더 빨리 움직여야 합니다. 따라서 조직은 민첩하고 빠르게 변화하는 시장에 적응할 수 있어야 합니다. 기업들은 고객에게 새로운 가치를 제공하기 위해 더 이상 몇 년 또는 몇 달이 걸려서는 안 됩니다. 이제는 매일 새로운 가치를 제공해야 합니다. 마이크로서비스 아키텍처는 안정적인 방법으로 이해 관계자들에게 가치를 더 쉽게 전달할 수 있게 합니다. 작고 독립적인 팀은 아무리 바빠도 기능을 출시해야 합니다. 또한 변화나 사용자 경험을 개선하기 위해 A/B 테스팅을 수행하기도 합니다.

혁신적인 설계

큰 모놀리식 애플리케이션은 새로운 기술이나 기법을 받아들이기 어렵습니다. 전체 애플리케이션을 재작성하거나 새로운 의존성들이 예전 버전들과 함께 잘 돌아가는지 확인해봐야 하기 때문입니다. 기술을 바꿔서 진화할 수 있는 시스템을 설계하려면 느슨한 결합과 높은 기능 응집도를 가지고 있어야 합니다. 애플리케이션을 작은 기능으로 쪼개고 서비스 간에 느슨하게 결합하면 전체 애플리케이션에 영향을 미치지 않고 개별 서비스들을 더 쉽게 변경할 수 있습니다. 사업을 지원할 때 서비스마다 각자 다른 언어, 프레임워크, 라이브러리를 사용할 수도 있습니다.

소규모, 집중하는 팀

대규모 엔지니어링 팀의 집중력과 생산성을 유지하는 건 어려운 일입니다. 개발 중인 제품이 다른 사람들이 개발하고 있는 것과 많이 얽혀 있다면, 그들이 만든 제품을 설계, 실행, 운영하면서 책임감을 느끼게 하는 건 더 어려운 일입니다. 이때 팀에 새로운 멤버가 합류한다면 속도를 내고 기여하기 전까지 며칠, 몇 주 또는 몇 달이 걸릴 수 있습니다. 그들이 담당한 업무와 그 외 시스템의 다른 부분까지 파악해야만 하기 때문입니다. 따라서 애플리케이션을 작은 서비스로 나누면 소규모 애자일 팀들이 관심 분야에만 집중할 수 있고 빨리 움직일 수 있습니다. 새롭게 합류한 멤버가 작은 서비스에만 집중하면 되므로 주어진 업무를 더 빨리 수행할 것입니다. 따라서 팀원들이 만들고 있는 서비스들을 더 쉽게 운영하고 책임을 질 수 있게 됩니다.

장애 격리

모놀리식 애플리케이션에서는 하나의 라이브러리나 모듈이 전체 애플리케이션에 문제를 발생시킬 수 있습니다. 모듈 하나에서 메모리 누수가 발생하면 전체 애플리케이션의 안정성과 성능에 영향을 미칠 뿐만 아니라 찾아내기도 어렵습니다. 애플리케이션의 기능들을 분리해서 독립적인 서비스로 만들면 팀은 하나의 서비스 결함을 그 서비스에 한정적으로 격리할 수 있습니다.

스케일과 자원 사용량 개선

애플리케이션은 일반적으로 스케일업하거나 스케일아웃합니다. 스케일업은 장비의 크기나 타입을 증가시킵니다. 스케일아웃은 배포된 인스턴스의 개수를 늘리고 사용자들을 그 인스턴스들로 라우팅합니다. 애플리케이션의 기능마다 메모리, CPU, 디스크와 같은 자원의 요구량 또는 스케일 요구 사항이 다를 수 있습니다. 어떤 기능들은 각 인스턴스에 매우 작은 자원만 있으면 쉽게 스케일아웃할 수 있는 반면에 다른 기능들은 많은 양의 메모리가 필요해서 스케일아웃하는 데 제약이 있습니다. 이런 기능들이 독립된 서비스로 분리하면 팀은 개별 서비스의 자원과 스케일 요구 사항에 최적화된 환경에서 서비스를 실행할 수 있습니다.

관찰성 개선

모놀리식 애플리케이션에서는 애플리케이션을 조심스럽고 세심하게 준비하지 않으면 각 구성요소를 개별적으로 측정하거나 관찰하기가 어렵습니다. 애플리케이션의 기능들을 분해해서 다른 서비스로 만들면, 기능별로 어떻게 동작하는지 깊게 들여다볼 수 있는 도구를 사용할 수 있고 어떻게 상호작용하는지를 알 수 있습니다. 각 기능이 별도의 프로세스나 컨테이너로 실행하고 있어서 프로세스 사용량이나 메모리 사용량 같은 시스템 메트릭을 기능별로 살펴볼 수 있습니다.

2.5.2 마이크로서비스 아키텍처의 과제

마이크로서비스 아키텍처의 이러한 수많은 장점에도 트레이드오프가 있습니다. 마이크로서비스 아키텍처가 풀어야 할 몇 가지 과제가 있습니다. 여러 가지 도구와 기술이 이러한 과제들을 해결했지만 여전히 많은 과제가 남아 있습니다. 오늘날 모든 애플리케이션에서 마이크로서비스 아키텍처가 항상 최선의 선택은 아니지만 여전히 많은 개념과 방법을 다른 아키텍처에 적용할 수 있습니다. 가장 좋은 접근법은 이 둘 사이의 어딘가에 있다는 것입니다.

복잡성

분산 시스템은 본질적으로 복잡합니다. 애플리케이션을 개별 서비스로 나눠서 서비스끼리 통신하기 위해서는 네트워크 호출이 필요합니다. 네트워크 호출은 지연과 전송 실패 경험을 증가시키고 서비스들이 실행되는 각 장비의 시간이 서로 다를 수 있고 그중 일부는 현재 시간과 오차가 있습니다. 네트워크는 안정적이고, 지연이 없고, 대역폭은 무한이고, 보안이 안전하다고 믿을 수 없습니다. 토폴로지가 변하지 않고, 관리자가 한 명이고, 전송 비용이 없으며 네트워크가 동등하다고 생각할 수도 없습니다. 많은 개발자가 분산 시스템에 익숙하지 않아서 이 세계에 들어올 때 종종 잘못된 가정을 하기도 합니다. **분산 컴퓨팅의 오류**(1장 참조)는 일반적으로 개발자가 잘못 가정하는 것들을 보여줍니다. 처음에는 피터 도이치와 썬 마이크로시스템즈의 엔지니어들이 문서로 만들었습니다. 나중에는 여러 블로그에서 이와 관련된 내용을 소개하기도 했습니다. 6장은 분산 시스템의 복잡성을 다루기 위한 모범 사례, 도구, 기법에 대한 정보를 더 많이 제공합니다.

데이터 무결성과 일관성

분산 데이터는 데이터가 여러 시스템에 있는 다양한 장소에 존재하는 것을 의미합니다. 여러 시스템에 걸쳐 있어서 트랜잭션을 수행하는 것이 어렵기 때문에 다른 접근법으로 데이터를 관리해야 합니다. 보통 한 서비스는 또 다른 서비스의 데이터와 관계를 가집니다. 예를 들어 주문 서비스는 계정 서비스의 고객을 참조하고 있다고 가정해봅시다. 성능 요구 사항 때문에 계정서비스의 데이터를 주문 서비스로 복사해서 사용합니다. 고객 정보가 삭제되거나 계정이 정지된 다면 주문 서비스에 고객 정보를 업데이트하는 것이 중요해집니다. 4장에서 이런 것을 다루는 패턴들을 설명합니다.

성능

네트워킹 요청과 데이터 직렬화는 부하를 발생합니다. 마이크로서비스 기반 아키텍처에서는 네트워크 요청 수가 증가합니다. 구성 요소는 더 이상 직접 호출하는 라이브러리가 아니라는 걸 기억하세요. 이제는 네트워크로 호출합니다. 한 서비스를 호출하면 그 결과 또 다른 연결된 서비스로 호출을 하게 됩니다. 원래 요청을 처리하기 위해서 여러 서비스에 요청을 하게 됩니다. 마이크로서비스 아키텍처의 잠재적인 성능 오버헤드를 줄이기 위한 몇 가지 패턴과 모범 사례들을 구현할 수 있습니다. 이러한 내용은 6장에서 더 자세히 다룰 예정입니다.

개발과 테스팅

현재 사용 중인 도구와 방법들은 마이크로서비스 아키텍처에서는 작동하지 않아서 개발하기 가 좀 더 어렵습니다. 서비스의 빠른 변화 속도와 수많은 외부 의존성이 있다는 현실을 생각해 보면, 실서비스에서 실행되는 의존성이 있는 서비스 버전의 전체 테스트 세트를 실행하는 것은 어려운 일입니다. 우리는 이러한 문제를 해결하기 위해 다른 접근법을 사용할 수 있습니다. 이에 적합한 CI/CD 파이프라인이 필요합니다. 개발 도구와 테스트 전략은 마이크로서비스 아키텍처에 적응하기 위해 지난 몇 년 동안 발전해왔습니다. 5장에서는 많은 도구, 기법, 모범 사례를 살펴보겠습니다.

버저닝과 통합

모놀리식 애플리케이션에서 인터페이스를 변경하면 리팩터링이 필요할 수 있지만, 변경 사항은 주로 응집력 있는 단일 단위로 빌드, 테스트, 배포합니다. 마이크로서비스 아키텍처 서비스에서 의존성은 고객과 독립적으로 변화하고 진화합니다. 서비스 버저닝을 다루려면 상위/하위 호환성에 주의를 기울여야 합니다. 서비스 변경 사항과의 상위/하위 호환성을 관리하는 것 외에도 전체 서비스의 새 버전을 배포해서 일정 기간 동안 이전 버전과 함께 실행할 수도 있습니다. 5장에서 서비스 버저닝과 통합 전략을 살펴보겠습니다.

모니터링과 로깅

많은 조직에서 로깅 라이브러리를 공유해서 사용하고 있지만 모놀리식 애플리케이션의 모니터링과 로깅에 단점이 있습니다. 네이밍, 데이터 타입, 값이 일치하지 않으면 관련된 로그 이벤트를 연관 짓기 어렵습니다. 마이크로서비스 아키텍처에서는 관련된 이벤트들이 모두 다른 로깅 방법을 사용하는 여러 서비스에 연결되어 있을 때 이런 이벤트들을 연관 짓는 게 어려울 수 있습니다. 로깅과 모니터링의 중요성을 계획하고 초기부터 주의를 기울이면 이러한 문제도 해결할 수 있습니다. 5장에서 좀 더 자세히 다루겠습니다.

서비스 의존성 관리

모놀리식 애플리케이션에서 라이브러리의 의존성을 일반적으로 하나의 패키지로 컴파일하고 테스트합니다. 마이크로서비스 아키텍처에서 서비스 의존성은 각자 관리하고, 특정 라우팅과 디스커버리가 설정된 환경이 필요합니다. 서비스 디스커버리, 라우팅 도구, 기술은 이런 어려움을 해결하는 데 큰 도움을 줍니다. 3장에서 더 깊이 살펴보겠습니다.

가용성

마이크로서비스 아키텍처는 각 서비스의 장애를 격리하는 데 큰 도움을 줍니다. 하지만 다른 서비스와 애플리케이션 전체가 제대로 작동하지 않으면 애플리케이션을 사용할 수 없습니다. 서비스 개수가 늘어날수록 그중 한 곳에서 장애가 발생할 가능성도 증가합니다. 서비스는 resilient 디자인 패턴을 구현해야 하고 서비스 중단이 발생하면 일부 기능을 다운그레이드해야만 합니다. 6장에서 고가용성 애플리케이션을 개발하기 위한 패턴과 모범 사례를 다루고 특정 사안에 대해 더 자세히 살펴보겠습니다.

2.6 마치며

클라우드 네이티브 애플리케이션이나 전통적인 애플리케이션을 포함한 모든 애플리케이션은 인프라, 개발 및 배포로 문제를 해결하는 기술과 사업이 목표에 달성하도록 도와주는 아키텍처 스타일이 필요합니다. 이 장의 목표는 클라우드 네이티브 애플리케이션의 기본 지식을 제공하는 것이었습니다. 다양한 격리 수준의 다양한 컨테이너 기술이 존재하고, 컨테이너와 함수가 어떤 관련이 있는지, 서버리스 인프라에 FaaS가 항상 필요하지는 않다는 것을 배웠습니다. 추가로 마이크로서비스 아키텍처의 기본과 기존 애플리케이션을 어떻게 클라우드 네이티브 애플리케이션으로 최신화해서 마이그레이션하는지도 배웠습니다. 앞으로 다룰 내용에서는 앞서 다룬 내용들을 보충하고 클라우드 네이티브 애플리케이션을 어떻게 설계, 개발, 운영하는지를 깊게 다루겠습니다.

CHAPTER 3

클라우드 네이티브 애플리케이션 설계

공통으로 적용할 수 있는 아키텍처 청사진을 사용하기 어려운 비즈니스별 고유의 요구 사항을 맞춘 결과물이 애플리케이션 아키텍처입니다. 클라우드 네이티브 애플리케이션 역시 예외가 아닙니다. 클라우드 네이티브 애플리케이션을 설계하기 좋은 방법은 초기 설계 시 운영 효율성, 보안, 안정성, 확장성, 비용의 다섯 가지 주요 영역을 고려하는 것입니다. 실제 구현 관점에서 보면, 특정 문제를 푸는 매우 유용한 풀이법으로 증명된 몇 가지 빌딩 블록, 패턴, 기술이 있습니다. 이런 다섯 가지 주요 영역을 논의하는 것 외 가장 일반적인 아키텍처적인 빌딩 블록을 다룹니다.

이번 장에서는 클라우드 네이티브 아키텍처를 효과적으로 설계하고 개발하는 데 필요한 지식을 살펴보겠습니다.

3.1 클라우드 네이티브 애플리케이션 기초

모든 주요 클라우드 공급자들은 클라우드 환경에 맞는 애플리케이션을 어떻게 개발할지에 대한 가이드를 제공합니다. 마이크로소프트 애저는 클라우드 애플리케이션 아키텍처와 클라우드 패턴 가이드를 제공하고, AWS는 잘 구축된 프레임워크를 제공하며 구글은 클라우드 네이티브 애플리케이션을 개발하는 다양한 방법을 안내합니다. 이러한 가이드는 각 클라우드 서비스 환경에 맞춰져 있지만, 선택한 클라우드 공급자에 상관없이 유념해야 할 다섯 가지 주요 항목이 있습니다.

3.1.1 운영 효율성

운영 효율성이란 애플리케이션을 실행하고 모니터링 방법을 고려하고, 설계를 시작할 때부터 전체 과정에 걸쳐 개선해나가는 것을 의미합니다. **개발**build, **측정**measure, **배움**learn은 프로세스를 설명할 때 자주 나오는 단어이고, 데브옵스는 그것을 구현하는 방법입니다. 5장에서 운영 효율성 원칙들을 더 자세히 다루겠지만, 클라우드 네이티브 애플리케이션을 설계하는 데 기본적인 역할을 하므로 3장에서 간략하게 살펴보겠습니다.

모든 것을 자동화하기

클라우드 자동화는 코드형 인프라infrastructure as code(IaC)와 함께 사용됩니다. 이것은 전체 환경 관리가 코드로 정의되므로 환경 준비와 애플리케이션을 배포하는 동안 에러를 최소화할 수 있습니다. 애저 자원 관리자azure resource manager와 AWS CloudFormation이 좋은 예입니다. 7장에서는 여러 클라우드 제공 업체를 동일한 IaC로 사용할 수 있게 해주는 해시코프HashiCorp의 테라폼도 간단히 다룹니다. 에러를 최소화한 반면에, 자동화는 소스 코드 제어 시스템으로 환경의 변화를 추적할 수 있을 뿐만 아니라 동일한 방법으로 새로운 환경에 빠르게 확장할 수 있습니다. 환경을 어떻게 준비하는지에 대한 자동화뿐만 아니라 애플리케이션의 전체 배포 과정을 자동화해야 합니다.

모든 것을 모니터링하기

모니터링하면 애플리케이션과 환경뿐만 아니라 애플리케이션을 어떻게 사용하는지 알 수 있습니다. 모니터링 데이터 기반으로 운영 비용, 성능, 애플리케이션의 기능을 개선할 수 있습니다. 아키텍처 관점에서 보면 전체 스택에 걸쳐 일관된 모니터링을 해야 합니다. 서비스를 호스팅하는 인프라부터 애플리케이션의 특징과 기능까지 모든 방법을 사용해서 모니터링해야 합니다. 앞서 설명했듯이, 5장에서 애플리케이션을 포함한 전체 스택을 일관되게 모니터링하려면 어떻게 해야 하는지 자세히 살펴보겠습니다.

모든 것을 문서화하기

일반적으로 클라우드 네이티브 애플리케이션은 많은 팀이 함께 개발합니다. 이전 장에서 보았듯이, 마이크로서비스 아키텍처는 소규모 팀이 각 서비스를 개발하는 아이디어를 홍보합니다. 모든 소프트웨어 개발 프로젝트에서 문서화가 중요하지만 클라우드 네이티브 애플리케이션에서는 특히 더 중요합니다. 모든 팀 구성원은 다른 팀이 만든 서비스를 어떻게 사용해야 하는지, 환경을 어떻게 정의하고 구성하는지 등을 이해해야 합니다. 문서화는 수동이 아니라 자동화되어 있어야 합니다. 좋은 예로는 서비스 API를 위해 OpenAPI를 이용하는 것입니다. 이를 이용하면 CI 단계의 일부로 스웨거^{swagger} 도구를 사용할 수 있어서 체크인할 때 서비스 API에 대한 문서를 자동으로 생성할 수 있습니다.

변화는 점진적으로 하기

환경과 애플리케이션을 동시에 변경할 때는 점진적으로 진행해야 하고, 변경했더라도 되돌릴 수 있어야 합니다. IaC를 이용하는 장점 중 하나입니다. 환경 명세와 정의는 소스 제어 저장소에 있어서 변경 사항을 쉽게 되돌릴 수 있습니다.

장애 대비하기

클라우드에서는 주기적으로 장애가 발생합니다. 애플리케이션을 장애가 발생하지 않도록 설계해야 할 뿐만 아니라 무언가 잘못됐을 때 어떻게 해결할지도 생각해야 합니다. 장애를 시뮬레이션하는 것을 도와주는 테스팅 프레임워크가 많이 있어서 어떤 영향이 있는지 확인할 수 있고 장애를 대비하는 데 도움이 됩니다.

3.1.2 보안

모든 주요 클라우드 공급자들은 클라우드 환경을 안전하게 유지하기 위해 보안 전문가 집단을 고용합니다. 이제는 대부분의 온프레미스 환경보다 클라우드 환경이 더 안전하다는 게 일반화되었습니다. 그러나 클라우드 환경이 상대적으로 안전하다고 해서 애플리케이션의 보안을 무시해서는 안 됩니다. 클라우드 네이티브 아키텍처는 많은 구성 요소로 이루어져 있어서 애플리케이션을 보호하기 위해서는 **심층 방어** 개념이 제일 적합하다고 증명됐습니다. 심층 방어는 아키텍처 전반에 보안 장치가 구현된 방법입니다. 클라우드 네이티브 애플리케이션의 보안은 이 책의 범위를 벗어나지만, 클라우드 네이티브 애플리케이션에서 심층 방어가 무엇을 의미하는지 이해하기 위해 시간을 잠깐 투자하는 것도 좋습니다. [그림 3-1]의 간단한 클라우드 네이티브 애플리케이션을 살펴보겠습니다.

이런 애플리케이션의 기능은 이 장의 다음 부분에서 설명합니다. 심층 방어를 이해하려면 투표 애플리케이션이 오케스트레이터상에서 실행 중인 컨테이너화된 서비스, 이벤팅 시스템, FaaS, 서비스형 데이터스토어^{datastore as a service}(DaaS)를 사용한다는 것만 알고 있으면 됩니다.

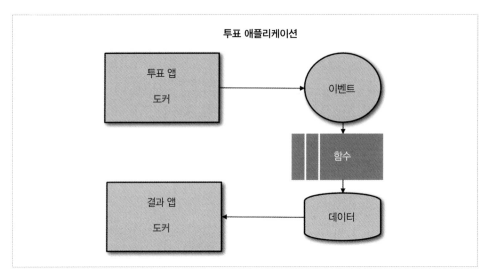

그림 3-1 간단한 애플리케이션

컨테이너화된 서비스의 심층 방어 목록은 다음과 같습니다. 오케스트레이터로는 쿠버네티스를 사용한다고 가정했습니다.

소스 코드

보안 코드 저장소를 사용하는지, 거기에 대한 접근을 추적하고 감사하는지 확인해야 합니다. CI 단계의 하나로, 코드의 취약점을 확인할 수 있습니다. 특히 리눅스 컨테이너를 사용한다면 커널 취약점 공격을 확인해야 합니다.

컨테이너 이미지

베이스 이미지에 항상 필요한 것들만 추가해야 하고, 꼭 필요한 포트만 노출하는지 확인해야 합니다.

컨테이너 저장소

누가 저장소에 접근했는지 역할 기반 접근 제어^{role-based access control}(RBAC)를 이용해서 추적하고 감사할 수 있도록 사설 저장소를 사용해야 합니다. Twistlock 같은 도구를 사용해 이미지의 취약점을 스캔해야 합니다.

파드

인증된 저장소에서만 컨테이너 이미지를 다운로드할 수 있는지를 확인해야 합니다. 쿠버네티스에서는 이런 정책을 구현하기 위한 정책 컨트롤러를 사용할 수 있습니다. 파드가 ID를 가지고 있어서 파드 내 코드가 다른 서비스에 안전한 방법으로 접근할 수 있는지 확인해야 합니다. 클러스터 내 서비스 간 상호작용도 보안을 적용할 필요가 있는지 생각해야 합니다. 3.8절에서 살펴보게 될 서비스 메시가 이러한 문제의 훌륭한 해결책입니다.

클러스터와 오케스트레이터

오케스트레이터를 호스팅 중인 클러스터에 인터넷으로 접근하는 게 필요한지, VPN이 적절한지 등을 결정해야 합니다. 오케스트레이터의 컨트롤 플레인에는 보안 접근이 필요하고 감사 로그도 켜둬야 합니다. 노드와 네임스페이스 사이의 상호작용 경로에 보안을 위한 네트워크 정책을 사용할 수 있습니다. 마지막으로, 쿠버네티스 RBAC가 켜져 있는지 확인해야 합니다.

애플리케이션 내부 서비스 간 상호작용을 위해(예: 투표 서비스가 메시징 서비스에 접근할 때) 전송 중인 데이터가 보호되고 있는지, 인증된 서비스만 접근이 허용되는지 등을 확인해야 합니다. 투표 서비스로 예를 들면 투표 앱 파드의 ID로만 메시징 서비스에 접근할 수 있습니다. 데이터를 보호하고 서비스 간 상호작용의 보안을 위해 같은 원칙을 투표 애플리케이션 내 다른 서비스에도 적용해야 합니다.

지금까지 살펴본 내용이 완벽한 목록은 아니지만, 심층 방어 개념을 어떻게 생각해야 하는지 감을 잡는 데 도움이 됐을 겁니다.

3.1.3 신뢰성과 가용성

이 책 전반에서 신뢰성과 가용성을 설명하지만 서로 어떤 연관이 있는지 이해하는 것은 여전히 유용합니다.

신뢰성reliability은 애플리케이션이 장애가 발생해도 여전히 작동을 신뢰할 수 있다는 것을 의미합니다. 하지만 **가용성**availability은 일정 시간 동안 이용 가능하다는 것을 의미합니다.

신뢰성 관점에서 보면, 애플리케이션이 장애를 극복할 수 있도록 설계해야 합니다. 앞서 살펴 봤듯이, 마이크로서비스 아키텍처는 각 서비스가 독립되어 있고 장애 시에도 전체 애플리케이션이 다운되지 않는다는 점에서 이런 것을 고려할 때 도움을 줄 수 있습니다. 서비스는 전체 시스템의 가용성을 높이기 위해 수평적 확장을 고려해야 합니다. 예를 들어 어떤 서비스의 인스턴스가 두 개 실행 중이라면 그중 하나에 장애가 발생한 경우 더 나은 신뢰성을 제공할 수 있습니다. 이미 앞에서 네트워크는 믿을 수 없다는 사실을 살펴봤습니다. 그래서 설계할 때 항상 재시도와 서킷 브레이커를 고려해야 합니다. 이에 대해서는 3.8절에서 좀 더 자세히 다룹니다.

정리하자면, 신뢰성과 가용성을 고려한 설계를 한다면 시스템이 어떻게 동작하고, 복구 메커니즘이 어떻게 작동하는지 확인할 수 있는 테스트를 해야 합니다. 물론, 애플리케이션을 스케일링할 수 있다는 장점을 이용해 자동으로 회복할 수 있어야 합니다.

3.1.4 확장성과 비용

확장성과 비용은 매우 밀접한 관계입니다. 클라우드 네이티브 애플리케이션을 설계할 시 애플리케이션을 어떻게 확장할 것인지만 생각할 뿐만 아니라 가장 비용 효율적인 방법도 생각해야 합니다. 투표 애플리케이션을 다시 떠올려봅시다. 한 가지 방법은 투표 앱과 결과 앱을 관리형 쿠버네티스 클러스터에 배포하는 것입니다. 대부분 관리형 쿠버네티스 서비스는 필요한 만큼의 노드 수를 처음에 직접 지정해야 해서 최대 부하가 얼마일지, 최대 예상 트래픽을 처리하려면 노드 수가 얼마나 필요한지 등을 결정해야 합니다. 부하가 발생한 상황에서 투표 앱과 결과 앱의 인스턴스를 실행할 수 있을 정도의 클러스터 크기를 결정해야 해서 이 결정은 비용에 직접적인 영향을 미칩니다. 애플리케이션이 항상 모든 노드를 사용하는 것이 아니라서 이러한 방법은 비효율적인 비용을 초래합니다.

한 가지 해결 방법은 노드 수를 작게 시작하고 모든 인스턴스에 기존 노드 수로 충분한 자원을 제공하지 못하게 되면 수평적 노드 오토스케일러를 사용하는 것입니다. 이렇게 설계했을 때 발생하는 문제는 새로운 노드를 추가하는 시간이 새로운 컨테이너를 추가하는 시간보다 오래 걸려서 예상치 못한 급격한 부하 상황에는 유용하지 못합니다. 하지만 이러한 문제를 해결할 수 있는 몇 가지 해결책이 있습니다. 예를 들어 애저 쿠버네티스 서비스의 가상 노드나 AWS 파게이트 같은 CaaS 오퍼링을 활용하는 것입니다. 확장성 있고 비용 측면에서 효율적으로 해결책을 설계하는 방법은 개발 중에도 실험하고 실서비스에서도 실험하는 것입니다. 5장에서 클라우드 네이티브 애플리케이션을 테스트하는 방법을 자세히 살펴봅시다.

3.2 클라우드 네이티브 vs 전통적인 아키텍처

2장에서 클라우드 네이티브와 마이크로서비스 아키텍처의 장단점을 설명했습니다. 전통적인 아키텍처와의 차이점을 살펴보는 것도 유용합니다.

클라우드 네이티브 애플리케이션과 전통적인 모놀리식 애플리케이션의 기본적인 차이점 중 하나는 세션 상태, 애플리케이션과 설정 데이터 같은 상태를 어떻게 관리하는가입니다. **전통적인 애플리케이션**traditional application은 주로 상태가 있습니다. 일반적으로 애플리케이션 상태는 컴퓨트 인스턴스에 저장되는 것을 의미합니다. 그러므로 로드밸런서는 사용자 요청이 항상 동일한 서버 인스턴스에 도달하기 위해 스티키 세션sticky session을 사용합니다. 상태의 좋은 예는 세션 상태입니다. 전통적인 애플리케이션은 사용자 프로필 정보 같은 유저 정보를 외부 데이터스토어에서 검색해 세션 변수로 저장하는 게 흔한 방법이었습니다. 특정 유저의 모든 트래픽을 항상 같은 인스턴스로 보내는 일은 로드밸런서가 담당했습니다. [그림 3-2]는 클라이언트에서 온 요청이 로드밸런서로 가는 것을 보여줍니다(1). 로드밸런서는 첫 번째 VM에 세션을 만듭니다. 애플리케이션 인스턴스 0은 이제 상태를 불러와서 요청을 처리합니다.

VM 재부팅, 네트워크 연결 유실, 애플리케이션 인스턴스 충돌과 같은 장애가 발생하면 첫 번째 VM을 더 이상 사용할 수 없다는 걸 로드밸런서가 탐지해 두 번째 VM에서 사용자의 세션을 만듭니다(2). 첫 번째 VM에 상태가 저장되어 있어서 애플리케이션 인스턴스 1에는 상태 정보가 없습니다. 이런 경우 사용자가 불편할 뿐만 아니라 상태 불일치가 발생할 수도 있습니다.

그와 반대로 **클라우드 네이티브 애플리케이션**cloud native application은 일반적으로 상태가 없습니다. 상태가 없다는 건 데이터를 다루지 않는다는 의미가 아닙니다. 데이터 때문에 사용자 경험에 영향을 주지 않으면서 컴퓨트 인스턴스의 개수를 매우 동적으로 조절할 수 있도록 설계하는 것을 의미합니다. 클라우드 네이티브 아키텍처에서 상태는 주로 외부에 있습니다. 즉 데이터가 스토리지 서비스 같은 상태 저장소에 저장되는 것을 의미입니다. 4장에서 데이터를 다루는 방법을 자세히 설명합니다.

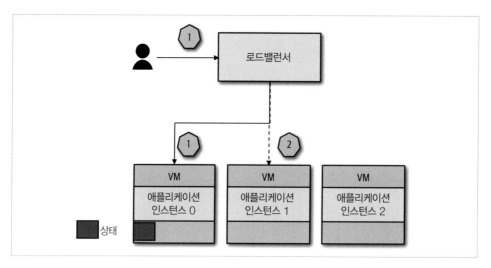

그림 3-2 전통적인 애플리케이션

[그림 3-3]은 상태가 외부에 있는 애플리케이션에 대한 요청을 보여줍니다.

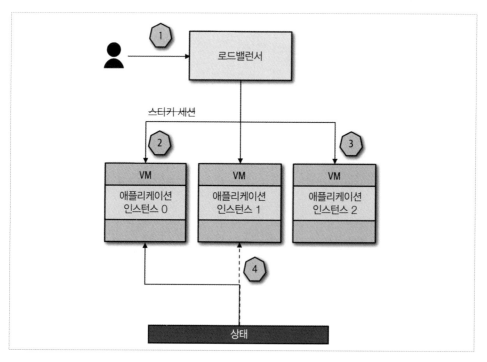

그림 3-3 상태가 외부에 있는 클라우드 네이티브 애플리케이션

애플리케이션에서 어떤 일이 일어나는지 살펴보겠습니다.

1. 클라이언트가 애플리케이션에 요청을 보냅니다.

2. 로드밸런서가 무작위로 애플리케이션 인스턴스 0에 요청을 할당합니다. 애플리케이션 인스턴스 0은 외부 상태 저장소에 상태를 쓰고 읽습니다.

3. 애플리케이션 인스턴스 0에서 장애 발생 시 로드밸런서는 클라이언트의 요청을 애플리케이션 인스턴스 2로 보냅니다.

4. 애플리케이션 인스턴스 2는 해당 요청이 처음 들어왔지만 외부 상태 저장소에서 상태를 읽어옵니다. 클라이언트는 장애에 전혀 영향을 받지 않습니다.

상태가 없도록 서비스를 유지하면 동적으로 스케일인, 스케일아웃할 때 어떻게 도움이 되는지 볼 수 있습니다. 시스템은 사용자 경험에 영향을 주지 않고 인스턴스를 추가하고 삭제해서 스케일인과 스케일아웃할 수 있습니다.

> **CAUTION_** 스케일인할 때 주의할 점이 한 가지 있습니다. 스케일인하기 전에 해당 인스턴스의 커넥션이 모두 정리됐는지 항상 확인해야 합니다.

하나 더 설명하면, 모놀리식 애플리케이션은 서로 다른 구성 요소를 통합하는 기술로 대부분 **서비스 오케스트레이션**service orchestration을 사용합니다. 서비스 오케스트레이션을 쿠버네티스상 **컨테이너 오케스트레이션**container orchestration과 헷갈리면 안 됩니다. 서비스 오케스트레이션은 여러 구성 요소나 서비스가 하나처럼 작동하도록 조정하는 기술입니다(상호작용과 요청 및 응답을 동기화하는 패턴은 이 장의 마지막에서 다룹니다). [그림 3-4]는 서비스 오케스트레이션을 사용하는 애플리케이션을 보여줍니다.

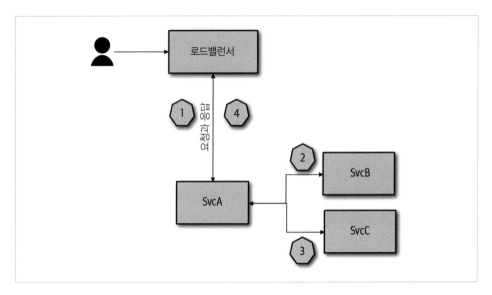

그림 3-4 서비스 오케스트레이션

애플리케이션을 좀 더 자세히 살펴보겠습니다.

1. 클라이언트가 애플리케이션에 요청을 보냅니다. 요청은 로드밸런서를 통해 서비스 A(SvcA)에 전달됩니다.

2. SvcA는 요청을 서비스 B(SvcB)와 서비스 C(SvcC)에 보내고 응답을 기다립니다.

3. SvcB와 SvcC가 응답을 보내면 SvcA가 클라이언트에 응답합니다.

클라우드 네이티브 애플리케이션은 커뮤니케이션을 위해 이벤트 주도 패턴을 흔히 사용합니다. 느슨하게 결합된 서비스 간의 요청을 조정하는 것을 **서비스 코레오그래피**service choreography라고 합니다. 서비스 코레오그래피에서 각 서비스는 격리되고 자율적이고 자신의 상태를 관리할 권한이 있습니다. 이것은 마이크로서비스 기반 애플리케이션의 특징 중 일부입니다. [그림 3-5]는 서비스 코레오그래피를 보여줍니다.

애플리케이션이 어떻게 작동하는지 다시 살펴보겠습니다.

1. 클라이언트가 애플리케이션에 요청을 보냅니다. 요청은 로드밸런서로 SvcA에 전달됩니다. SvcA는 메시징 시스템에 사용자 요청을 위한 데이터를 요청합니다.

2. SvcB는 독립적으로 동작하고 자신의 데이터를 이벤팅 시스템에 보냅니다.

3. SvcC는 독립적으로 동작하고 자신의 데이터를 이벤팅 시스템에 보냅니다.

4. SvcA는 이벤팅 시스템에서 데이터를 가져와 클라이언트로 보냅니다.

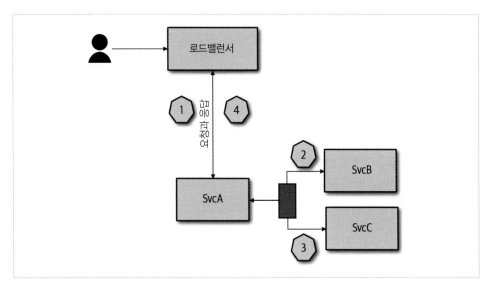

그림 3-5 서비스 코레오그래피

서비스 오케스트레이션과 서비스 코레오그래피에서 커뮤니케이션은 3.5.5절과 3.5.6절에서 더 자세히 설명합니다.

마지막으로, 클라우드 네이티브 아키텍처가 장애를 다루는 방식은 전통적인 애플리케이션이 장애를 다루는 방식과 큰 차이가 있습니다. 앞서 설명했듯이, 클라우드 네이티브 아키텍처는 당연히 장애가 있을 것이라 예상하고 장애를 처리하는 메커니즘을 구현합니다. 반면에, 전통적인 애플리케이션은 데이터베이스 클러스터링 같은 방법으로 장애를 최소화하려고 노력합니다.

3.3 함수 vs 서비스

기존 애플리케이션을 클라우드 네이티브 애플리케이션으로 변경하기 위해 새 애플리케이션을 개발할 때 초기에 결정해야 하는 사항은 컨테이너화된 서비스(앞으로 간략하게 **서비스**로 언급)를 만들지, 곧바로 FaaS로 갈 지입니다. 2장에서는 함수와 서비스를 언제 사용하는지에 대한 대략적인 가이드만 제공했습니다. 즉, 단순하며 수명이 짧고 독립적인 작업에 대해 FaaS를 이용하라고 했지만 많은 FaaS 오퍼링은 전체 애플리케이션을 FaaS를 이용해 구현할 수 있게 성장했습니다. 한 가지 제약 사항은 대부분 FaaS 오퍼링은 함수 실행 시간에 여전히 타임아웃을 설정합니다.

3.3.1 함수 시나리오

다음은 함수가 잘 어울리는 시나리오입니다.

- 함수들이 상호작용할 필요 없는 단순 병렬 실행 시나리오입니다. 예를 들어 아티팩트[artifact] 생성, 레코드 업데이트, 맵리듀스[map-reduce] 함수, 배치 처리 등이 있습니다.

- 많은 IoT 시나리오가 작업을 조정하기 위해 함수를 사용합니다. 예를 들어 IoT 허브로 메시지를 보내서 메시지에 맞는 특정 연산을 수행하고 작업을 할당하는 함수를 실행하는 것입니다.

- 어떤 애플리케이션은 전체가 FaaS 오퍼링을 이용해서 개발되었습니다. 이것은 전체 애플리케이션이 함수를 이용하도록 개발했다는 것입니다. Azure Durable Function이나 AWS Setp Function은 함수의 특징을 이용해서 전체 애플리케이션을 개발할 수 있는 함수 타입입니다. 이런 함수 타입은 애플리케이션이 장기간 실행하는 작업을 조정하는 것도 도와줍니다.

3.3.2 함수 이용 시 고려할 점

함수를 이용해 전체 애플리케이션을 개발할 때 기억해야 할 몇 가지 사항이 있습니다.

모놀리스에서 마이크로서비스로 전환 시 과제

함수는 일반적으로 작은 '서비스'로 나뉘므로 네트워크 통신 복잡도처럼 고려해야 할 사항들이 늘어납니다.

함수의 제한된 수명

앞서 설명했듯이, 대부분의 FaaS 오퍼링은 함수의 실행 시간을 제한합니다. 그래서 함수는 장시간 작업에 적합하지 않습니다.

특수 하드웨어 사용 불가능

머신러닝 애플리케이션에서 모델을 훈련하는 건 표준 GPU가 CPU보다 더 좋지만, GPU 같은 특수 하드웨어를 사용할 수 있도록 제공하는 클라우드는 없습니다.

함수는 상태가 없고 네트워크로 직접 접근 불가능

이런 이유로, FaaS는 이벤트 주도 분산 프로그래밍 모델이나 프런트 함수용으로 API 관리 솔루션을 사용하기를 권장합니다. 함수들은 데이터를 이벤팅이나 메시징 시스템으로 전달해 함께 작동합니다. 상태는 클라우드 서비스에 저장되고 함수는 상태가 없어서 이벤트를 처리하려면 저장소 안의 상태를 함수 쪽으로 이동해야 합니다. 따라서 모든 홉마다 네트워킹 지연이 발생합니다. 전반적으로, 대형 애플리케이션을 전부 함수로 개발하면 모든 통신과 데이터 처리를 네트워크로 해야 해서 성능 하락을 겪을 수 있습니다.

로컬 개발과 디버깅

일부 FaaS 런타임은 이식성이 없어서 일부 FaaS 오퍼링은 로컬 개발하면서 디버깅할 수 없습니다.

경제성

컴퓨트 비용을 절약할 수 있지만 FaaS 오퍼링은 일반적으로 실행 시간에 과금합니다. 그래서 네트워킹이나 스토리지, 이벤팅과 같은 다른 클라우드 서비스에 대한 비용이 증가한다는 점을 고려해야 합니다. 전체 애플리케이션을 FaaS로 구현하면 더 비싸지는 경우도 있습니다. 불행하게도 FaaS의 비용을 계획하고 예측하기란 매우 어려운 일입니다.

3.3.3 함수와 서비스의 조합

반면에 컨테이너 내 서비스는 실행 시간에 대한 제한이 없습니다. 게다가 특수한 하드웨어를 사용할 수도 있습니다. 많은 관리형 쿠버네티스 서비스가 GPU 같은 특수 하드웨어를 이용해 클러스터를 만들 수 있습니다. 로컬 영구 스토리지를 이용하는 서비스도 만들 수 있어서 애플리케이션에 네트워크 홉이 생기는 것을 제한할 수 있습니다.

대부분 함수와 서비스를 조합해 사용하는 것은 컨테이너화된 서비스의 유연함이라는 장점도 취하는 동시에 FaaS의 단순성에서 오는 장점도 함께 취할 수 있는 훌륭한 해결 방법입니다. [그림 3-6]은 앞서 설명했던 투표 애플리케이션에 이러한 하이브리드 접근법을 이용합니다.

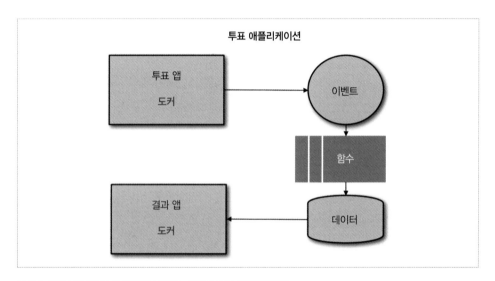

그림 3-6 함수와 서비스를 조합해 사용하는 간단한 투표 애플리케이션

투표 앱은 사용자가 투표할 수 있는 컨테이너화된 서비스입니다. 투표를 제출하고 나면 메시지는 이벤팅 시스템에 들어갑니다. 이벤팅 시스템은 장치 유형 같은 헤더 정보에 기반해서 데이터스토어에 데이터를 추가하는 함수를 실행합니다. 결과 앱은 데이터스토어에서 데이터를 읽어 투표 결과를 보여줍니다. 여기서 구현한 패턴은 **이벤트 소싱**event sourcing 패턴이라고 합니다.

데이터스토어에 데이터를 추가하는 로직을 함수로 구현하면 애플리케이션은 필요할 때 쉽게 확장할 수 있고 가장 경제적인 방법으로 실행할 수 있습니다.

서버리스 클라우드 네이티브 애플리케이션은 새로운 파드나 함수를 필요에 따라 또는 장애 발생 시 늘리거나 줄일 수 있는 매우 동적인 특징이 있습니다. 대부분 클라우드 공급자가 더 많은 서비스 인스턴스(파드)나 함수를 추가할 수 있는 스케일아웃과 줄일 수 있는 스케일아웃을 제공합니다. 애플리케이션이 이런 상황을 처리할 수 있도록 개발자가 설계해야 합니다. 예를 들어 애플리케이션이 상태를 로컬에 저장하면 이 장의 도입부에서 언급했듯이 파드가 움직이거나 상태가 없는 새로운 함수가 실행하면 그 상태는 유실됩니다.

이런 경우에 추천하는 모범 사례는 관계형 데이터베이스 관리 시스템relational database management system(RDBMS) 같은 고가용성 관리형 서비스나 캐시 서비스에 저장하는 것입니다. 퍼시스턴트 볼륨persistent volumes을 사용하는 스테이트풀셋을 이용해서 쿠버네티스에 상태가 있는 애플리케이션을 배포할 수도 있습니다(4장에서 쿠버네티스 스테이트풀셋을 더 자세히 다룹니다).

또한 애플리케이션을 어떻게 확장할 수 있는지 이해해야 합니다. 클라우드 공급자는 클라우드 네이티브 애플리케이션을 매우 쉽게 확장할 수 있는 기능을 제공하지만 애플리케이션이 확장됐을 때 무슨 일이 일어나는지는 담당자가 직접 챙겨야 합니다. 예를 들어 대용량 컨테이너 이미지를 사용하면서 애플리케이션이 빠르게 확장되길 원한다는 건, 장애가 발생하도록 설정하는 것과 같습니다. 외부에서 대용량 패키지를 다운로드해야 하므로 이미지를 다른 노드로 가져올 때 시간이 오래 걸릴 수 있습니다. 클라우드 공급자가 제공하는 사설 컨테이너 저장소에서 내부 네트워크를 통해 클러스터나 CaaS 오퍼링으로 내려받더라도 시간이 걸린다는 점을 염두에 두어야 합니다.

FaaS 오퍼링에서는 함수나 컨테이너를 실행하는 데 걸리는 시간인 콜드스타트cold-start는 큰 문제가 아니지만 큰 규모에서 어떻게 동작하는지 이해해야 합니다. 버스트 시나리오에서는 많은 함수가 동시에 실행되고, RDBMS 같은 다른 서비스에 의존성이 있다면 RDBMS 커넥션이 최대치에 도달했을 때 결국 애플리케이션이 느려질 수 있습니다.

결국, 클라우드 공급자의 오토스케일링 기능을 사용하더라도 완전히 신경을 쓰지 않을 수는 없고 애플리케이션을 확장할 때 어떻게 해야 하는지 이해하고 있어야 합니다.

3.4 API 설계와 버저닝

API는 서비스들이 상호작용할 때 이용하는 인터페이스이므로 API에 대한 제대로 된 문서와 버전이 중요합니다. 현실에서는 API 버저닝은 어렵습니다. 사용할 수 있는 다양한 접근법이 있기 때문입니다. 장자크 두브라이Jean-Jacques Dubray의 연구 결과에 따르면, API를 개발하는 비용은 선택한 전략에 따라 달라집니다. 그가 분류한 세 가지 전략은 다음과 같습니다.

매듭

API를 사용하는 고객은 버전 하나만 사용합니다. API를 변경하면 모든 고객이 자신들의 코드를 변경해야 합니다. 이 방법은 새로운 API 버전이 나올 때마다 강제로 업그레이드해야 해서 고객에게 가장 값비싼 접근법입니다.

포인트 투 포인트

모든 API 버전이 실행 중이고, 각 고객은 자신이 필요한 버전을 사용합니다. 고객은 그들이 필요할 때 새로운 버전으로 변경할 수 있습니다. 매듭과 비교하면 고객에게 좋은 전략입니다. 오래된 버전의 API를 유지해야 해서 API 개발자에게는 비용이 많이 드는 방법입니다.

버전 호환

모든 고객이 동일한 API 버전을 사용합니다. 최신 버전이 하위 호환성을 유지하기 때문에 오래된 버전은 종료하고 더 이상 유지하지 않습니다.

연구 결과에서는 **버전 호환**compatible versioning 전략이 가장 효율적이라는 것을 보여줬습니다. 전략에 따르면 API 개발자는 하위 호환성을 유지하기 위해 더 많은 작업을 해야 합니다.

REST가 특정한 버저닝을 제공하지 않지만, 버저닝을 처리하는 세 가지 접근법이 있습니다. **글로벌 버저닝**global versioning, **리소스 버저닝**resource versioning, **mime 기반 접근법**mime-based approach 등이 있습니다. 각 접근법에는 장단점이 있고, 어느 접근법이 최고인지는 정할 수 없습니다.

글로벌 버저닝에서는 전체 API에 버전을 설정하고, 버전은 경로의 일부(예: `/api/v1/users`)로 지정하거나, 하위 도메인의 일부(예: `api-v1.example.com/users`)로 지정합니다. 일부 API의 사용 방법이 변경되면, 다른 자원이 전혀 변경되지 않았더라도 전체 API의 새로운 버전을 만듭니다. 전체 API의 새 버전을 만드는 건 개발자에게는 예전 API 버전을 제거하기 위한 명확하고 쉬운 방법입니다. 하지만 이 접근법에는 안 좋은 점이 있습니다. API를 사용하는 사람은 새 버전이 나올 때마다 옮겨야 한다는 압박을 받게 되고, 여러 버전을 검증하고 관리하는데 상당한 비용이 발생하고 많은 시간이 걸립니다.

리소스 버저닝을 사용하면 세부적으로 버전 관리를 할 수 있습니다. 글로벌 버저닝과 많이 비슷해 보이지만, 이 방법은 개별 자원의 버전만 변경합니다. 즉, 사용자의 자원을 변경하면 특정 자원의 새로운 버전(예: `/api/v2/users`)을 만듭니다. 이때 다른 자원은(예: `/api/v1/tasks`) 바꾸지 않고 그대로 유지합니다.

앞서 언급한 두 가지 접근법은 API 버전이 URL 경로나 도메인에 있습니다. mime 기반 접근법은 여전히 자원 수준에서 버전을 관리하지만 버전 숫자를 URL이 아니라 헤더에 넣습니다. 예를 들어 자원 버전을 설명하려고 Accept와 Content-Type 헤더(예: `Accept: application/vnd.exemple.users.v2+json`)를 사용하는 대신에 URL(예: `/api/users`)에는 버전이 없습니다. 이렇게 하면 API 엔드포인트를 깔끔하게 유지할 수 있지만 API를 더 복잡하게 만들 수도 있습니다.

앞서 설명한 REST 버전 관리 방법들을 고려하지 않으면, API 버저닝에서 여러 자원의 여러 가지 버전을 지원할 수 있도록 코드를 관리하는 것도 큰 문제가 됩니다. 버전 관리 때문에 제약을 받아서 API를 마음대로 못 바꾸고 싶지는 않을 겁니다. 반면에 API를 안정적으로 관리해야 합니다. 개발 전략의 일부로, 고객에게 안정적으로 API를 제공하면서 API를 변경할 수 있는 관리 방법을 이해하고 있어야 합니다.

버전 호환 전략을 이용하면, API가 하위 호환성을 유지하게 하고 여러 클라이언트가 한 버전의 API에 다양한 요청을 할 수 있습니다. 여러 클라이언트가 같은 API 버전을 사용할 수 있어서 클라이언트마다 별도의 API 버전을 유지하지 않아도 됩니다.

클라이언트와 서버(API의 구현체) 버전 외에도, 메시지 형식과 API 문서에 대한 버전도 관리해야 합니다. 자원 간의 관계나 API 자체에 버전을 지정하면 안 됩니다.

API를 변경할 때 하위 호환성이나 잠재적인 상위 호환성까지 고려해야 합니다. 예를 들어 URI(예: 쿼리 파라미터)를 변경하거나 헤더를 바꾸거나, 메시지의 본문을 변경하면 이런 변경 사항들이 하위 호환성을 망치게 됩니다. 메시지 형식을 변경하려면 새로운 자원을 만들거나 콘텐츠 협상을 이용해야 합니다.

어떤 방식을 사용해도, 고객이 사용하는 API와 API의 버전을 모니터할 수 있어야 합니다. 적절한 곳을 잘 모니터링하면 API를 언제, 어떻게 정리할지 결정하는 데 도움을 받을 수 있습니다.

3.4.1 API 하위와 상위 호환성

서비스 상호작용 옵션으로 들어가기 전에, API 호환성을 빠르게 상기해봅시다. 서비스를 다른 서비스와 독립적이고 자동화해서 배포할 것이라, 서비스가 기존에 상호작용하고 있던 다른 서비스를 망가뜨리지 않고 업데이트하는지를 확인해야 합니다. 앞서 설명한 버전 호환 전략을 적용했다면 서비스는 하위 호환성과 상위 호환성이 있어야 합니다. [그림 3-7]은 서비스 A v1.0이 서비스 B v 1.0과 함께 작동하는 것을 보여줍니다.

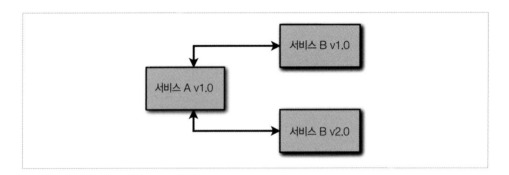

그림 3-7 하위 호환성

이 상태에서 몇 가지 새로운 기능의 서비스 B v2.0을 배포합니다. 하위 호환성이란 서비스 B v2.0이 전체 애플리케이션의 기능을 망가뜨리지 않고 여전히 서비스 A v1.0과 함께 작동할 수 있는 것을 의미합니다. 하위 호환성을 관리하기 위한 모범 사례는 다음과 같습니다.

- 새 API에 적합한 기본값 또는 선택 가능한 값을 제공하세요. 불가능하다면, 새로운 자원을 만드세요.

- 기존 필드 이름을 변경하거나 삭제하지 마세요.

- 꼭 필요한 것을 선택 사항으로 설정하지 마세요.

- 더 이상 사용하지 않는다면 예전 API 엔드포인트를 사용하지 않는다고 표시하세요.

- 새 버전과 기존 버전의 서비스가 예전 메시지들을 이용해 함께 잘 동작하는지 테스트하세요.

서비스에서 롤백 기능을 제공하려면 상위 호환성도 생각해야 합니다. 상위 호환성은 서비스가 최신 버전용 요청을 받아서 잘 처리할 수 있다는 것을 의미합니다. 상위 호환성을 보장하기 위한 일반적인 방법은 추가 필드가 생기더라도 무시하고 오류를 보내지 않는 겁니다.

3.4.2 시맨틱 버저닝

시맨틱 버저닝semantic versioning을 이용하는 것은 거의 표준입니다. 시맨틱 버저닝(**메이저.마이너.패치** major.minor.patch)을 이용하면 언제 각 부분의 버전 숫자를 올려야 하는지를 알 수 있습니다.

- 메이저 버전은 API 호환성이 변경됐을 때 올립니다.

- 마이너 버전은 하위 호환되는 기능을 추가했을 때 올립니다.

- 패치 버전은 하위 호환되는 버그를 수정했을 때 올립니다.

변경 사항이 어떤 종류인지 고객에게 알려주기 위해 API에 이런 형식의 버저닝을 적용할 수 있습니다.

3.5 서비스 커뮤니케이션

애플리케이션 전체에 심각한 성능 영향을 줄 수 있어서 네트워킹과 서비스 커뮤니케이션은 분산 시스템에서 중요한 주제입니다. 따라서 클라우드 네이티브 애플리케이션을 설계하고 구현할 때 다양한 서비스 커뮤니케이션 방법을 이해하고 있다면 큰 도움이 될 것입니다. 크게 보면 외부 서비스 커뮤니케이션과 내부 서비스 커뮤니케이션으로 분리할 수 있습니다. 내부 커뮤니케이션은 클러스터 내 커뮤니케이션(예: 한 쿠버네티스 클러스터 내부에 있는 서비스끼리의 커뮤니케이션)을 의미하지만 외부 커뮤니케이션은 DBaaS 오퍼링 같은 외부 서비스와의 커뮤니케이션을 의미합니다. 클라이언트에서 클러스터 내부로 들어오는 외부 서비스 커뮤니케이션을 North-South 트래픽이라고 하고, 내부 서비스끼리의 커뮤니케이션을 East-West 트래픽이라고 합니다. 쿠버네티스에서는 North-South용으로 인그레스ingress 컨트롤러를 사용하고, 외부 서비스에 접근할 때는 이그레스egress 컨트롤러를 사용합니다. 쿠버네티스는 큐브 프록시를 이용해 East-West 트래픽 로드 밸런싱을 제공하지만 서비스 메시는 더 많은 기능을 제공합니다. 서비스 메시, 인그레스, 이그레스는 3.7절과 3.8절에서 다룹니다.

3.5.1 프로토콜

대부분 클라이언트와 클라우드 네이티브 애플리케이션 사이의 통신용 프로토콜로 HTTP를 사용합니다. 하지만 HTTP가 가장 성능 좋은 프로토콜은 아닙니다. 대규모 마이크로서비스 애플리케이션은 수백 혹은 수천 개의 서비스를 갖거나 그보다 더 많은 서비스를 가질 수 있습니다. 그 사이에 통신과 데이터 교환이 필요합니다. 결론적으로, 어떤 프로토콜을 선택했느냐에 따라 성능에 큰 영향을 미칠 수도 있고, 실제 서비스에서는 통신 프로토콜 변경에는 상당히 큰 비용이 들 수도 있습니다. HTTP가 클라이언트와 서비스가 인터넷으로 통신할 때 자연스러운 선택이지만, 내부 서비스 간에 통신할 때는 성능 개선을 위해 다른 프로토콜도 생각해봐야 합니다. [그림 3-8]은 프로토콜 변경을 위해 프록시를 어떻게 사용할 수 있는지를 보여줍니다. 이 장 뒷부분의 인그레스 컨트롤러와 게이트웨이에서 더 자세히 설명합니다.

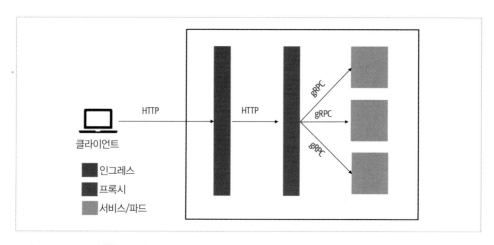

그림 3-8 프로토콜 변환용 프록시

클라우드 네이티브 애플리케이션에서 좋은 성능으로 인기 있는 몇 가지 프로토콜을 살펴보겠습니다.

웹소켓

웹소켓은 2013년에 표준화됐고, 서버와 클라이언트 간에 실시간으로 통신하는 표준입니다. 클라이언트와 서버 간에 오랜 기간 살아 있는 TCP 소켓 커넥션을 하나 만듭니다. 이 커넥션을 통해 양방향으로 메시지를 작은 오버헤드만으로 즉시 전달할 수 있습니다. 클라이언트가 정규 HTTP 요청을 서버에 보내면 웹소켓 핸드셰이크 과정을 시작합니다. 이 요청은 Upgrade 헤더를 가지고 있습니다. 핸드셰이크가 완료되면, 초기 HTTP 커넥션이 같은 TCP/IP 커넥션을 이용하는 웹소켓 커넥션으로 바뀝니다. 웹소켓은 전통적인 HTTP 요청과 관련된 오버헤드를 발생하지 않고 대량의 데이터를 전송할 수 있습니다. 그래서 매우 지연이 작은 커넥션입니다.

HTTP/2

HTTP/2는 모든 HTTP를 대체하지 못합니다. 현재, verbs, 상태 코드, 대부분의 헤더가 동일하게 남아 있습니다. HTTP/2는 스트림을 이용하는 하나의 TCP 커넥션을 통해서 멀티플렉싱 요청을 짧은 지연으로 처리하도록 설계됐습니다. 그래서 데이터가 전송될 때의 효율을 향상합니다. HTTP/2는 바이너리 프로토콜인 반면에 HTTP 1.x는 텍스처 프로토콜입니다. 바이너리 프로토콜은 하나의 코드 경로만 존재하므로 파싱할 때 더 효율적입니다. 이러한 이유로 전송할 때 매우 효율적입니다.

gRPC

gRPC는 성능이 좋고 개발자 친화성 때문에 마이크로서비스 커뮤니티에서 매우 빠르게 인기를 얻고 있는 새로운 프로토콜입니다. gRPC는 HTTP/2를 전송 프로토콜로 이용하는 고성능, 경량 통신 프레임워크입니다. 인증, 양방향 스트리밍과 흐름제어, 블로킹/논블로킹 바인딩, 취소와 타임아웃 등을 제공합니다. gRPC는 protobuf 프로토콜 버퍼를 사용합니다. 프로토콜 버퍼는 구조화된 데이터를 효율적인 바이너리 형식으로 정의하고 직렬화하는 방법을 제공합니다. 이런 바이너리 형식을 이용하면, 페이로드^{payload}가 작아지므로 전송을 빠르게 할 수 있습니다.

3.5.2 메시징 프로토콜

앞서 설명했듯이, 클라우드 네이티브 애플리케이션은 이벤트 주도와 메시지 기반 접근법을 사용합니다. 따라서 메시징 프로토콜에 대해 알아둘 필요가 있습니다. 외부에는 수많은 메시징 프로토콜이 있습니다. STOMP, WAMP, AMQP, MQTT 등이 있습니다. 각 프로토콜을 설명하면 이 책의 범위를 넘으므로 가장 인기 있는 두 가지 메시징 프로토콜만 간단히 살펴보겠습니다.

MQTT

MQTT^Message Queue Telemetry Transport는 주로 IoT와 기계끼리의 통신에 사용하는 바이너리 프로토콜입니다. MQTT는 네트워크 통신이 불안정하고 대역폭이 작은 환경용으로 설계됐습니다. 예를 들어 MQTT는 센서와 게이트웨이 간의 통신에 주로 사용합니다. 전송을 보장하는 기능을 가진 발행자와 구독자 메시징에 초점을 두는 초경량 프로토콜입니다. MQTT는 단순하고 바이너리 패킷 페이로드가 작다는 장점이 있습니다.

AMQP

AMQP^Advanced Message Queuing Protocol는 주로 신뢰성 있는 큐, 토픽 기반 발행자와 구독자, 라우팅, 보안, 트랜잭션 등 다양한 기능을 가진 메시징을 위해 설계됐습니다. 이러한 기능 때문에 경량이거나 빠른 프로토콜은 아닙니다. AMQP는 다양한 벤더가 수많은 테스트를 하므로 신뢰성이 매우 높습니다. AMQP를 사용하는 주된 이유는 서로 다른 벤더 간의 상호운용성 때문입니다.

두 프로토콜 모두 TCP를 통한 웹소켓과 함께 사용하므로 443 포트를 통한 트래픽(HTTP)만 사용하도록 제한된 환경에 적합합니다.

간단하고 안정적인 메시징이 필요하면 MQTT를 사용하고, 단순 메시징을 넘어 상호운용성과 기능성이 필요하면 AMQP를 사용하는 것이 일반적입니다.

3.5.3 직렬화 고려 사항

프로토콜 외에, 데이터 직렬화^{serialization}와 역직렬화^{deserialization}도 성능에 영향을 미칩니다. 최악의 상황은 그곳이 병목이 되는 겁니다.

JSON은 현재 가장 널리 사용하는 형식입니다. JSON은 가독성 있고 독립적이고, 쉽게 확장할 수 있지만, 메모리를 많이 사용해 직렬화/역직렬화할 때 데이터를 많이 사용하므로 비용이 많이 듭니다.

문자열 형식이고 모든 최신 언어를 이해할 수 있는 JSON과는 다르게, 프로토콜 버퍼는 바이너리 형식이라서 모든 언어에 대해 제너레이터가 필요합니다. 다행히 대부분 최신 언어가 프로토콜 버퍼 제너레이터를 지원합니다. 프로토콜 버퍼는 JSON처럼 모든 메시지에 스키마를 전송하는 대신에 미리 proto 파일에 스키마를 정의합니다. proto 파일은 데이터를 직렬화/역직렬화해야 하는 모든 서비스에 추가합니다. 제너레이터는 데이터를 표현하는 오브젝트를 생성합니다. 직렬화 코드가 필요 없습니다.

대용량 데이터를 처리할 때 성능이 중요하면 프로토콜 버퍼를 선택할 수 도 있지만 JSON 직렬화/역직렬화에서 다음 두 가지를 개선할 수도 있습니다.

- 좋은 JSON 직렬화 도구를 선택하세요.
- 다운스트림 서비스가 같은 오브젝트를 사용한다면 해당 오브젝트를 다시 직렬화해야 하는지 고려하세요. 대신에, 역직렬화된 오브젝트를 인수로 다른 서비스로 전달할 수 있습니다.

3.5.4 멱등성

동기 커뮤니케이션을 하는지, 비동기 커뮤니케이션을 하는지는 중요하지 않습니다. 같은 작업을 여러 번 시도했어도 대상 시스템은 변경하지 않고 유지되는 것을 보장해주는 게 중요합니다. 여러 번 작업을 실행해도 결과의 변화가 없는 것을 **멱등성**^{idempotency}이라고 합니다. 이 장의 후반부에서 볼 수 있는 것처럼 메시지는 수신에 실패했거나 재시도 정책 때문에 한 번이 아니라 중복해서 여러 번 전달되고 처리할 수 있습니다. 이상적인 방법은 수신자가 이 메시지를 멱등법으로 처리해서 반복 호출이 발생하더라도 같은 결과를 유지하는 것입니다.

웨어러블 장치가 어떤 건강 데이터를 큐에 추가하고 서비스가 그 데이터를 가져와 개인 건강 점수 카드에 추가한다고 가정해봅시다. 다음은 장치가 보낸 메시지와 비슷한 메시지입니다.

```
{
  "heartrate" : {
    "time" : "20200203073000",
    "bpm" : "89"
  }
}
```

수신자가 메시지를 가져오는 동안 네트워크 장애로 메시지를 가져올 수 없다고 가정해봅시다. 그러면 서비스는 재시도 정책에 따라 메시지를 다시 보냅니다. 그 결과 같은 메시지를 두 개 갖게 됩니다. 이때 수신자는 메시지 두 개를 한꺼번에 가져와 처리합니다. 심장 박동 비율은 178bpm을 보여주고, 이를 본 사람들은 걱정할 것입니다. 이런 현상을 피하고자 작업을 멱등성 있게 처리해야 합니다. 작업의 멱등성을 보장하는 일반적인 방법은 메시지에 고유 ID를 추가해서 ID가 맞지 않을 때만 서비스가 메시지를 처리하는 것입니다. ID가 추가된 동일한 메시지의 예는 다음과 같습니다.

```
{
  "heartrate" : {
    "heartrateID" : "124e456-e89b-12d3-a456-426655440000"
    "time" : "20200203073000",
    "bpm" : "89"
  }
}
```

이제 수신자는 메시지를 처리하기 전에 이미 처리된 적이 있는지 확인할 수 있습니다. 이런 방법을 일반적으로 **중복제거**de-duping라고 합니다. 같은 원리를 데이터를 업데이트할 때도 적용합니다. 가정은 작업을 멱등성 있게 설계해야 각 단계가 시스템에 영향을 주지 않고 반복할 수 있습니다.

3.5.5 요청과 응답

요청과 응답은 동기와 비동기 방식으로 구현 가능한 매우 직관적인 메시지 교환 패턴입니다.

개념은 [그림 3-9]에 보이는 것처럼 명확합니다. 서비스 A는 서비스 B에 데이터를 요청하고 (1), 서비스 B는 요청을 처리한 다음에 서비스 A로 데이터를 보냅니다(2).

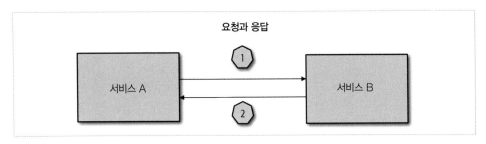

그림 3-9 간단한 요청과 응답

비동기 통신 패턴을 사용하면 서비스 A와 서비스 B가 다중 통신을 하는 문제에 직면하게 됩니다. 그래서 서비스 A가 요청에 맞는 응답을 받을 수 있도록 만들어야 합니다. 이를 해결할 수 있는 방법 중 하나는 [그림 3-10]처럼 관련된 ID(CIDs)를 이용하는 요청과 응답 큐를 사용하는 것입니다.

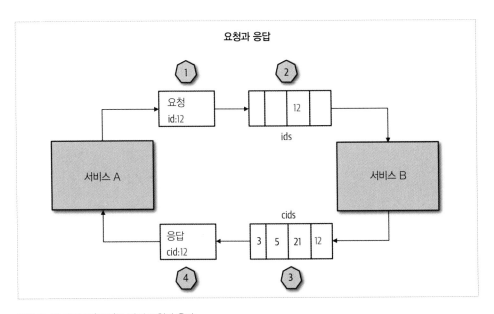

그림 3-10 관련 ID(CID)를 가진 요청과 응답

대략적으로 보면 CID를 이용해 요청과 응답을 처리하는 건 다음 단계를 따릅니다.

1. [그림 3-10]에서는 서비스 A가 ID 12를 가진 사용자 이름 레코드에 대한 요청을 생성합니다. 이후, CID 12를 가진 메시지가 반환되기를 기다립니다.

2. 서비스 B는 큐에서 메시지를 가져와서 해당 사용자에 대한 데이터를 검색하고 ID 12에 대한 CID를 할당합니다.

3. 서비스 B는 사용자 데이터의 응답에 CID 12를 추가하고 응답을 보냅니다. 응답 큐는 CID 3, 5, 21 같은 많은 응답을 가져올 수 있습니다.

4. 서비스 A는 요청 ID와 관련이 있는 CID를 가진 응답을 가져옵니다.

3.5.6 발행자와 구독자

발행자와 구독자는 클라우드 네이티브 애플리케이션에서 비동기 통신을 촉진하기 위한 가장 일반적인 패턴입니다. 발행자가 토픽에 메시지를 발행하면 해당 토픽을 구독하고 있는 모든 구독자가 그 메시지를 즉시 가져갑니다. pub/sub은 크게 두 가지 시나리오를 제공합니다.

- 발행자와 구독자가 분리되어 있어서 서비스와 함수가 느슨하게 커플링됩니다.
- 이벤트 기반 설계가 가능해서 클라우드 네이티브 애플리케이션에서 보편적인 인기를 얻고 있는 설계 방법입니다.

크게 보면, pub/sub은 다음 단계를 따릅니다. [그림 3-11]이 그 내용을 보여줍니다.

1. 서비스 A는 토픽에 메시지를 발행합니다.

2. 메시징 브로커는 해당 토픽을 구독하고 있는 모든 구독자에게 알립니다.

3. 구독자들이 메시지를 가져갑니다.

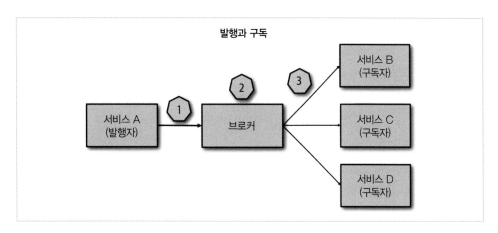

그림 3-11 pub/sub 아키텍처

이런 패턴을 사용하면서 상태를 다뤄야 한다면 다음 몇 가지 사항을 유념해야 합니다.

- 기본적으로, 메시지의 순서가 보장되지 않아서 메시지를 두 번 처리하는 문제를 피하고자 멱등적인 처리가 가능하게 설계해야 합니다.

- 반면에 상태가 있는 애플리케이션은 메시지의 순서를 신경 쓰기 때문에 메시징 시스템에 내장된 정렬 기능을 잘 활용하거나 우선순위 큐 패턴을 적용하도록 계획해야 합니다.

- 메시지 처리 결과가 잘못된 형식 때문에 오류가 발생하거나 컨슈머가 망가지면 메시지를 반환하지 않고 에러 메시지 처리 큐에 넣어야 합니다.

큐는 pub/sub 메시징의 핵심 부분입니다. 그럼, pub/sub과 메시지 큐의 차이는 무엇일까요? 주요 차이점은 메시지 큐는 각 메시지를 하나의 컨슈머가 오직 한 번만 처리하고, pub/sub 메시징은 여러 개의 수신자가 하나의 토픽을 구독해서 메시지를 처리한다는 것입니다. 즉, 메시지 큐는 각 토픽에 여러 개의 컨슈머를 추가해서 처리율을 올릴 수 있지만 한 토픽의 특정 메시지는 오직 하나의 컨슈머만 받습니다.

3.5.7 Pub 및 Sub과 요청 및 응답 중 선택하기

클라우드 네이티브 아키텍처에서 pub/sub과 요청과 응답을 선택하는 기준은 어떻게 사용하는지에 따라 다릅니다. [그림 3-12]는 동일한 클라우드 네이티브 애플리케이션에서 요청과 응답과 pub/sub을 적용했을 때 어떤 차이점이 있는지 보여줍니다.

1. 요청과 응답 아키텍처에서 S1은 클라이언트에게서 비동기 요청을 받습니다. 요청을 처리하고 데이터를 저장한 다음, S2와 S3로 요청을 보냅니다.

2. S3는 요청을 처리하고 데이터를 저장한 다음, S4와 S5에 요청을 보냅니다.

3. 이제 S3는 S4와 S5에서 보내는 응답을 기다려야 합니다. S3가 기다리던 응답이 실패하거나 타임아웃이 발생하면, S3는 S1에 타임아웃을 보내고 S1은 다시 클라이언트에게 타임아웃을 보냅니다. 클라이언트는 요청이 실패한 사실을 매우 긴 시간이 흐른 후에나 알게 됩니다. 엎친 데 덮친 격으로, 클라이언트가 같은 요청을 다시 하면 S1과 S3가 이미 요청을 처리했기 때문에 멱등성이 있는 작업 말고 다른 작업에는 데이터 불일치가 발생할 수도 있습니다.

전체적으로 요청과 응답은 서비스를 단단하게 결합하고, 앞서 설명했던 모든 단점을 가지고 있습니다. 반면에, pub/sub 패턴을 사용하면 모든 서비스를 분리할 수 있고 서비스 사이 통신이 레디스^{Redis}, 래빗MQ^{RabbitMQ}, 아파치 카프카 같은 pub/sub 시스템에 메시지를 전달하는 방식으로 처리할 수 있습니다.

1. pub/sub 아키텍처는 클라이언트가 비동기 요청을 S1으로 보냅니다. S1은 요청을 처리하고 데이터를 저장하고 메시지를 pub/sub 시스템으로 보냅니다. 그다음 클라이언트에게 결과를 보냅니다.

2. S2와 S3는 메시지 브로커의 토픽을 구독하고 있다가 메시지를 가져갑니다.

3. S3는 메시지를 처리하여 데이터를 저장하고 S2에 작업이 성공했다고 응답을 보낼 수 있습니다. S4와 S5는 구독 중인 브로커에서 메시지를 가져올 수 있습니다. 발행 시스템은 메시지가 제때 전달된다는 걸 보장하므로 데이터는 결과적으로 **최종적 일관성**^{eventually} $_{consistent}$을 유지합니다.

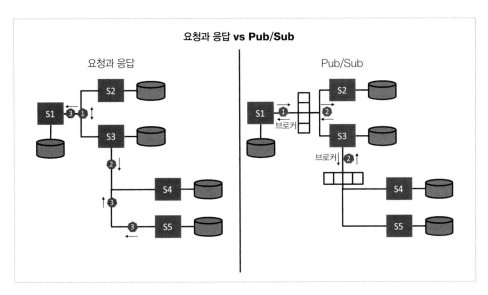

그림 3-12 요청과 응답 vs pub/sub

3.5.8 동기 vs 비동기

마이크로서비스 애플리케이션에서 각 서비스 인스턴스는 일반적인 프로세스입니다. 함수가 있는 컨테이너를 사용할 때도 마찬가지입니다. 그 결과 서비스와 함수는 반드시 내부 프로세스 통신interprocess communication (IPC) 매커니즘을 이용해 상호작용해야 합니다. IPC는 동기와 비동기 방식으로 구현할 수 있습니다. 동기 방식은 응답이 올 때까지 클라이언트가 기다립니다. 동기 호출은 이해하고 사용하기에 직관적입니다. 그런데 왜 모든 내부 서비스 통신에 동기적인 방법을 사용하지 않는 걸까요? 동기 방식을 사용할 때 기억해둬야 할 몇 가지 사항은 다음과 같습니다.

자원 소진

동기는 응답을 기다리는 동안 스레드가 블록되는 것을 의미합니다. 이런 방식은 큰 규모에서는 자원을 쉽게 고갈시킬 수 있습니다.

응답 지연

예를 들어 사용자가 직접 사용하는 서비스를 서비스 A라고 가정해봅시다. 서비스 A가 서비스

B를 호출하고 연계된 또 다른 서비스를 호출할 때, 전체 응답 시간은 개별 서비스의 응답 시간을 합친 시간이 됩니다. 이 중 한 서비스의 응답이 느려지면, 그곳에서 전체 응답이 대기하고 애플리케이션 지연도 증가합니다. 결국 사용자는 실망하게 됩니다.

연쇄 장애

응답 지연과 비슷하게, 한 서비스에서 장애가 발생하면 연쇄 장애를 발생해 결론적으로 전체 애플리케이션이 고장납니다.

동기 통신을 사용할 때 발생할 수 있는 잠재적인 문제들을 해결하는 방법을 고민하는 대신 서비스 간 비동기 통신 이용을 고려해야 합니다. 서비스 간에 비동기 통신을 하면 클라이언트가 호출했을 때 응답이 올 때까지 대기하지 않습니다. 그동안 여유 자원이 다른 작업을 할 수 있습니다. 클라우드 네이티브 세계에서는 이벤트와 큐 기반의 비동기 메시징이 IPC용으로 가장 인기 있는 패턴입니다.

3.6 게이트웨이

마이크로서비스와 함수의 세계에서, 클라이언트가 필요한 기능은 일반적으로 여러 서비스와 함수에 분산되어 있습니다. 클라이언트는 어떤 엔드포인트를 호출해야 할지 어떻게 알 수 있을까요? 또한, 기존 서비스를 다른 엔드포인트에 재배포하거나 새로운 서비스를 도입하면 어떤 일이 일어날까요?

크게 보면, **API 게이트웨이**^{API gateway}와 **애플리케이션 게이트웨이**^{application gateway} 두 가지로 구분할 수 있습니다. 애플리케이션 게이트웨이는 API 관련된 건 아무것도 필요하지 않습니다. 주로 SSL^{Secure Sockets Layer} 오프로딩^{offloading}, 정적 자원(HTML, CSS 파일 등) 라우팅, 오브젝트 스토리지로 라우팅하는 데 사용합니다.

API 게이트웨이는 앞서 언급했던 문제점들을 해결하는 데 도움이 됩니다. 하나 이상의 API 게이트웨이를 클라이언트와 서비스 사이에 둘 수 있습니다. 요청을 담당 서비스 쪽으로 보내는 것부터 공통 엔드포인트를 통해 비즈니스 API를 노출시키거나 SSL 처리 같은 작업을 수행하거나 인증처리를 하는 등 다양한 역할을 할 수 있습니다. 추가로 게이트웨이로 계층을 만들 수 있습니다. 한 게이트웨이로 SSL 오프로딩을 담당하고, 그다음 게이트웨이로는 인증과 권한 관리를 합니다. 마지막 게이트웨이로는 실제 서비스로 요청을 전달할 수 있습니다.

3.6.1 라우팅

라우팅은 게이트웨이의 가장 일반적인 기능입니다. 게이트웨이는 [그림 3-13]처럼 역방향 프록시로 작동하고, 들어오는 요청을 백엔드 서비스로 전달합니다. 리버스 프록시는 보통 사설 네트워크 내부에 있으면서 클라이언트에서 들어오는 요청을 적절한 백엔드 서비스로 전달하는 역할을 합니다.

이 패턴은 클라이언트가 하나의 엔드포인트와 통신이 필요할 때 유용합니다. 게이트웨이는 IP, 포트, 헤더, URL 등에 따라서 다양한 서비스에 요청을 전달할 수 있습니다. 이렇게 하면 하나의 엔드포인트만 사용하면 되므로 클라이언트의 구현을 단순화할 수 있습니다.

이 패턴을 사용할지 결정하려면 운영 비용과 게이트웨이 관리를 고려해야 합니다. 여러 서비스를 하나의 엔드포인트 뒤에 추상화했기 때문에 게이트웨이가 병목이 될 수 있고, 게이트웨이에서 부하가 발생했을 때 그에 맞춰 적절히 확장할 수 있어야 합니다. 다른 방안으로는 클라우드 공급자들이 게이트웨이의 운영과 관리를 해주는 관리형 게이트웨이 서비스를 사용하는 것입니다.

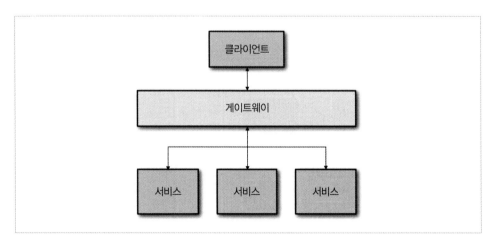

그림 3-13 라우팅용 게이트웨이

3.6.2 애그리게이션

게이트웨이는 애그리게이터^{aggregator}로도 작동할 수 있습니다. [그림 3-14]는 클라이언트에서 하나의 요청을 받아 여러 개의 담당 서비스로 요청을 보내고, 각 서비스의 응답을 취합해 클라이언트에 하나의 응답으로 돌려주는 과정을 보여줍니다.

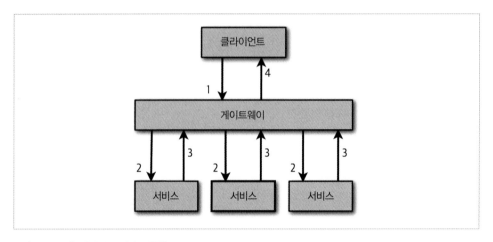

그림 3-14 요청 여러 개를 하나로 취합

클라이언트가 요청하면(1), 게이트웨이는 각 서비스나 함수로 요청 여러 개를 보냅니다(2). 각 서비스는 응답을 보내고(3), 게이트웨이는 결과를 취합해 클라이언트로 반환합니다(4). 이런 접근법의 장점은 클라이언트와 서비스 간의 트래픽을 줄일 수 있다는 것입니다. 클라이언트가 엔드포인트별로 요청하는 대신에 게이트웨이 쪽으로 요청 하나만 만들면 됩니다. 게이트웨이 애그리게이션에서 주의할 점은 게이트웨이와 서비스 간에 어떤 결합도 만들면 안 됩니다. 게이트웨이에서 애그리게이션을 하면, 부하가 추가되는 것을 알아야 합니다. 또한 게이트웨이가 모놀리스가 되는 것도 주의해야 합니다. 게이트웨이의 애그리게이션 로직이 너무 많아지거나 게이트웨이가 부하 때문에 다운되면 애그리게이션을 분리하거나 배치 서비스를 도입해야 할 수도 있습니다. [그림 3-15]는 앞서 다룬 내용을 보여줍니다.

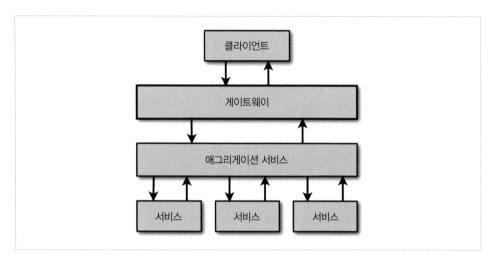

그림 3-15 전용 애그리게이션 서비스를 가진 게이트웨이

게이트웨이에서 애그리게이션 로직을 빼면 부하가 줄어듭니다. 그렇게 하면, 게이트웨이에 영향을 주지 않고 애그리게이션과 배치 서비스를 따로 업데이트할 수 있습니다.

3.6.3 오프로딩

게이트웨이의 가장 일반적인 사용 방법은 개별 서비스에서 기능을 분리해서 게이트웨이 수준에서 처리하는 것입니다. 예를 들어 각 서비스에서 SSL 처리를 하는 대신에 게이트웨이에서 처리하는 것입니다. SSL 처리를 이용하면 인증서 같은 보안 자산을 분리할 수 있습니다.

오프로딩offloading을 사용하면, 일반적으로 모든 서비스에서 사용할 수 있는 기능만 분리해야 합니다. 이를 **크로스커팅 관심사**cross-cutting concern라고 합니다. 비즈니스 로직을 게이트웨이로 가져오면 안 됩니다. 개별 서비스에서 분리해서 게이트웨이 수준에서 사용할 수 있는 기능의 예는 다음과 같습니다.

- 인증과 권한

- 비율 제한, 재시도 정책, 서킷 브레이킹

- 캐시

- 압축

- SSL 오프로딩

- 로깅과 모니터링

게이트웨이에서 많은 기능을 오프로드할수록 성능이 떨어질 수 있다는 점을 염두에 둬야 합니다. 그래서 서비스를 모니터링하는 것도 중요하지만 게이트웨이를 모니터링하는 것 역시 중요합니다.

3.6.4 게이트웨이 구현

게이트웨이를 구현하는 여러 가지 기술이 있습니다. 게이트웨이용으로 가장 인기 있는 프록시는 Nginx, HAProxy, Envoy 등이 있습니다. 전부 로드 밸런싱, SSL, 라우팅을 제공하는 역방향 프록시입니다. 수많은 실서비스 환경에서 검증을 거친 프록시들입니다.

직접 게이트웨이를 구현하는 것 말고도, 관리형 라우트로 가서 애저 애플리케이션 게이트웨이 Azure Application Gateway, 애저 프런트도어Azure Frontdoor, 아마존 API 게이트웨이Amazon API Gateway 같은 클라우드 공급자의 오퍼링 중 하나를 사용하기로 할 수도 있습니다.

3.7 이그레스

이전 절에서는 시스템으로 들어온 트래픽을 처리해 라우팅이나 오프로딩 기능 등의 다양한 작업을 하는 인그레스 게이트웨이를 살펴봤습니다. 이와 비슷하게, 사설 네트워크에서 실행하는 **이그레스 게이트웨이**egress gateway는 사설 네트워크 밖으로 나가는 모든 트래픽을 제어할 수 있습니다. 따라서 외부로 접근하는 서비스를 제어할 수 있습니다. 예를 들어 사설 네트워크에서 밖으로 나가는 모든 통신을 막을 수 있습니다. 이는 서비스가 손상된 경우 보안이 중요합니다. 외부로 나가는 모든 통신을 막으면 외부 호출을 만들거나 추가 공격을 하려는 잠재적인 공격자를 방해할 수 있습니다.

이스티오 같은 서비스 메시의 일부로 이그레스 게이트웨이를 이용하면 나가는 트래픽을 더 세밀하게 제어할 수 있고 TLSTransport Layer Security origination 같은 추가 기능도 제공합니다. 예를 들어 이그레스 게이트웨이가 받은 암호화되지 않은 내부 HTTP 커넥션이 외부로 나갈 때 TLS origination을 적용해서 요청을 암호화한 후 외부 서비스로 전달하도록 이스티오를 설정할 수 있습니다. 추가로, 공통 도메인에서 여러 호스트로 가는 트래픽에 와일드카드 호스트를 사용해서 제어할 수 있습니다. 예를 들어 *.example.com에 접근할 수 있고, IP 주소 기반으로 나가는 트래픽을 제한할 수 있습니다.

외부 서비스에 접근 시 모니터링이나 제어가 필요하면 이그레스 게이트웨이를 사용하는 것을 고려해보세요.

3.8 서비스 메시

클라우드 네이티브 세계에서는 각 서비스가 독립적으로 개발 및 배포되고 다른 마이크로서비스와 상호작용합니다. 솔루션이 발전할수록, 더 많은 마이크로서비스를 개발해야 하고 서비스 간의 통신이 많아져 더욱 복잡해집니다. 통신이 중요하므로 서비스는 복원력이 좋아야 하고 네트워크 문제에 영향을 받지 않아야 합니다. 요청 재시도를 구현하고 타임아웃, 서킷 브레이커 등을 정의할 방법이 필요합니다. 이 모든 기능을 갖춘 단일 라이브러리를 사용하는 게 방법이 될 수 있지만, 서비스들이 사용하는 개발 언어가 다르면 도움이 안 됩니다. 각 서비스나 기능별로 언어를 분리해서 재작성할 수도 있지만, [그림 3-16]처럼 같은 기능을 사용하면서 다른 언어로 구현된 서비스가 있을 수 있습니다.

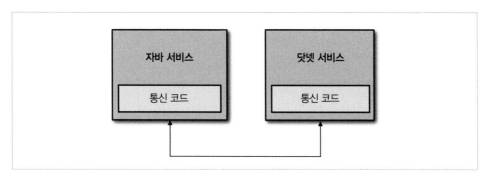

그림 3-16 같은 기능을 갖고 다른 라이브러리를 이용하는 서비스

라이브러리를 관리하다 보면 각 언어의 구현이 다른 점과 항상 최신인지 확인해야 하므로 악몽에 빠지기 쉽습니다. 한 라이브러리의 버전에서 변경 사항을 발견하면 다른 모든 버전에서 변경해야 합니다.

서비스 메시의 아이디어는 각 서비스의 이런 공통 기능들을 서비스 메시 쪽으로 옮겨서 개발자 생산성을 향상하는 것입니다. 따라서 서비스 기능과 서비스 메시의 일반적인 기능 사이의 관심사를 분리할 수 있습니다. 서비스 메시의 기능을 이용하면, [그림 3-17]처럼 더는 다른 라이브러리들을 관리하지 않아도 됩니다.

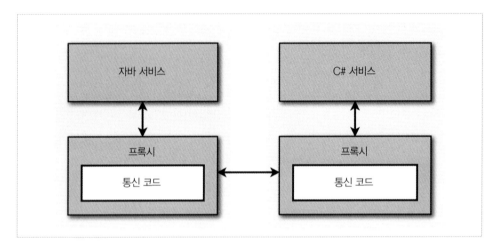

그림 3-17 프록시에 있는 공통 기능

모든 서비스 메시의 주요 빌딩 블록은 각 서비스 인스턴스에서 실행하는 **프록시**proxy입니다. 쿠버네티스의 경우, 프록시는 서비스처럼 같은 파드 내에 사이드카로 실행하고 네트워크를 공유합니다. 프록시의 역할은 서비스로 들어오고 나가는 모든 요청을 가로채는 것입니다. 각 프록시는 들어오고 나가는 트래픽을 어떻게 처리할지 정의한 설정을 합니다. 트래픽과 요청을 처리하는 것 외에 추가로 프록시는 서비스 메시 컨트롤 플레인이 수집할 수 있게 메트릭을 보냅니다.

사이드카 프록시를 사용하는 것은 간단하며 설정을 많이 하지 않아도 됩니다. 하지만 파드마다 추가 컨테이너를 실행해야 하므로 자원 비용이 추가로 발생합니다. 서비스에서 많은 인스턴스를 사용하면 문제가 될 수도 있습니다. 대신에 각 호스트당 프록시 하나를 실행하면 비용을 절감할 수 있지만, 이렇게 하면 사이드카 프록시보다 설정하는 게 직관적이지 않을 수 있습니다. 사이드카 방식으로 할지, 호스트당 프록시 방식으로 할지를 결정하기 위해 다음 사항을 고려해야 합니다.

- 서비스와 사이드카의 개수: 서비스 복제본이 증가하는 만큼 자원 소비가 증가합니다. 서비스당 하나 이상의 사이드카 프록시를 사용하고 있다면, 자원 소비가 빠르게 증가합니다.

- 프록시가 구현된 언어(예: 자바를 사용 중이라면) 사이드카는 자원 이용률을 증가시킬 수 있습니다.

- 모든 서비스가 전용 프록시가 필요한 게 아닌 경우: 사이드카 패턴에서 호스트당 프록시 패턴으로 가는 것과 프록시 기능을 재사용하는 것을 고려해야 합니다(예: 메트릭과 로그 애그리게이션은 서비스별 사이드카 프록시 대신에 호스트당 프록시로 처리).

- 서비스와 프록시 사이의 요청 개수: 사이드카 프록시로 보내는 요청은 호스트당 프록시를 이용하는 것보다 요청이 작은 단계를 거칩니다.

이스티오 서비스 메시가 각 서비스 인스턴스 옆에 엔보이 프록시[envoy proxy]를 실행하는 반면에 다른 인기 있는 서비스 메시인 링커드2는 러스트로 개발된 초경량 전송 프록시를 사용하고, 사이드카나 호스트당 프록시를 실행할 수 있습니다. 해시코프의 Consul Connect는 엔보이를 지원합니다. [표 3-1]은 각 서비스 메시 솔루션들을 비교합니다.

표 3-1 서비스 메시 솔루션 비교

	이스티오	링커드2	Consul Connect
프록시 패턴	사이드카	사이드카	사이드카
지원하는 프로토콜	HTTP 1.1/HTTP2/ gRPC/TCP	HTTP 1.1/HTTP2/ gRPC/TCP	TCP
프록시	엔보이	내장	플러그 가능 (내장 또는 엔보이, NGINX, HAProxy)
암호화	예	예 (실험적)	예
자동 프록시 삽입	예	예	예
트래픽 제어	예 (레이블 기반)	지원 안 함 (링커드 1.0에서 지원)	예 (플러그 가능)

	이스티오	링커드2	Consul Connect
복원력 (타임아웃, 재시도)	예	예	플러그 가능
추적	Jaeger	지원 안 함	플러그 가능
메트릭	프로메테우스	프로메테우스	프로메테우스

프록시와 서비스 메시가 어떻게 동작하는지 명확히 파악하기 위해 실행 중인 서비스에 메시가 적용하는 요청 재시도 정책의 예를 들어 살펴보겠습니다. YAML은 서비스 메시의 요청 재시도 정책 같은 규칙을 정의하는 데 사용합니다. 서비스 메시 내 모든 프록시들은 **데이터 플레인**data plane이라고 합니다. 서비스 메시의 일부는 데이터 플레인을 제어하고 **컨트롤 플레인**control plane이라고 합니다. 일반적인 서비스 메시 아키텍처는 [그림 3-18]과 비슷합니다.

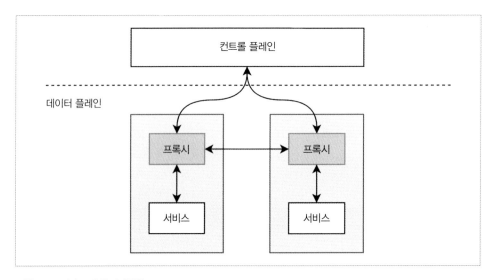

그림 3-18 서비스 메시 아키텍처

서비스 메시 사용자는 데이터 플레인에 있는 프록시를 직접 관리하고 싶어 하지 않습니다. 컨트롤 플레인의 역할은 데이터 플레인이 사용자가 의도한 대로 설정되도록 보장하는 것입니다. 예를 들어 메시에 HTTP 타임아웃을 60초로 설정하고 싶다면 사용자는 컨트롤 플레인에 요청을 보냅니다. 이때 컨트롤 플레인은 데이터 플레인의 각 프록시에 새로운 설정을 적용하는 역할을 합니다.

컨트롤 플레인은 서비스 메시를 설정하는 데 사용하는 API를 제공합니다. API 외에도, 컨트롤 플레인의 일부로 실행하는 다른 서비스가 있습니다. 예를 들어 서비스 메시 내에서 실행하는 서비스를 위한 정책과 텔레메트리를 처리하는 서비스가 있습니다.

서비스 메시의 주요 기능은 다음처럼 그룹화할 수 있습니다.

- 트래픽 관리

- 장애 처리

- 보안

- 트레이싱과 모니터링

3.8.1 트래픽 관리

이번 절 제목처럼, 서비스 메시 내에서 트래픽 관리 기능의 목적은 메시 내의 서비스 간 트래픽을 관리하는 것뿐만 아니라 메시 내의 서비스에서 외부 서비스에 접근하는 트래픽까지 관리하는 것입니다.

메시 내의 서비스들은 여러 개의 엔드포인트 인스턴스를 가질 수 있습니다. 이런 인스턴스들은 VM이나 컨테이너가 되거나 쿠버네티스에서 실행 중인 파드가 될 수도 있습니다. 트래픽 관리를 하지 않으면, 한 서비스로 가는 모든 트래픽은 결국 하나의 엔드포인트 인스턴스로 갑니다. 그 엔드포인트로 가는 트래픽을 관리하려면 모든 서비스 인스턴스의 풀 중에서 부분집합을 정의해야 합니다. 예를 들어 인스턴스들이 다른 도커 이미지를 이용하는 서로 다른 버전의 서비스이거나 같은 서비스 버전이지만 다른 환경에 배포될 수도 있습니다. [그림 3-19]는 같은 서비스의 다른 부분집합을 보여줍니다.

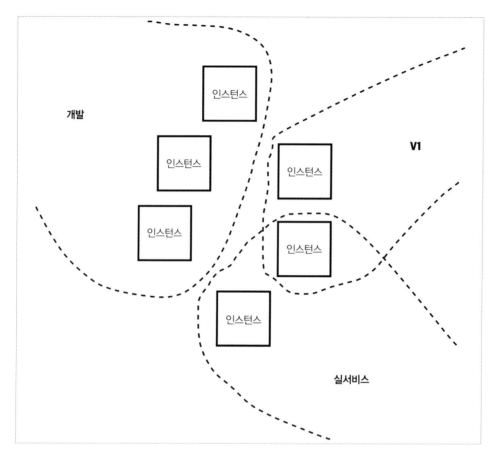

그림 3-19 서로 다른 서비스의 부분집합

특정 부분집합에 관련된 요청 헤더, URL, 가중치 같은 다양한 기준을 사용해서 들어오는 트래픽을 받을 인스턴스를 결정할 수 있습니다. 이 기준은 서비스 메시 컨트롤 플레인을 설정하는 방법에 맞춰 사용합니다. 다음은 트래픽 라우팅을 위한 가장 일반적인 몇 가지 기준입니다.

요청 헤더

라우팅 규칙을 적용하기 위해 들어오는 요청의 HTTP 헤더, URI 구조, HTTP 메서드 등을 사용합니다. 예를 들어 사용자 정의 헤더인 **x-beta-version**의 값이 1인 일부 요청만 특정 부분집합으로 트래픽을 보낼 수 있습니다.

URI

이 옵션은 매칭용으로 요청 URI를 이용합니다. 트래픽을 어디로 보낼지는 URI의 일부 또는 전체를 보고 결정합니다.

소스

사용자는 특정 소스에서 오는 트래픽만 라우팅할 수 있습니다. 예를 들어 서비스 A에서 들어오는 트래픽에만 규칙을 적용할 수 있습니다. 서비스 B에서 들어오는 트래픽에는 다른 라우팅 규칙을 사용할 수 있습니다.

이런 규칙들을 컨트롤 플레인에 적용하면 컨트롤 플레인은 전체 사이드카 프록시에 규칙들을 보냅니다. 마지막으로 프록시들은 이런 규칙들을 기반으로 재설정하고 트래픽을 라우팅합니다.

3.8.2 장애 처리

분산 시스템에서는 매번 다른 이유로 서비스 간 통신에 장애가 발생할 거라고 가정해야 합니다. 이런 장애는 꼭 서비스 코드의 버그 때문에 발생하는 건 아닙니다. 예를 들어 네트워크나 인프라 문제 때문에 장애가 발생할 수 있습니다. **transient**과 **nontransient** 두 가지 종류의 장애가 있습니다. transient는 언제든지 발생할 수 있고, 대부분은 몇 번의 재시도 후에 성공합니다. nontransient는 transient보다 더 영구적입니다. 예를 들어 지워진 파일에 접근하는 경우가 있습니다. 이런 종류의 장애 발생에 대비할 수 있는 코드를 개발해서 서비스가 계속 올바르게 응답하고 작동되도록 해야 합니다.

트래픽 관리 기능 외에도, 서비스 메시는 요청 타임아웃, 재시도, 서킷 브레이커를 정의해서 요청 실패를 어떻게 처리할지도 지원해야 합니다. 기본 타임아웃과 재시도가 각 서비스에 버전별로 설정됩니다. 서비스 메시는 이상적으로는 특별한 HTTP 헤더를 제공해서 요청마다 설정을 덮어쓸 수 있는 옵션을 제공해야 합니다(이스티오를 예를 들면 `x-envoy-upstream-rq-timeout-ms`와 `x-envoy-max-retries` 헤더가 있습니다). 이런 기능을 사용한다면 반드시 기억해야 합니다. 사용 중인 라이브러리에서 이런 기능이 있을 수도 있기 때문입니다.

서킷 브레이커는 서비스가 회복력을 더 강하게 만들 때 사용하는 기능입니다. **서킷 브레이커**

Circuit Breaker 패턴은 고장난 서비스에 대한 접근을 관리해 전체 시스템의 추가 장애와 변형을 방지하는 데 사용합니다. 서킷 브레이커가 작동하면 고장난 서비스에 대한 추가 접근이 막힙니다.

서킷 브레이커 패턴의 일부로 서킷 브레이커가 발동하는 조건이나 임계치를 설정하고, 서킷 브레이커 내부로 서비스를 '래핑wrap'합니다. 지정된 조건에(예: 5초 안에 10번 실패한 경우) 따라 서킷 브레이커가 발동하면, 고장난 서비스를 배제해서 해당 서비스에 대한 추가적인 접근을 막습니다.

서킷 브레이커는 트래픽을 받는 목적지마다 정의해야 합니다. 엔보이 프록시에서 서킷 브레이커의 구현은 각 호스트의 상태를 추적하고, 호스트 중 일부가 지정한 임계치에 도달하면 해당 호스트를 이용 가능한 호스트 풀에서 빼게 되어 있습니다. 파드 10개가 실행 중이라면, 서킷 브레이커가 잘못 동작하는 인스턴스를 제거하고 어떤 요청도 더 이상 해당 호스트에 도달할 수 없습니다.

임계치 외에도, 잘못 동작하는 호스트를 얼마나 오랫동안 빼둘 것인지(baseEjectionTime) 정의할 수 있을 뿐만 아니라 커넥션 풀의 크기와 커넥션마다 최대 요청 개수도 지정할 수 있습니다.

장애 기능의 다른 부분은 서비스에 의도적인 장애를 삽입하는 것입니다. 무언가 잘못됐을 때 서비스가 어떻게 작동하는지 테스트할 수 있게 해줍니다. 서비스에 실패를 삽입하는 두 가지 방법이 있습니다.

HTTP 취소

특정 코드를 가진 요청이 들어올 때 취소할 수 있습니다. 예를 들어 다운스트림 서비스가 HTTP 404 에러 코드를 응답하기 시작해서 시스템이 어떻게 동작할지 궁금하다면, 테스트해 볼 수 있습니다.

HTTP 지연

취소뿐만 아니라, 요청을 지연하면 서비스가 어떻게 작동하는지도 테스트할 수 있습니다.

3.8.3 보안

크게 보면, 서비스 메시의 보안은 누구인지를 확인하는 **인증**authentication과 시스템 어느 곳에 접근하고 무엇을 할 수 있는지에 관한 **권한 관리**authorization 두 가지가 있습니다. 서비스 보안용 요구사항에는 중간자 공격man-in-the-middle(MITM)을 막기 위한 트래픽 암호화, 양방향 TLS, 설정 가능한 접근 정책 등이 있습니다.

예를 들어 이스티오 서비스 메시에는 내부에서 실행 중인 서비스에 보안 기능을 제공하기 위해 함께 작동하는 여러 가지 구성 요소가 있습니다.

- 시타델Citadel은 키와 인증서 관리를 제공합니다.

- 엔보이 프록시는 서비스 사이드카로 사용되고 서비스 간 보안 통신을 구현하는 인그레스 및 이그레스 프록시입니다.

- 파일럿Pilot은 엔보이 프록시에 인증 정책과 보안 이름 정보를 분배합니다.

- 믹서Mixer는 권한 관리와 감사를 관리합니다.

[그림 3-20]은 보안 기능을 활성화하기 위해 작동하는 구성 요소 간의 관계를 보여줍니다.

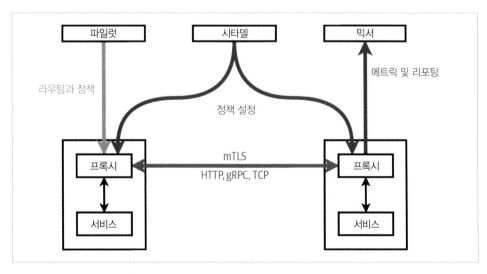

그림 3-20 이스티오 보안에 관여한 구성 요소

ID는 모든 보안 인프라에서 기본적인 부분입니다. 서비스 두 개가 통신할 때 상호 인증 목적으로 인증서를 교환해야 합니다. 이스티오는 서비스 ID를 결정할 때 플랫폼의 ID를 사용합니다. 예를 들어 쿠버네티스에서 이스티오는 쿠버네티스 서비스 어카운트를 사용합니다. 서비스 간 통신의 다음 단계로 클라이언트 측에서 보안 이름에 맞는 서버의 ID를 확인합니다. 보안 이름 정보는 자동으로 생성되어 사이드카 프록시에 들어가고 서비스 이름의 ID에 매핑되어 서비스를 실행하기 위해 어떤 ID를 프록시에 허가하고 권한을 줘야 하는지 알려줍니다. 서버 측에서는 클라이언트가 어떤 정보에 접근할 수 있는지를 결정하는 데 권한 관리 정책을 사용합니다.

인증, 양방향 TLS, JWT 토큰

인증은 **서비스 간 인증**service-to service authentication과 **최종 사용자 인증**end-user authentication 두 가지로 구분할 수 있습니다.

서비스 소스 코드를 바꾸지 않고 각 서비스에 양방향 TLS를 사용해서 서비스 간 인증이나 전송 인증을 구현하고 이용할 수 있습니다. 서비스가 받는 모든 요청에 인증 정책이 적용됩니다. 이스티오에서 시타델은 다른 프록시와 통신하는 프록시에 인증서를 전달하는 구성 요소입니다. 최종 사용자 인증 또는 원천 인증은 요청 수준 인증이 가능하도록 JWTJSON web token를 사용합니다.

서비스 메시에 정의된 모든 인증 정책은 여러 범위에서 적용할 수 있어야 합니다. 이스티오는 **네임스페이스 범위**namespace-scope와 **메시 범위**mesh-scope로 저장소에 정책을 저장합니다. 차이점은 네임스페이스 범위 저장소의 정책은 같은 네임스페이스 안의 서비스에만 영향을 미치고 메시 범위 정책은 메시 내의 모든 서비스에 영향을 미친다는 것입니다.

권한 관리

서비스 메시에서 권한 관리는 제어 수준을 여러 가지 범위로 할 수 있습니다. 예를 들어 이스티오는 다음과 같은 접근 제어 수준을 제공합니다.

- 네임스페이스 수준 접근 제어

- 서비스 수준 접근 제어

- 메서드 수준 접근 제어

인증 정책과 비슷하게 이스티오는 권한 관리 정책을 설정 저장소에 저장하고 파일럿은 정책에 변경이 생겼는지, 프록시가 업데이트됐는지를 지켜봅니다. 엔보이 프록시는 요청이 정책에 맞는지 확인하고 결과를 `ALLOW`나 `DENY`로 반환합니다.

권한 관리는 메시 전체 설정으로 켜거나 끌 수 있습니다. 모든 서비스에 대해 정책을 켜거나 끌 수 있고 서비스에 정책을 적용하기 위해 포함하는 설정을 할 수 있으며 정책에서 서비스를 제외하려면 제외하는 설정을 할 수 있습니다.

'admin' 서비스 역할은 모든 서비스, 모든 메서드(`GET`, `POST`, `PUT`, `HEAD` 등), default 네임스페이스의 모든 경로에 접근합니다. 서비스, 메서드, 경로에 대한 접근은 매칭(예: `/api/v1`으로 시작하는 경로에만 규칙을 적용)을 지원하기 때문에 제어하기 좋고 규칙을 잘 정리해서 사용할 수 있습니다. 예를 들어 API로 시작하는 경로에는 `GET` 메서드만 허용할 수 있습니다. 그 외에도 제약 사항을 추가할 수 있어서 목적지 데이터(예: IP, 포트, 레이블, 이름)나 요청 헤더를 조건으로 사용할 수 있습니다.

3.8.4 트레이싱 모니터링

메시 내 서비스로 들어오고 나가는 모든 트래픽이 프록시를 통한다는 사실은 서비스 메시가 자동으로 요청 수, 소요 시간, 크기, 응답 코드 등의 메트릭을 수집할 수 있게 합니다. 수집한 메트릭은 다른 구성 요소(이스티오의 경우는 믹서)로 전달합니다.

믹서에는 엔드포인트를 노출하는 프로메테우스 어댑터가 내장되어 있습니다. 프로메테우스는 프록시에서 보내진 메트릭을 수집하기 위해 믹서의 엔드포인트에서 메트릭을 수집할 수 있습니다. 마지막으로 그라파나를 이용해서 수집한 메트릭을 시각화할 수 있습니다. 5장에서 더 자세히 살펴볼 예정입니다.

엔보이 프록시는 예거Jaeger에서 자동으로 볼 수 있는 트레이싱 정보도 보내도록 설정되어 있습니다. 서비스 개발자들은 모든 다운스트림 요청에 추적과 범위 헤더를 추가해야 합니다. 예거에 어떤 것을 함께 추적할지에 대한 추가 정보를 제공합니다.

시스템에 요청이 들어올 때마다 요청 ID 헤더값이 설정됩니다. 이 값(CID)을 사용하여 요청이 시스템 내부를 어떻게 이동할지 추적하는 데 사용할 수 있습니다. 에러 발생 시 요청 ID를 클라이언트에 반환해서 실패한 요청을 추적하고 무엇이 잘못됐는지 확인하는 데 사용할 수도 있습니다. [그림 3-21]은 요청 ID가 시스템에서 어떻게 생성되고 흘러가는지를 보여줍니다.

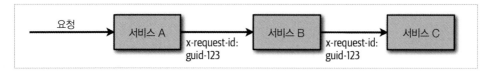

그림 3-21 x–request–id 헤더를 가진 요청

3.9 아키텍처 예제

예제는 클라우드용 설계와 같은 개념을 이해하는 데 도움이 될 것입니다. 다음에 오는 아키텍처 예제는 모든 상황을 다루지는 못하지만 다양한 개념을 어떻게 적용하는지 보여줍니다. 모든 좋은 아키텍처는 비즈니스 요구 사항에 기반하고 아키텍처적으로 중요한 요구 사항은 아키텍처적 접근법을 선택하는 데 중요한 기준입니다. 아키텍처적으로 중요한 요구 사항은 시스템의 품질 속성, 보안, 확장성, 성능, 가용성 등의 비기능적인 요구 사항도 포함합니다.

이런 예제 시나리오에서 사용자는 집에서 다양한 종류의 장치들을 관리하고 정보를 볼 수 있습니다. 서비스는 집, 사용자, 장치가 켜지고 성장하는 과정을 지원할 수 있어야 합니다. 장치 유형은 계속 증가할 것이고, 집안의 장치들은 사용자가 스마트 장치들을 추가하고 변경하기 때문에 바뀝니다. 사용자는 인터넷에 접속할 수 있는 곳이라면 어디에서든 모바일 애플리케이션과 SPA^single–page application를 이용해서 장치들을 관리할 수 있습니다. 사용자는 장치가 발생시켰거나 클라우드 서비스가 발생시킨 알림을 받을 수 있습니다. 사용자는 장치의 익명화된 데이터 분석을 허가하는 계약에 동의할 것입니다. 또한 이런 서비스는 클라우드 서비스와 애플리케이션을 통합하는 데 관심이 있는 성장 중인 개발자 커뮤니티와 홈 자동화 애호가를 만족시켜야 합니다.

[그림 3–22]의 아키텍처 개요는 클라우드 서비스에 연결된 장치들을 보여줍니다. 장치는 정해진 간격으로 클라우드 서비스에 대량의 텔레메트리 데이터를 보내고, 클라우드에서 사용자나 다른 이벤트가 생성할 수 있는 명령을 받을 것입니다. 사용자는 모바일 애플리케이션이나 웹 브라우저로 클라우드 서비스에 연결해서 집에 있는 장치를 관리하고 정보를 볼 수 있습니다. 데이터는 클라우드에 보내질 때 분석되고 배치 분석을 위해 저장됩니다. 4장에서 클라우드의 데이터에 대해 더 자세히 다룹니다.

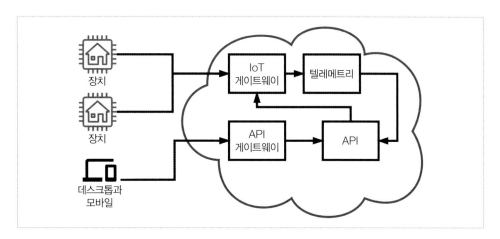

그림 3-22 아키텍처 개요 예제

[그림 3-23]에 보이는 것처럼 장치 텔레메트리 데이터를 저장하고 분석하기 위한 서비스를 가까이에서 보면 서로 다른 경로를 통해 데이터가 이동하는 게 보입니다. 이렇게 핫^{hot}, 웜^{warm}, 콜드^{cold} 경로를 통해 스트리밍 데이터를 나눠서 처리하는 것을 **람다 아키텍처**$^{lambda\ architecture}$라고 합니다. 4장에서 데이터를 저장하고 분석하는 데 필요한 정보를 찾을 수 있습니다. 클라우드 공급자 장치 관리 서비스는 클라우드에 장치를 연결하기 위해 사용합니다. 이런 서비스에는 애저 IoT 허브$^{Azure\ IoT\ Hub}$, AWS IoT 코어$^{AWS\ IoT\ Core}$, 구글 클라우드 IoT 코어$^{Google\ Cloud\ IoT\ Core}$가 있습니다.

> **NOTE_** 장치는 웹 API를 통해 클라우드 백엔드에 연결할 수 있지만, 서비스가 개발하고 운영하는 데 필요한 만큼 충분히 최적화되지는 않습니다. 서비스의 전체 비용을 상승시키고 잠재적으로 시장에 출시하는 시간을 지연시킵니다. 클라우드 네이티브 접근법은 클라우드를 많이 사용합니다.

장치는 클라우드 공급자의 장치 관리 서비스를 통해 텔레메트리 데이터를 보냅니다. 여러 구독자가 가져갈 수 있는 데이터 스트림으로 텔레메트리 데이터를 보냅니다. 각 구독자는 서로에게 독립적으로 서로 다른 비율로 데이터를 스트리밍 처리할 수 있습니다.

[그림 3-23]에 보이는 것처럼 클라우드 공급자 서비스는 스트림에서 오브젝트 저장소로 데이터를 처리하도록 설정되었고 이를 **콜드 경로**$^{cold\ path}$라고 합니다. 오브젝트 스토리지의 비용이 저렴해서 사용자는 최소한의 인프라와 운영 비용으로 수많은 장치의 데이터를 오랫동안 유지할

수 있습니다. 이런 데이터는 나중에 분석할 수 있고 오랫동안 추세나 수많은 장치에서 발생하는 추세를 알 수 있습니다.

또 다른 구독자는 데이터를 Azure Time Series Insights, Amazon Timestream, Google BigTable 같은 시계열 서비스로 처리합니다. 이런 데이터는 준실시간 배치 분석과 지난 시간이나 예전 날짜에 대한 장치 텔레메트리 데이터를 보여주는 데 사용합니다. 이런 서비스의 데이터는 시간이 지날수록 자동으로 느려지며 값싼 데이터스토어로 옮겨집니다. 오래될수록 데이터의 충실도가 덜 중요해지므로 다운샘플링 됩니다. 특정 시점이 지나면 데이터를 만료하고 데이터스토어에 더 이상 유지하지 않습니다. 시스템은 지정된 시간대가 지난 오래된 정보가 필요해지면 콜드 저장소에서 해당 데이터를 불러옵니다. 콜드 저장소에서 시계열 저장소로 다시 불러오는 처리를 하면 데이터를 사용하는 애플리케이션을 단순하게 유지할 수 있습니다.

또 다른 구독자는 스트림에서 데이터를 처리해서 복잡한 이벤트 처리나 스트리밍 분석을 수행합니다. 핫 경로는 수신 중인 데이터의 짧은 기간에 발생하는 특정 조건을 탐지하기 위해 사용합니다. 시간은 밀리초부터 분 단위까지 다양합니다. 온도가 어는점에 가까워지면 사용자에게 경고를 보내는 데 사용할 수 있습니다.

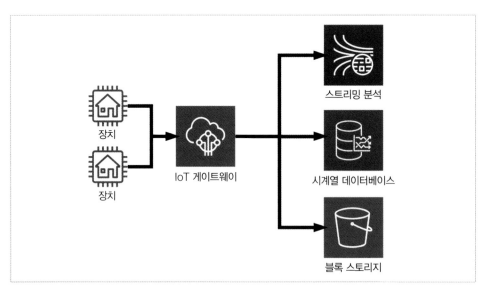

그림 3-23 텔레메트리 데이터 수집과 분석

스마트 홈 장치 관리 서비스는 서비스 통합에 관심이 있는 개발자가 사용하고, 모바일과 SPA 등의 클라이언트가 사용하는 백엔드 API를 포함합니다. [그림 3-24]는 다양한 서비스가 어떻게 API로 조합되는지 보여줍니다. 쿠버네티스에서 실행하는 컨테이너이거나 클라우드 공급자의 FaaS 플랫폼에서 실행하는 함수가 있습니다. 팀이 선호하는 컴퓨트 모델은 FaaS 이지만, 일부 워크로드는 오랫동안 실행해야 하거나 복잡한 환경이 필요합니다. 어떤 팀은 컨테이너를 선호하기도 합니다. 따라서 팀의 구현 요구에 맞는 컴퓨트 모델을 사용하는 게 좋습니다. 어떤 서비스는 쿠버네티스 잡을 실행하기 위해 쿠버네티스 가상 큐블릿을 통해 CaaS 컴퓨트 모델을 사용합니다.

특정 API 관리 요구 사항을 처리하기 위해 API 게이트웨이를 사용합니다. API 게이트웨이는 서비스를 사용하는 모든 사용자에게 서비스 품질을 유지하기 위해 요청의 인증을 관리하고 너무 많은 요청을 보내는 사용자를 제한합니다.

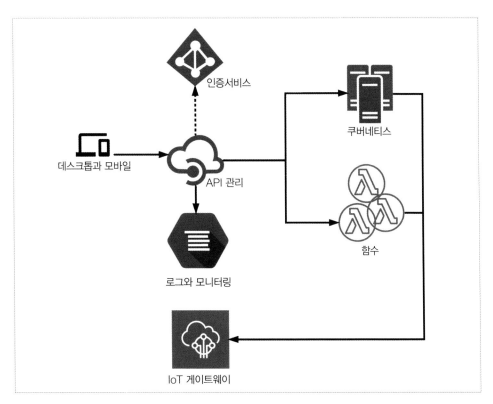

그림 3-24 백엔드 장치 관리 API

[그림 3-25]는 블록 스토리지 서비스를 원본으로 하면서 CDN을 통해 사용자에게 제공하는 SPA를 보여줍니다. 일반적으로 정적인 자원들로 SPA를 구성합니다. 이런 정적인 자원들은 블록 스토리지에 저장해서 사용자에게 제공합니다. CDN은 이런 정적인 자원들을 클라이언트에게 가까운 에지에 캐시 해서 로딩을 빠르게 합니다. SPA는 바뀐 자원에 해시를 설정하거나 스토리지의 데이터가 업데이트됐을 때 CDN 캐시의 특정 항목을 무효화하는 등의 캐시 버스팅 기술을 사용해야 합니다.

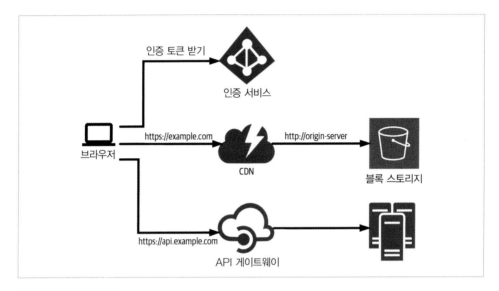

그림 3-25 서버리스 SPA

3.10 마치며

이 장을 시작할 때 언급했듯이 아키텍처마다 서로 다르고 모든 것을 만족하는 하나의 아키텍처는 없습니다. 그럼에도 클라우드 네이티브 애플리케이션 아키텍처에는 잘못된 방법으로 설계하면 향후에 많은 문제를 야기하는 구성 요소와 빌딩 블록들이 있습니다. 이 장에 나온 기술과 패턴을 이해함으로써 컴퓨트 측면에서부터 클라우드 네이티브 애플리케이션을 설계하기 위한 준비를 모두 마쳤습니다. 4장에서는 클라우드 네이티브 애플리케이션의 다른 중요한 부분인 데이터 관련 작업을 다룹니다.

CHAPTER 4

데이터 다루기

클라우드 컴퓨팅은 오늘날 소프트웨어 개발과 운영을 어떻게 하는지에 큰 영향을 끼쳤습니다. 데이터를 다루는 방법에도 영향을 줬습니다. 데이터 저장 비용을 급격히 줄여서, 기업이 훨씬 더 많은 데이터를 유지할 수 있게 만들었습니다. 관리형과 서버리스형 데이터 스토리지가 등장해서 데이터베이스 시스템의 운영 부담이 상당히 줄었습니다. 따라서 데이터를 다양한 데이터 스토리지 유형에 분산해 저장하는 게 쉬워져, 저장할 데이터를 관리에 적합한 곳으로 분류해서 보관할 수 있습니다. 마이크로서비스 아키텍처에서 유행하는 방법은 데이터의 탈중앙화를 가속시켜서, 자신의 데이터스토어를 가지고 있는 여러 서비스에 애플리케이션의 데이터를 분산하는 것입니다. 대규모 시스템에선 데이터를 복제하고 파티션하는 것이 일반적입니다. [그림 4-1]은 다양한 데이터 스토리지 시스템으로 구성된 일반적인 아키텍처를 보여줍니다. 한 데이터스토어의 데이터가 또 다른 스토어에 있던 데이터의 복제본이거나 또 다른 스토어에 있는 데이터와 관계가 있는 건 이상한 일이 아닙니다.

클라우드 네이티브 애플리케이션은 관리형과 서버리스 데이터 스토리지의 장점을 이용해 서비스를 처리합니다. 모든 주요 퍼블릭 클라우드 공급자는 데이터를 저장, 처리, 분석하는 다양한 관리형 서비스를 제공합니다. 클라우드 공급자의 관리형 데이터베이스 제품 외에도, 일부 회사들은 당신이 선택한 클라우드 공급 업체 위에 관리형 데이터베이스를 제공합니다. 예를 들어 몽고 DB는 AWS, 마이크로소프트 애저, GCP에서 이용 가능한 몽고 DB Atlas라는 클라우드 관리형 데이터베이스 서비스를 제공합니다. 관리형 데이터베이스를 사용하면, 팀은 데이터 시스템을 프로비저닝하고 관리하는 데 시간을 소모하지 않고 데이터베이스를 사용하는 애플리케이션을 개발하는 데 집중할 수 있습니다.

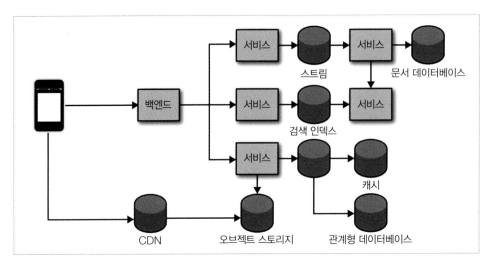

그림 4-1 데이터는 다양한 데이터 시스템에 분산됨

클라우드 네이티브 애플리케이션은 사용한 데이터 시스템을 포함해서 클라우드의 모든 장점을 활용합니다. 데이터용 클라우드 네이티브 애플리케이션의 특징은 다음과 같습니다.

- 관리형 데이터 스토리지와 분석 서비스를 선호합니다.

- 폴리글랏polyglot 지속성, 데이터 파티셔닝, 캐싱을 사용합니다.

- 결과적 일관성을 받아들이고 필요할 때 강력한 일관성을 사용합니다.

- 스케일아웃, 장애 허용, 클라우드 스토리지에 최적화된 클라우드 네이티브 데이터베이스를 선호합니다.

- 다양한 데이터스토어에 분산된 데이터를 처리합니다.

클라우드 네이티브 애플리케이션은 종종 데이터 사일로^{silos}를 다뤄야 해서 데이터를 다룰 때 다른 접근법이 필요합니다. 폴리글랏 지속성, 탈중앙화된 데이터, 데이터 파티셔닝에는 여러 가지 장점이 있지만, 고려해야 하는 트레이드오프도 있습니다.

4.1 데이터 스토리지 시스템

데이터를 저장하고 처리하는 옵션이 증가하고 있습니다. 그래서 애플리케이션을 개발할 때 어떤 제품을 사용해야 하는지 결정하는 게 어려워졌습니다. 따라서 애플리케이션에서 사용할 언어, 프레임워크, 데이터 스토리지 시스템을 평가하는 데 수많은 반복이 필요합니다. 여전히 대부분의 팀은 올바른 결정을 내렸다고 확신하지 못하고, 애플리케이션이 발전함에 따라 이런 스토리지 시스템을 교체하거나 새로운 것을 추가합니다.

최적화된 다양한 종류의 데이터스토어와 워크로드를 이해하는 것은 어떤 제품을 사용해야 하는지에 대한 결정을 내리는 데 도움을 줍니다. 하지만 많은 제품은 모델이 여러 개이며 다양한 데이터 모델을 지원하도록 설계됐고 여러 데이터 스토리지 분류로 나눠집니다. 애플리케이션은 오브젝트 저장소에 파일 저장하기, 관계형 데이터베이스에 데이터 작성, 인메모리 키/값 저장소에 캐싱하기 등과 같은 데이터 스토리지 시스템의 여러 장점을 이용합니다.

4.1.1 오브젝트, 파일, 디스크

모든 퍼블릭 클라우드 공급자는 값싼 **오브젝트 스토리지 서비스**^{object storage service}를 제공합니다. 오브젝트 스토리지 서비스는 데이터를 오브젝트로 관리합니다. 오브젝트는 일반적으로 메타데이터와 오브젝트를 참조할 때 사용하는 키와 함께 저장됩니다. 파일 스토리지 서비스는 상속 디렉터리 구조의 전통적인 파일 공유 모델로 파일을 공유합니다. 디스크나 블록 스토리지는 컴퓨팅 인스턴스가 사용하는 디스크 볼륨 저장소를 제공합니다. 이미지, 문서, 콘텐츠, 유전학 데이터 파일 등과 같은 파일의 저장 위치는 접근 시스템에 따라 달라집니다. 스토리지 유형별로 어울리는 파일 유형들은 다음과 같습니다.

오브젝트/blob 스토리지

- 애플리케이션이 클라우드 공급자 API를 지원하는 데이터에 접근할 때 사용합니다.

- 저렴하고 대용량의 데이터를 저장할 수 있습니다.

- 애플리케이션이 클라우드 공급자 API를 구현해야 할 때 사용합니다. 애플리케이션 이식성이 필요하다면, 7장을 참고하세요.

파일 스토리지

- NAS$^{network-attached\ storage}$를 지원하도록 설계된 애플리케이션에 사용합니다.

- 파일을 공유해서 사용해야 하는 라이브러리나 서비스에 사용합니다.

- 오브젝트 스토리지보다 더 비쌉니다.

디스크(블록) 스토리지

- 몽고 DB나 MySQL 데이터베이스처럼 영구 로컬 스토리지 디스크가 필요한 애플리케이션에 사용합니다.

파일과 오브젝트를 위한 여러 클라우드 공급자의 관리형 스토리지 외에도, 분산 파일 시스템을 직접 설치할 수도 있습니다. 하둡 분산 파일 시스템$^{Hadoop\ Distributed\ File\ System}$(HDFS)은 빅데이터 분석에서 많이 사용됩니다. 분산 파일 시스템은 클라우드 공급자의 디스크나 블록 스토리지 서비스를 사용할 수 있습니다. 많은 클라우드 공급자가 분석 도구까지 포함하는 인기 있는 분산 파일 시스템에 대한 관리형 서비스를 가지고 있습니다. 이런 것들과 함께 작동하는 분석 도구를 이용할 때 이런 파일 시스템을 고려해야 합니다.

4.1.2 데이터베이스

데이터베이스는 일반적으로 잘 정의된 형식으로 구조화된 데이터를 저장하는 데 사용합니다. 지난 몇 년간 다양한 데이터베이스가 출시됐고, 선택할 수 있는 데이터베이스가 매년 늘어나고 있습니다. 여러 데이터베이스는 특정 유형의 데이터 모델과 워크로드용으로 설계됐습니다. 이 중 일부는 멀티 모델을 지원하고 **멀티모델 데이터베이스**^{multimodel database}로 분류합니다. 데이터베이스를 그룹이나 분류로 나눠두면 애플리케이션에 맞는 데이터베이스를 선택할 때 도움이 됩니다.

키/값

애플리케이션 데이터는 기본키 또는 키 일부만 이용해서 검색해야 하는 경우가 많습니다. 키/값 저장소는 특정 값을 고유 키로 저장하는 매우 큰 해시 테이블로 볼 수 있습니다. 값은 키를 이용해서 매우 효율적으로 검색할 수 있고, 때로는 키 일부로도 검색할 수 있습니다. 값이 데이터베이스에서 불투명하므로 사용자는 값을 기준으로 찾으려면 레코드를 하나씩 스캔해야 합니다. 어떤 키/값 데이터베이스는 키의 접두어를 이용해 찾을 수 있어서 키를 조합해서 사용할 수 있습니다. 데이터를 간단한 키들의 중첩 기반으로 질의할 수 있다면, 이런 데이터베이스가 맞는 선택입니다. 키/값 저장소에 고객 xyz에 대한 주문을 저장하면, 주문 순서대로 정렬해서 'xyz-1001' 이렇게 접두어를 가진 고객 ID를 키로 만들어서 저장합니다. 세부 주문은 전체 키를 이용해서 검색할 수 있고, 고객 xyz의 주문은 'xyz' 접두어로 검색할 수 있습니다.

> **NOTE_** 키/값 데이터베이스는 일반적으로 저렴하고 매우 확장성이 좋은 데이터스토어입니다. 키/값 데이터 스토리지 서비스는 파티셔닝할 수 있고 키 기반으로 데이터를 다시 파티셔닝할 수 있습니다. 이런 데이터스토어를 사용할 때 데이터 스토리지를 읽고 쓰는 성능과 확장성에 큰 영향을 미치기 때문에 키를 잘 선택하는 것이 중요합니다.

문서

문서 데이터베이스는 키/값 데이터베이스와 비슷합니다. 사실 문서(값)를 기본키로 저장합니다. 키/값 데이터베이스와는 다르게, 어떤 값이든 저장할 수 있고 문서 데이터베이스의 문서는 정의된 구조를 따라야 합니다. 이렇게 하면 문서 기준으로 데이터를 질의할 수 있고 보조 인덱스를 관리할 수도 있습니다. 문서 데이터베이스에 저장된 값은 해시맵(JSON 오브젝트)과 리스트(JSON 배열)의 조합입니다. 많은 데이터베이스 엔진이 몽고 DB의 BSON와 같은 효율적인 내부 스토리지 형식을 사용하지만 JSON은 문서 데이터베이스에서 사용하는 인기 있는 형식입니다.

> **TIP** 관계형 데이터베이스에서 문서 지향 데이터베이스로 변경할 때 데이터 구조를 어떻게 할 것인지에 대해 다르게 생각할 필요가 있습니다. 데이터 모델링의 접근법이 다르므로 변경하려면 많은 시간이 걸립니다.

PostgreSQL 같은 전통적인 관계형 데이터베이스에 저장된 내용 대부분을 문서 데이터베이스로 사용할 수 있습니다. 문서 데이터베이스는 인기가 많아졌고 관계형 데이터베이스와는 다르게, 문서가 프로그래밍 언어의 오브젝트와 잘 맞아떨어져서 ORM 도구가 필요 없습니다. 일반적으로 이런 데이터베이스들은 스키마가 없어서, 데이터 스키마 변경 때문에 소프트웨어의 지속적 배포continuous delivery(CD)를 바꿔야 할 때 장점이 있습니다.

> **NOTE_** 스키마가 없는 데이터베이스는 주로 'schema on read'라고 합니다. 데이터베이스에는 스키마가 없지만 데이터를 사용하는 애플리케이션에는 고유의 스키마가 존재하므로 애플리케이션은 해당 데이터를 어떻게 사용하는지 알고 있어야 하기 때문입니다.

관계형

관계형 데이터베이스는 데이터를 열과 행으로 구성된 테이블이라는 이차원 구조로 저장합니다. 한 테이블의 데이터는 다른 테이블의 데이터와 관계를 가질 수 있고 데이터베이스 시스템이 이용할 수 있습니다. 관계형 데이터베이스는 일반적으로 스키마를 엄격히 제한해서 **schema on write**라고 합니다. 사용자가 데이터베이스에 데이터를 사용할 때 정의된 스키마를 반드시 준수해야 합니다.

오랫동안 수많은 개발자가 관계형 데이터베이스를 사용했습니다. 오늘날에도 가장 일반적으로 많이 사용하는 데이터베이스는 여전히 관계형 데이터베이스입니다. 관계형 데이터베이스는 매우 성숙해서, 많은 관계를 맺은 데이터를 잘 처리하고 관련 도구의 사용 방법이 잘 알려져 있고 애플리케이션의 생태계를 잘 갖추고 있습니다. **다대다 관계**many-to-many relationships는 문서 데이터베이스에서 처리하기 어려울 수 있지만 관계형 데이터베이스에서는 매우 간단합니다. 애플리케이션 데이터가 많은 관계를 가지고 있다면(특히 트랜잭션이 필요한 경우), 이러한 데이터베이스들이 적합할 것입니다.

그래프

그래프 데이터베이스는 **에지**와 **노드**라는 두 종류의 정보를 저장합니다. 에지는 노드 간의 관계를 저장하고, 노드는 엔티티entity라고 생각할 수 있습니다. 노드와 에지는 특정 에지 또는 노드에 관한 정보를 제공하는 속성이 있습니다. 에지는 방향과 관계의 성격을 정의합니다. 그래프 데이터베이스는 엔티티 간의 관계를 분석할 때 잘 동작합니다. 그래프 데이터는 다른 데이터베이스에도 저장할 수 있지만, 그래프 순회가 복잡하게 증가할수록 다른 스토리지 유형에서 그래프 데이터의 성능과 확장성 요구 사항을 만족하기가 어려워집니다.

컬럼패밀리

컬럼패밀리column-family 데이터베이스는 데이터를 행row과 열column로 정리합니다. 처음에는 관계형 데이터베이스와 매우 비슷해보입니다. 컬럼패밀리 데이터베이스는 행과 열이 있는 테이블형 데이터를 가지고 있다고 생각할 수 있지만, 열은 컬럼패밀리라고 알려진 그룹으로 나눠집니다. 각 컬럼패밀리는 논리적으로 함께 관련된 열들의 집합이고 보통 해당 단위로 검색하거나 조작합니다. 분리돼서 접근하는 다른 데이터는 구분된 컬럼패밀리에 저장할 수 있습니다. 컬럼패밀리에서 새로운 열은 동적으로 추가하고 행은 비워 둘 수 있습니다(즉, 행은 모든 열에 대한 값을 가질 필요가 없습니다).

시계열

시계열time-series 데이터는 시간에 기반한 값을 저장하는 데 최적화된 데이터베이스입니다. 시계열 데이터베이스들은 일반적으로 수많은 쓰기를 지원해야 합니다. 수많은 소스에서 발생하는 대량의 데이터를 실시간으로 수집하는 데 사용합니다. 데이터를 수정하는 경우는 거의 없고 삭제는 종종 발생하는 데 한꺼번에 대량으로 처리합니다. 시계열 데이터베이스에 쓰는 레코드의 크기는 보통 매우 작지만, 레코드의 개수는 매우 많습니다. 시계열 데이터베이스는 텔레메트리 데이터를 저장하는 데 좋습니다. IoT 센서나 애플리케이션/시스템 카운터에도 많이 쓰입니다. 시계열 데이터베이스는 데이터 보존, 다운샘플링, 데이터 사용 패턴 설정에 따라 다른 장치에 데이터를 저장하는 기능들이 있습니다.

검색

검색 엔진 데이터베이스는 다른 데이터베이스와 서비스가 갖는 정보를 검색할 때 사용합니다.

검색 엔진 데이터베이스는 대규모의 데이터를 색인할 수 있고 색인에 대한 준실시간 접근을 제공합니다. 웹 페이지 같은 비구조화된 데이터들을 검색하는 것 외에도, 많은 애플리케이션이 다른 데이터베이스의 데이터에 구조화된 임시 검색 기능을 제공합니다. 일부 데이터베이스는 풀텍스트 검색 기능이 있지만, 검색 데이터베이스는 형태소 분석과 정규화를 통해 단어를 기본형 형식으로 줄이는 기능도 있습니다.

4.1.3 스트림과 큐

스트림과 큐는 이벤트와 메시지를 저장하는 데이터 스토리지 시스템입니다. 둘 다 같은 목적으로 사용하기도 하지만 서로 매우 다른 유형의 시스템입니다. 이벤트 스트림에서는 이벤트의 불변 스트림으로 데이터를 저장합니다. 컨슈머는 특정 위치에 있는 스트림에서 이벤트를 읽을 수 있지만 이벤트나 스트림을 수정할 수는 없습니다. 스트림에서 개별 이벤트를 삭제할 수 없습니다. 메시징 큐나 토픽은 변경 가능한 메시지를 저장하기 때문에 큐에서 개별 메시지를 삭제할 수 있습니다. 스트림은 이벤트를 연속해서 기록하기 좋고 스트리밍 시스템은 일반적으로 대량의 데이터를 저장하고 처리할 수 있습니다. 큐 또는 토픽은 서로 다른 서비스가 메시지를 주고받기 좋고, 이런 시스템들은 메시지를 변경하고 무작위로 삭제할 수 있는 짧은 기간용 스토리지로 설계됐습니다. 이 장은 데이터 시스템에서 더 많이 사용되는 스트림에 초점을 맞춥니다. 큐는 서비스 간 통신에 많이 사용됩니다. 큐에 관한 자세한 정보는 3장을 참고하세요.

> **NOTE_** 토픽은 발행–구독 메시징 모델에서 사용하는 개념입니다. 토픽과 큐의 유일한 차이점은 큐의 메시지는 구독자 한 명에게 가지만, 토픽의 메시지는 구독자 여러 명에게 갈 수 있습니다. 큐를 오직 한 명의 구독자만 있는 토픽이라고 생각할 수 있습니다.

4.1.4 블록체인

블록체인의 레코드들은 불변한 방법으로 저장됩니다. 레코드들은 **블록**block으로 그룹화되고, 각각은 데이터베이스에 일정 개수의 레코드들을 가집니다. 새 레코드가 생성될 때마다 하나의 블록으로 그룹화되어 체인에 추가됩니다. 블록은 변조되지 않았다는 걸 보장하는 해싱을 이용해서 함께 연결됩니다. 블록의 데이터를 조금만 변경하면 해시가 바뀝니다. 다음 블록의 시작 부분에 각 블록의 해시를 저장하여 아무도 체인에서 블록을 변경하거나 제거할 수 없습니다. 블록체인은 다른 중앙화된 데이터베이스처럼 사용할 수 있지만 일반적으로는 탈중앙화해서 중앙 기관의 권력을 제거합니다.

4.1.5 데이터베이스 선택하기

데이터스토어를 선택할 때, 요구 사항이 몇 개인지 고려해야 합니다. 데이터 스토리지 기술과 서비스를 선택하는 건 어려운 일입니다. 특히, 항상 새롭고 멋진 데이터베이스가 등장하기 때문에 소프트웨어를 개발하는 방법을 그에 맞춰 매번 바꿔야 합니다. 시스템에 아키텍처적으로 중요한 요구 사항들인 **비기능적**nonfunctional 요구 사항에서 기능적인 요구 사항으로 옮겨갑니다.

요구 사항에 맞는 적절한 데이터스토어를 선택하는 것은 설계상 중요한 결정입니다. 일반적으로 SQL과 NoSQL 데이터베이스에서 선택할 수 있는 구현은 수백 개가 있습니다. 데이터스토어는 데이터를 어떻게 구조화하느냐와 그 데이터들을 운용하는 유형에 따라 분류합니다. 좋은 출발점은 요구 사항에 맞는 스토리지 모델이 어떤 것인지 생각하는 것부터입니다. 해당 카테고리에서 기능, 비용, 관리 편의성 등에 초점을 맞춰서 특정 데이터스토어를 고려합니다.

데이터 요구 사항에 관해서 다음 정보를 최대한 많이 수집해야 합니다.

기능 요구 사항

- **데이터 형식**

  어떤 종류의 데이터를 저장해야 하나요?

- **읽고 쓰기**

  데이터를 어떻게 읽고 쓰나요?

- **데이터 크기**

  데이터스토어에 들어갈 데이터가 얼마나 큰가요?

- **규모와 구조**

  필요한 스토리지 용량은 얼마이고, 데이터를 파티셔닝해야 하나요?

- **데이터 관계**

  복잡한 관계를 지원해야 하는 데이터인가요?

- **일관성 모델**

  강력한 일관성이 필요한지, 아니면 결과적 일관성도 괜찮은가요?

- **스키마 유연성**

  어떤 종류의 스키마가 데이터에 적용될 것인가요? 고정되어 있거나 강력하게 제한된 스키마가 중요한가요?

- **동시성**

  애플리케이션에 여러 버전의 동시성 제어가 필요한가요? 비관적이거나 낙관적 동시성 제어가 필요한가요?

- **데이터 이동**

  애플리케이션이 데이터를 다른 스토어나 데이터 웨어하우스로 옮겨야 하나요?

- **데이터 생명 주기**

  데이터가 한 번 쓰고 많이 읽나요? 시간이 지나면 데이터를 따로 보관하거나 다운샘플링을 통해 데이터의 충실성을 감소시켜도 될까요?

- **스트림 변경**

  CDC$^{change\ data\ capture}$를 지원하고 데이터 변경 시 이벤트를 발생시켜야 하나요?

- **다른 지원 가능한 기능들**

  다른 특정 기능, 풀텍스트 검색, 인덱싱 등이 필요한가요?

비기능 요구 사항

- **팀 경험**

  팀이 특정 데이터베이스 솔루션을 선택하는 가장 큰 이유는 경험이 있기 때문입니다.

- **지원**

  가끔은 애플리케이션이 원하는 기술적인 사항에 딱 맞는 데이터베이스 시스템이 프로젝트에 가장 잘 맞지는 않습니다. 지원 옵션이 다르기 때문입니다. 따라서 조직이 원하는 지원 옵션이 있는지 고려해야 합니다.

- **성능과 확장성**

  성능 요구 사항은 얼마인가요? 워크로드가 많나요? 쿼리와 분석도 필요한가요?

- **신뢰성**

  가용성 요구 사항은 어떻게 되나요? 어떤 백업과 복구 기능이 필요한가요?

- **복제**

  여러 리전이나 존에 걸쳐서 데이터를 복제해야 하나요?

- **제한**

  용량이나 규모에 대한 제한이 있나요?

- **이식성**

  온프레미스나 여러 클라우드 공급자에 배포해야 하나요?

관리와 비용

- **관리형 서비스**

  가능하다면 관리형 데이터 서비스를 이용하세요. 하지만 필요한 기능이 없을 수도 있습니다.

- **리전 또는 클라우드 공급자 가용성**

  관리형 데이터 스토리지 솔루션을 이용할 수 있나요?

- **라이선싱**

  조직에서 라이선싱 유형에 제한이 있나요? 상용과 오픈 소스 라이선스 중 어떤 것을 선호하나요?

- **전체 비용**

  솔루션에서 해당 서비스를 이용하는 전체 비용은 얼마인가요? 관리형 서비스를 선호하는 이유는 운영 비용이 감소하기 때문입니다.

시장에는 새로운 데이터베이스가 꾸준히 등장하기 때문에 현재 이용 가능한 다양한 데이터베이스를 살펴보고 데이터베이스를 선택하는 게 조금 어려울 수 있습니다. 데이터베이스의 인기를 추적하는 사이트인 **db-engines**(*https://db-engines.com*)에는 데이터베이스 329개가 있습니다(집필 시점 기준으로). 많은 경우에 데이터베이스를 선택하는 주요 기준은 팀의 스킬셋입니다. 데이터 시스템 관리는 팀에 관리 부담을 많이 주기 때문에 클라우드 네이티브 애플리케이션에서는 관리형 데이터 시스템을 선호합니다. 그래서 관리형 데이터 시스템의 가용성은 종종 선택 가능한 옵션 범위를 좁혀줍니다. 간단한 데이터베이스 배포는 쉽지만 패치, 업그레이드, 성능 튜닝, 백업, 고가용성 설정 등을 고려하면 운영 부담이 커집니다. 그래서 데이터베이스 관리를 위해 CockroachDB나 YugaByte 같은 클라우드용으로 개발된 새로운 데이터베이스를 선호할 수도 있습니다. 이용할 수 있는 도구들도 함께 고려했을 때 대시보드나 리포팅 시스템 같은 데이터를 활용하는 소프트웨어를 개발할 필요가 없다면 특정 데이터베이스를 배포해서 관리하는 것도 괜찮은 방법입니다.

4.2 다양한 데이터스토어 데이터

여러 파티션, 데이터베이스, 서비스에 나눠져 있는 데이터로 작업하는 것은 데이터 관리에 어려움을 유발합니다. 전통적인 트랜잭션 관리가 불가능하고, 분산 트랜잭션은 시스템의 성능과 확장성에 부정적인 영향을 미칩니다. 분산 데이터의 어려움은 다음과 같습니다.

- 여러 데이터베이스 사이의 데이터 일관성

- 여러 데이터베이스에 있는 데이터의 분석

- 여러 데이터베이스의 백업과 복구

데이터스토어가 여러 개로 분산될 때 데이터의 일관성과 무결성은 어려운 과제가 됩니다. 한 시스템에 레코드가 업데이트될 때 관련된 다른 시스템에 있는 데이터에 어떻게 반영할까요? 메모리에 캐시되었고 구체화 뷰에도 있고 다른 서비스팀의 시스템에 저장된 데이터의 복제본을 어떻게 관리할까요? 여러 사일로에 저장된 데이터를 어떻게 효율적으로 분석할 수 있을까요? 이런 고민은 데이터를 이동하면 해결되고, 이를 해결하기 위해 시장에서는 더 많은 기술과 서비스가 성장하고 있습니다.

4.2.1 데이터 캡처 변경

오늘날 사용 가능한 많은 데이터베이스 옵션은 데이터 변경 이벤트(change log) 스트림을 제공하고 사용하기 쉬운 API를 통해 이를 노출합니다. 이벤트에서 어떤 동작을 할 수 있게 해서 문서가 바뀌거나 구체화 뷰가 업데이트됐을 때 함수를 트리거링할 수 있습니다. 예를 들어 주문이 있는 문서를 추가하는 데 성공하면 전체 보고서를 업데이트하고 고객이 생성한 주문을 회계 서비스에게 알립니다. 폴리글랏 영구/탈중앙화 데이터스토어로 이동하면 이런 이벤트 스트림은 이런 데이터 사일로의 일관성을 관리하는 데 큰 도움이 됩니다. CDC의 일반적인 이용 사례는 다음과 같습니다.

알림

마이크로서비스 아키텍처에서 서비스의 데이터가 변경된 사실을 다른 서비스가 알기를 원하는 건 이상한 게 아닙니다. 이때 서비스의 이벤트를 발행하기 위해 웹훅^{webhook}이나 구독을 사용할 수 있습니다.

구체화 뷰

구체화 뷰는 시스템의 쿼리를 효율적이고 단순하게 합니다. 구체화 뷰를 업데이트할 때 변경 이벤트를 사용합니다.

캐시 무효화

캐시는 시스템의 확장성과 성능을 비약적으로 개선하지만 데이터가 변경됐을 때 캐시를 무효화하는 건 어려운 일입니다. TTL$^{time-to-live}$을 이용하는 대신에 캐시된 항목을 제거하거나 업데이트하도록 변경 이벤트를 사용할 수 있습니다.

감사

많은 시스템이 데이터 변경에 대한 기록을 관리해야 합니다. 무엇이, 언제 변경됐는지를 추적하기 위해 변경 로그를 사용할 수 있습니다. 누가 변경했는지도 필요해서, 이와 관련된 정보도 감시할 수도 있어야 합니다.

검색

많은 데이터베이스는 검색을 처리하는 데 좋지 않고, 검색 데이터베이스는 다른 데이터베이스에서 필요한 모든 기능을 제공하지 않습니다. 검색 인덱스를 관리하기 위해 스트림을 변경할 수 있습니다.

분석

조직의 데이터 분석 요구 사항은 종종 여러 데이터베이스를 하나의 뷰로 보고 싶어 하는 경우가 있습니다. 데이터를 중앙의 데이터 레이크, 웨어하우스, 데이터베이스로 이동하면 보고서를 풍부하게 할 수 있고 분석 요구 사항도 만족시킬 수 있습니다.

변경 분석

데이터 변경에 대한 준실시간 분석은 데이터 접근 관심사와 분리해서 데이터 변경을 수행할 수 있습니다.

아카이브

어떤 애플리케이션들은 상태의 아카이브를 관리해야 합니다. 이런 아카이브는 어쩌다 한 번 사용되므로 가격이 낮은 스토리지 시스템에 저장하는 게 효율적입니다.

레거시 시스템

레거시 시스템을 대체하려면 여러 위치에 있는 데이터를 관리하는 게 필요합니다. 이런 변경 스트림은 레거시 시스템의 데이터를 업데이트할 때 사용할 수 있습니다.

[그림 4-2]는 앱이 데이터베이스에 쓰기를 하면 어떤 변화가 있는지를 보여줍니다. 이 변경을 변경 로그의 스트림에 쓰면 여러 컨슈머가 처리합니다. 많은 데이터베이스 시스템이 변경을 내부 로그에서 관리합니다. 로그에 특정 위치에서 재개 가능한 체크포인트가 있습니다. 예를 들어 몽고DB는 배포, 데이터, 컬렉션에 대한 이벤트를 구독할 수 있게 해주고 특정 위치에서 재개할 수 있는 토큰을 제공합니다. 많은 클라우드 공급자 데이터베이스는 감시 프로세스를 처리해서 모든 변화에 대해 서버리스 함수를 호출합니다.

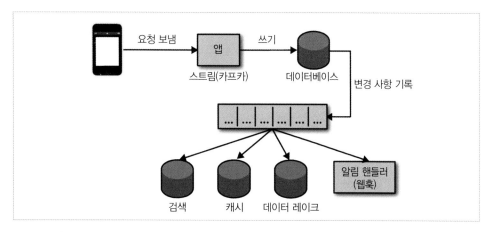

그림 4-2 데이터 변경을 동기화할 때 사용하는 CDC

애플리케이션은 변경을 스트림과 데이터베이스에 기록할 수 있었지만, 둘 중 하나가 실패하고 잠재적으로 경쟁 조건이 생기면 문제가 됩니다. 예를 들어 애플리케이션이 데이터베이스의 계정 배송 속성 같은 특정 데이터를 업데이트했는데, 이벤트 스트림에 쓸 때 실패하면 데이터베이스의 데이터는 변경되지만 배송 서비스 같은 다른 시스템은 알림을 받거나 업데이트를 못합니다. 또 다른 주의할 점은 프로세스 두 개가 동시에 레코드 하나를 변경하면 이벤트 순서가 꼬일 수도 있습니다. 어떤 변경인지와 어떻게 처리하는지에 따라 큰 문제가 아닐 수도 있지만, 이 부분도 고려해야 합니다. 바뀐 게 없는데 이벤트를 기록하거나 기록하지 않고 무언가를 변경하는 것도 주의해야 합니다.

데이터베이스 변경 스트림을 사용해서 문서의 변경이나 변조를 기록할 수 있고 변경 기록을 트랜잭션으로 기록할 수 있습니다. 데이터 시스템이 이벤트 스트림을 소비한 다음 일정 기간이 지나면 결과적 일관성이 있음에도 일관성을 유지하는 것이 중요합니다. 이는 변경 이벤트와 실제 변경이 일관성 있다는 점을 보장하는 것으로, 이제 다른 시스템에서 해당 이벤트를 가져와서 처리할 수 있게 합니다.

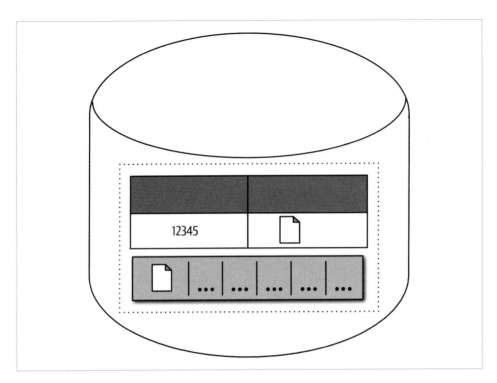

그림 4-3 트랜잭션 범위 내 레코드와 작업 로그의 변경

많은 관리형 데이터 서비스에서 데이터스토어에 변경이 발생했을 때 서버리스 함수를 호출하는 걸 빠르게 설정할 수 있고 정말 쉽게 구현할 수 있습니다. 몽고 DB Stitch 서비스의 함수를 호출하도록 몽고 DB Atlas를 설정할 수 있습니다. Amazon DynamoDB나 Amazon S3의 변경이 람다 함수를 시작할 수 있게 합니다. Azure Cosmos DB나 Azure Blob Storage에 변경이 발생했을 때 Microsoft Azure Functions을 호출할 수 있습니다. 구글 클라우드 파이어스토어Google Cloud Firestore나 오브젝트 스토리지 서비스의 변경도 Cloud Function을 시작할 수 있게 합니다. 인기 있는 관리형 데이터 스토리지 서비스를 이용해서 개발하면 매우 간단합니다. 대부분의 데이터스토어에서 인기 있고 필요한 기능이 되었습니다.

4.2.2 변경 사항을 이벤트로 변경 로그에 기록하기

애플리케이션이 작업 중에 실패하게 되면 여러 데이터스토어에 영향을 미쳐서 데이터 일관성에 이슈가 발생합니다. 여러 데이터베이스에 작업할 때 사용할 수 있는 또 다른 접근법은 변경 사항들을 변경 로그에 먼저 기록했다가 적용하는 것입니다. [그림 4-4]처럼 변경 사항 그룹을 스트림에 관리 순서대로 쓸 수 있고, 변경 사항들을 적용하는 동안 실패가 발생하면 손쉽게 작업을 재시도하거나 재개할 수 있습니다.

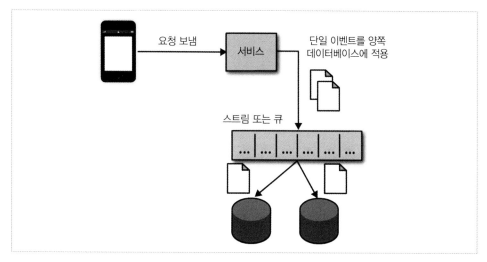

그림 4-4 각 변경 사항을 기록하기 전에 변경 사항의 모음 저장

4.2.3 트랜잭션 관리자

관리자 서비스를 이용해서 트랜잭션을 성공적으로 완료하거나 보상하도록 보장할 수 있습니다. 외부 서비스를 포함한 트랜잭션을 수행할 때 특히 유용합니다. 예를 들어 주문을 시스템에 기록하고 신용카드를 처리할 때 신용카드 처리가 실패할 수 있고 그러면 처리 결과를 저장해야 합니다. [그림 4-5]처럼 결제 서비스가 주문을 받고 신용카드 결제를 처리하고 다른 데이터베이스에 주문을 저장하는 게 실패합니다. 신용카드는 처리 됐는데 주문 기록이 남아 있지 않으면 대부분 고객은 화를 낼 것입니다. 이는 매우 일반적인 구현 방법입니다.

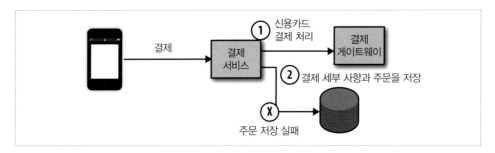

그림 4-5 주문을 처리한 다음 주문의 세부 사항을 저장하는 데 실패

또 다른 접근법은 주문이나 카트를 처리 상태와 함께 저장하는 것입니다. 그러면 신용카드 결제를 처리하기 위해 결제 게이트웨이를 호출할 것이고, 결국 주문 상태를 갱신합니다. [그림 4-6]은 주문 상태를 업데이트하다가 실패하더라도 최소한 주문한 기록과 그것을 처리하려는 의도가 남아 있게 됩니다. 결제 게이트웨이 서비스가 웹훅 콜백 같은 알림 서비스를 제공했다면, 상태가 정확했다는 것을 보장하도록 설정할 수 있습니다.

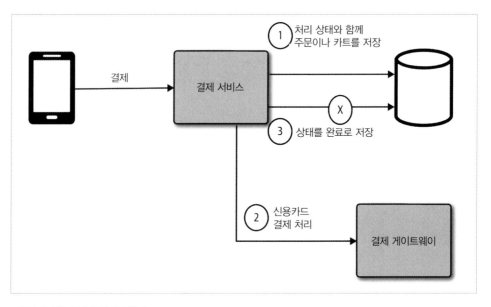

그림 4-6 주문 상태 업데이트 실패

[그림 4-7]은 완료되지 않고 상태를 조정하는 트랜잭션을 처리하기 위해 주문 데이터베이스를 모니터하는 관리자를 추가했습니다. 이 관리자는 지정된 간격으로 실행하는 간단한 함수입니다.

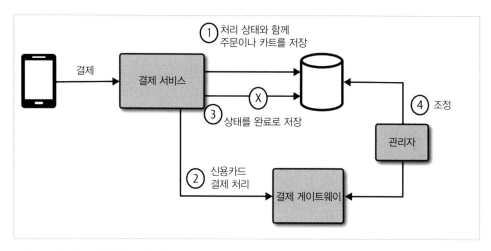

그림 4-7 에러난 트랜잭션을 모니터하는 관리자 서비스

시스템과 데이터베이스의 일관성을 모니터링해서 올바르게 수정하거나 해당 문제에 대한 알림을 보내기 위해 관리자를 이용하고 상태를 설정하는 접근법을 다양한 방법으로 사용할 수 있습니다.

4.2.4 보상 트랜잭션

오늘날 클라우드 네이티브 애플리케이션에서는 일반적으로 전통적인 분산 트랜잭션을 사용하지 않거나 항상 이용할 수도 없습니다. 여러 서비스나 데이터스토어에 걸쳐 일관성을 관리해야하는 트랜잭션이 필요한 경우가 있습니다. 예를 들어 컨슈머가 API에 파일로 어떤 데이터를 보내서 애플리케이션이 오브젝트 스토리지에 파일을 쓰거나 문서 데이터베이스에 데이터를 저장합니다. 오브젝트 스토리지에 파일을 쓰다가 실패하면, 데이터베이스와 참조에 대한 쿼리를 통해서만 찾을 수 있는 잠재적인 고아orphaned 파일이 오브젝트 스토리지에 남게 됩니다. 파일 쓰기와 데이터베이스를 기록하다가 실패하는 이런 상황은 둘 다 반드시 실패하도록 트랜잭션으로 처리하고 싶을 것입니다. 데이터베이스 쓰기가 실패하면 보상으로 반드시 파일이 제거되어야 합니다. 이것이 보상 트랜잭션이 하는 일입니다. 논리적인 묶음 단위로 작업을 완료해야 합니다. 한 작업이 실패하면 성공했던 다른 작업을 보상할 수도 있습니다.

NOTE_ 서비스 조정을 피해야 합니다. 결과적으로 일관성 있게 설계하고 CDC 같은 기법을 이용하면 많은 경우에 복잡한 트랜잭션 조정을 회피할 수 있습니다.

4.2.5 추출, 변환, 로드(ETL)

비즈니스 인텔리전스business intelligence(BI)용으로 데이터를 옮기고 변환해야 하는 건 흔한 일입니다. 비즈니스는 오랫동안 한 시스템에서 다른 시스템으로 데이터를 옮기기 위해 추출extract, 변환transform, 로드load(ETL) 플랫폼을 사용해왔습니다. 데이터 분석은 규모에 상관없이 모든 비즈니스에서 중요한 부분이 되면서 ETL 플랫폼이 더 중요해지고 있다는 사실은 그리 놀라운 일이 아닙니다. 데이터는 더 많은 시스템에서 사용하게 되었고 분석 도구들이 더 접근하기 좋아졌습니다. 모든 사람이 데이터 분석의 장점을 얻을 수 있고, 데이터를 분석을 수행해야 하는 데이터 레이크나 데이터 웨어하우스가 있는 곳으로 옮길 필요가 있습니다. 데이터를 이런 운영용 데이터 시스템에서 분석용 시스템으로 옮기기 위해 ETL을 사용할 수 있습니다. ETL은 다음 세 가지 단계로 구성되어 있습니다.

Extract

비즈니스 시스템과 데이터 스토리지, 레거시 시스템, 운영용 데이터베이스, 외부 서비스, 이벤트 전사적 자원 관리enterprise resource planning(ERP), 고객 관계 관리customer relationship management(CRM) 시스템에서 데이터를 추출하거나 내보냅니다. 다양한 소스에서 데이터를 추출할 때, 각 소스에서 얼마나 자주 데이터를 추출할지 속도를 결정하는 것과 다양한 소스에서 어디에 우선순위를 둘지 결정하는 것이 중요합니다.

Transform

다음으로 추출한 데이터를 변환합니다. 일반적으로 많은 데이터 정리, 변환, 보강 작업을 포함합니다. 스트림에서 데이터를 처리할 수 있고 배치 처리를 위해 임시 저장소에 저장합니다.

Load

변환된 데이터는 목적지로 올려지고 BI용으로 분석할 수 있습니다.

모든 주요 클라우드 공급자는 AWS Glue, Azure Data Factory, Google Cloud DataFlow 같은 관리형 ETL 서비스를 제공합니다. 요즘은 클라우드 네이티브 애플리케이션에서 데이터를 한 소스에서 다른 곳으로 옮기고 처리하는 것이 점점 중요해지고 있습니다.

4.2.6 마이크로서비스와 데이터 레이크

마이크로서비스 아키텍처에서 분산된 데이터를 처리할 때 고려할 점은 여러 서비스에 있는 데이터를 리포팅하고 분석하는 것입니다. 일부 리포팅과 분석 요구 사항은 서비스의 데이터가 공통 데이터스토어에 있어야 합니다.

> **NOTE_** 전체 데이터를 분석하고 리포팅하기 위해 데이터를 옮길 필요는 없습니다. 결과를 중앙에서 분석한 작업의 결과와 함께 개별 데이터스토어에서 일부 또는 전체를 분석할 수 있습니다.

하지만 모든 서비스가 공유되거나 공통의 데이터베이스를 가지는 것은 마이크로서비스의 원칙 중 하나를 어기는 것이고 잠재적으로 서비스 간 결합도를 높입니다. 이에 대한 일반적인 접근법은 데이터를 리포팅이나 분석해야 하는 팀으로 옮기고 수집하는 것입니다. [그림 4-8]을 보면 필요한 리포팅과 분석 요구 사항을 위해 여러 마이크로서비스 데이터스토어에 있는 데이터를 중앙의 데이터베이스로 모으는 것을 볼 수 있습니다.

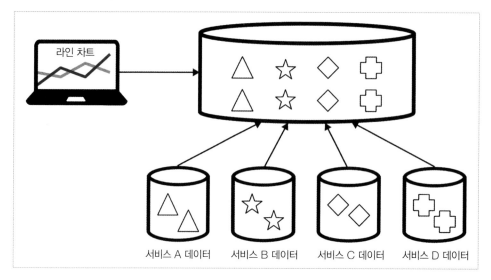

그림 4-8 데이터가 여러 마이크로서비스에서 중앙 데이터스토어로 수집된 모습

데이터 분석팀 또는 데이터 리포팅 팀은 리포팅 목적으로 필요한 데이터를 데이터 결합도를 높이지 않으면서 다양한 서비스팀에서 데이터를 어떻게 가져올지 결정해야 합니다. 여기에는 다양한 접근 방법이 있으며, 팀이 민첩성을 유지하고 가치를 빠르게 전달할 수 있도록 느슨한 커플링을 유지하는 것이 중요합니다.

[그림 4-9]처럼 개별 서비스팀은 데이터 분석팀이 데이터베이스에 접근해서 데이터를 복사할 수 있게 합니다. 매우 빠르고 쉬운 접근법이지만 언제, 어떻게 데이터를 가져가는지 서비스팀이 제어하지 않기 때문에 잠재적으로 성능에 문제가 발생할 수도 있습니다. 이러면 결합도가 강해져서 서비스팀이 내부 스키마를 변경할 때는 분석팀에게 관련 사항을 알려주고 조정해야 합니다. 데이터베이스에 ETL처리를 할 때 서비스 성능에 부정적인 영향을 줄 수 있는데, 이는 데이터 분석팀이 접근 가능한 원본 데이터 대신에 읽기 전용 복제본을 제공해서 해결할 수 있습니다. 데이터 분석팀이 원본 문서나 테이블 대신에 데이터의 뷰에 접근할 수 있습니다. 이는 커플링 관련 문제를 완화하는 데 도움이 됩니다.

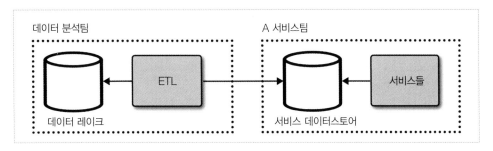

그림 4-9 데이터 분석팀이 서비스팀의 데이터베이스에서 직접 데이터를 가져옴

이런 접근 방법은 서비스 개수가 작은 초기 단계의 애플리케이션에서는 작동하지만 애플리케이션과 팀이 성장할 때는 어려움을 겪을 수 있습니다. 또 다른 접근법은 **통합 데이터스토어** integration datastore를 사용하는 것입니다. [그림 4−10]처럼 서비스팀이 내부 통합용 데이터스토어를 프로비전하고 관리합니다. 이러면 서비스팀이 통합 저장소에 있는 데이터의 형상과 어떤 데이터가 있는지를 제어할 수 있습니다. API처럼 문서화로 만들어지고, 버전 관리가 되는 형태로 이 통합 저장소를 관리해야 합니다. 서비스팀은 데이터베이스를 관리하기 위해 ETL 작업을 실행하거나 CDC를 이용할 수 있고, 구체화 뷰처럼 다룰 수 있습니다. 서비스팀은 다른팀에 영향을 주지 않고 운영용 스토어를 변경할 수 있습니다. 서비스팀이 통합 스토어를 관리해야 합니다.

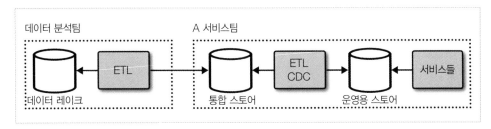

그림 4-10 API의 데이터베이스

이는 데이터 분석팀 같은 서비스 소비자가 서비스팀에 [그림 4−11]처럼 데이터를 노출해달라거나 데이터를 데이터 레이크에 써달라고 요청할 수 있습니다. [그림 4−12]처럼 스테이징 스토어에 데이터를 넣어달라고 요청할 수도 있습니다. 서비스팀은 서비스 기능과 API의 일부로 클라이언트에 제공하는 위치에 복제, 데이터, 로그, 데이터 내보내기 등을 지원합니다. 데이터 분석팀은 집계된 데이터 분석용으로 필요한 데이터를 구독합니다.

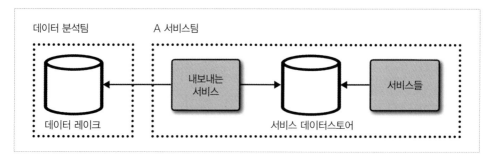

그림 4-11 서비스팀이 데이터를 내보내는 서비스 API

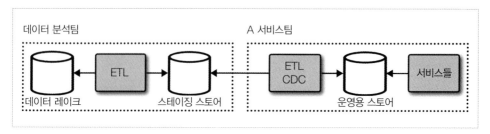

그림 4-12 서비스팀이 스테이징 스토어에 데이터를 쓰기

서비스가 데이터 내보내기를 지원하는 것은 이상한 일이 아닙니다. 서비스 구현은 API 일부로 내보내는 형식과 프로토콜을 정의합니다. 예를 들어 야간에 내보내기를 위한 오브젝트 스토리지 위치와 인증서 또는 변경 사항을 일괄 작업으로 보내려는 웹훅 설정입니다. 팀은 내보내는 파일을 덤프하거나 이벤트를 보내기 위해 위치와 인증서를 내보낼 수 있습니다.

4.3 클라이언트가 데이터에 접근하기

일반적으로 오늘날 대부분 애플리케이션은 클라이언트 애플리케이션이 데이터스토어에 직접 접근하지 않습니다. 권한 관리, 감사, 검증, 데이터의 전송 등을 담당하는 서비스로 데이터에 접근합니다. 많은 데이터 중심의 애플리케이션에서 서비스 구현의 큰 부분은 데이터 읽기와 쓰기 작업을 간단히 처리하는 것이지만 서비스는 다른 기능을 수행해야 하는 책임도 있습니다.

단순 데이터 중심 애플리케이션은 일반적으로 권한 관리, 인증, 로깅, 변형, 데이터 검증을 수행하는 서비스를 개발하고 운영해야 합니다. 하지만 데이터스토어에 접근하는 사용자를 제어하고 사용자가 무엇을 쓰는지 확인해야 합니다. [그림 4-13]은 단일 데이터베이스에 읽기와 쓰기를 하는 백엔드 서비스를 호출하는 전형적인 프런트엔드 애플리케이션을 보여줍니다. 이는 오늘날 많은 애플리케이션에서 사용하는 일반적인 아키텍처입니다.

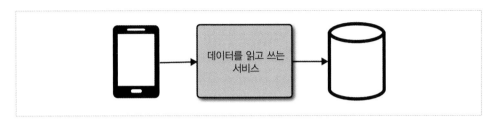

그림 4-13 백엔드 서비스와 데이터베이스가 있는 클라이언트 애플리케이션

4.3.1 제한된 클라이언트 토큰(발렛키)

서비스는 제한된 용도로 토큰을 만들어서 컨슈머에게 줄 수 있습니다. 실제로는 OAuth를 이용하거나 사용자 정의 암호화 서명 정책을 통해 구현 가능합니다. 발렛키는 OAuth가 어떻게 작동하는지를 설명하기 위해 일반적으로 사용하는 은유 방법이고 일반적으로 사용하는 클라우드 설계 패턴입니다. 만들어진 토큰은 제한된 기간 특정 데이터 항목에 접근할 수 있게 하거나 데이터스토어의 특정 위치에 파일을 올릴 수 있습니다. 이는 서비스에서 처리를 오프로드하고 서비스의 비용과 규모를 절감하고 더 나은 성능을 제공하기 쉬운 방법입니다. [그림 4-14]는 서비스에 업로드된 파일을 스토리지에 쓰는 것을 보여줍니다.

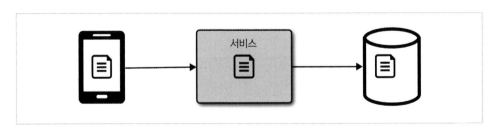

그림 4-14 클라이언트가 서비스를 통해 파일 업로드

서비스를 통해 파일을 스트리밍하는 대신에, 특정 위치에 파일을 올리거나 읽는다면 파일에 접근하기 위한 위치에 있는 토큰을 클라이언트에게 반환하는 게 더 효율적입니다. [그림 4-15]에서 클라이언트는 서비스에 토큰과 위치를 요청하고 서비스는 어떤 정책을 가진 토큰을 생성합니다. 해당 토큰의 정책은 파일을 업로드할 수 있는 위치로 제한할 수 있고, 이는 만료를 설정하기 위한 모범 사례입니다. 토큰은 시간이 지나면 더 이상 사용할 수 없습니다. 토큰은 **최소 권한**least privilege 원칙에 따라 작업을 완료하는 데 필요한 최소한의 권한을 할당합니다. 마이크로소프트 Azure Blob Storage에서는 **shared-access signature**로 토큰을 참조하고 아마존 S3에서는 **presigned URL**로 참조합니다. 파일이 업로드된 후 오브젝트 스토리지 기능은 애플리케이션 상태를 업데이트하기 위해 사용할 수 있습니다.

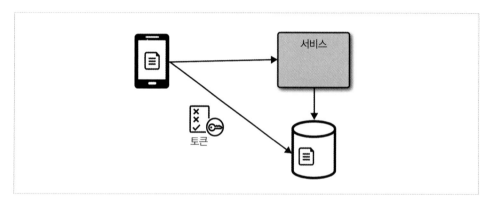

그림 4-15 클라이언트가 스토리지에 직접 업로드하기 위해 토큰과 경로를 서비스에서 얻음

4.3.2 데이터베이스 서비스의 FGAC

어떤 데이터베이스들은 내부 데이터에 대한 FGAC fine-grained access control를 제공합니다. 이런 데이터베이스 서비스는 서비스형 백엔드backend as a service (BaaS) 또는 서비스형 모바일 백엔드mobile backend as a service (MBaaS)라고도 합니다. 모든 기능을 갖춘 MBaaS는 단순히 데이터 스토리지 이상을 제공합니다. 모바일 애플리케이션은 종종 인증 관리와 알림 서비스가 필요합니다. 시간을 거슬러 올라가 예전의 식 클라이언트thick-client 애플리케이션으로 돌아간 것처럼 느껴집니다. 고맙게도, 데이터 스토리지 서비스는 진화했고 정말 예전 같지 않습니다. [그림 4-16]은 추가로 API를 배포하거나 관리하지 않고 데이터베이스 서비스에 연결하는 모바일 클라이언트를

보여줍니다. 사용자 API를 제공할 필요가 없다면, 낮은 운영 오버헤드로 애플리케이션을 빨리 얻을 수 있는 괜찮은 방법입니다. 접근 권한이 있는 사람만 데이터에 접근할 수 있도록 보안 규칙을 테스트하고 업데이트 사항들을 배포할 때 조심해야 합니다.

그림 4-16 데이터베이스에 연결하는 모바일 애플리케이션

구글의 Cloud FireStore 같은 데이터베이스는 접근 제어와 데이터 검증을 제공하는 보안 규칙을 적용할 수 있습니다. 접근 제어와 요청 검증을 위한 서비스를 개발하는 대신에, 보안 규칙과 검증을 작성합니다. Google Firebase Authentication 서비스에 대한 인증이 필요한 사용자는 마이크로소프트의 Azure Active Directory 서비스 같은 다른 인증 제공자와 연동할 수 있습니다. 사용자가 인증된 후 클라이언튼 애플리케이션은 정의된 보안 규칙을 만족하면 데이터베이스에 직접 연결해서 데이터를 읽거나 쓸 수 있습니다.

4.3.3 GraphQL 데이터 서비스

데이터에 대한 클라이언트 접근을 관리하기 위해 사용자 정의 서비스를 개발하고 운영하는 대신에, 클라이언트가 데이터에 접근할 수 있도록 GraphQL 서버를 배포하고 구성할 수 있습니다. [그림 4-17]을 보면 권한 관리, 검증, 캐싱, 데이터의 페이지 구분 등을 처리하도록 GraphQL 서비스를 배포하고 구성했습니다. AWS AppSync 같은 완전 관리형 GraphQL 서비스를 이용하면 클라이언트 서비스용으로 GraphQL기반 백엔드를 배포하는 것이 엄청 쉬워집니다.

> **NOTE_** GraphQL은 데이터베이스 질의 언어나 스토리지 모델이 아닙니다. 데이터 저장 방식과는 완벽하게 분리된 스키마 기반의 애플리케이션 데이터를 반환하는 API입니다.

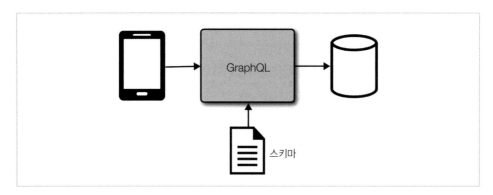

그림 4-17 GraphQL 데이터 접근 서비스

GraphQL은 GraphQL 명세를 통해 유연하게 구성할 수 있습니다. [그림 4-18]처럼 여러 공급자를 사용하여 구성할 수도 있고, 컨테이너에서 실행하거나 요청을 호출하는 함수로 배포되는 서비스를 실행하도록 구성할 수도 있습니다. GraphQL은 필요할 때 가끔 호출할 수 있는 서비스 메서드를 가진 데이터 중심 백엔드에 적합합니다. 깃허브 같은 서비스는 실제로 전체 API를 GraphQL로 옮겨서 API 사용이 매우 유연해졌습니다. GraphQL은 REST기반 API에서 흔히 발생하는 오버 페칭과 chattiness를 해결하는 데 도움이 될 수 있습니다.

GraphQL은 그래프 구조의 스키마를 정의하기 위해 노드(오브젝트)와 에지(관계)를 정의하는 스키마 우선 접근법을 사용합니다. 컨슈머는 오브젝트 간의 유형과 관계에 관한 세부 스키마를 질의할 수 있습니다. GraphQL은 여러 번 호출하거나 필요하지 않은 데이터를 가져오지 않고 정확히 원하는 데이터만 쉽게 정의할 수 있는 장점이 있습니다. GraphQL의 사양은 권한 관리, 페이지 구분, 캐싱 등을 지원합니다. 이는 백엔드에 데이터 중심 애플리케이션에 필요한 기능을 빠르고 쉽게 구현할 수 있게 해줍니다. 더 많은 정보는 GraphQL 웹사이트(*https://graphql.org/*)에 있습니다.

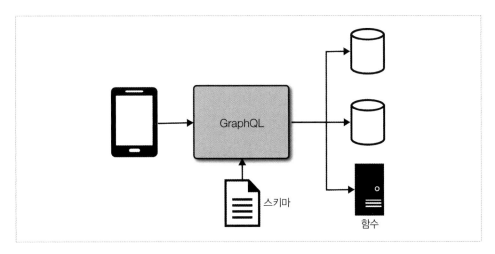

그림 4-18 여러 공급자와 실행의 GraphQL 서비스

4.4 빠르게 확장 가능한 데이터

애플리케이션 확장과 성능 문제의 주요 원인은 데이터베이스입니다. 애플리케이션의 데이터 품질 요구 사항을 만족하면서 확장할 수 있는지를 말할 때 일반적인 논쟁 지점입니다. 과거에는 데이터베이스에 저장 과정, 트리거 형식으로 로직을 넣는 게 매우 쉬워서 확장 비용이 엄청나게 비싼 시스템임에도 연산 능력을 높여야 했습니다. 이제는 애플리케이션이 더 많은 일을 할 수 있기 때문에 데이터베이스가 데이터를 저장하는 것 외에 다른 작업도 할 수 있다는 걸 배웠습니다.

> **TIP** 데이터베이스에 로직을 넣어야 할 이유가 없습니다. 그러지 마세요. 로직을 넣고 있다면 반드시 트레이드오프를 이해해야 합니다. 일부는 적합하고 성능을 개선할 수 있지만 확장할 때 비용이 듭니다.

복제나 파티셔닝으로 모든 것을 확장할 수 있습니다. 데이터를 캐시, 구체화 뷰, 읽기용 복제로 복제하는 것은 확장성, 가용성, 데이터 시스템의 성능을 증가시킵니다. 샤딩을 통해 데이터를 수평적으로 분할하거나, 데이터 모델 기반으로 수직적으로 분할하거나, 기능 기반으로 기능마다 분할하는 것은 부하를 시스템 전체에 분산해서 확장성을 개선합니다.

4.4.1 데이터 샤딩

데이터를 샤딩하는 것은 **샤드**shard라고 알려진 수평적 파티션으로 데이터스토어를 나누는 것입니다. 각 샤드는 동일한 스키마가 있고 데이터의 부분집합입니다. 샤딩은 부하를 여러 데이터 스토리지 시스템으로 분산해서 시스템을 확장할 때 주로 사용합니다.

데이터를 샤딩할 때, 얼마나 많은 샤드를 사용할지, 데이터를 어떻게 샤드에 분산할지를 결정하는 것이 중요합니다. 데이터를 어떻게 각 샤드에 분산할지를 결정하는 건 애플리케이션의 데이터에 달려 있습니다. 하나의 샤드에 과부하가 걸리거나 전부 또는 대부분의 부하를 받지 않도록 데이터를 분산하는 것이 중요합니다. 각 샤드나 파티션의 데이터는 일반적으로 데이터스토어에 나눠지고, 애플리케이션이 적합한 샤드나 파티션에 연결할 수 있는 것이 중요합니다.

4.4.2 데이터 캐싱

데이터 캐싱은 애플리케이션 확장과 성능 개선이 중요합니다. 캐싱은 메모리 같이 빠른 스토리지에 데이터를 복사하는 것이라서 일반적으로 사용자에게 더 가깝습니다. 캐시에는 다양한 계층이 있을 수 있습니다. 예를 들어 클라이언트 애플리케이션의 메모리에 데이터를 캐시할 수도 있고 백엔드의 공유 분산 캐시에 데이터를 저장할 수도 있습니다.

캐시를 이용할 때 가장 큰 과제는 원본 데이터와 캐시된 데이터를 동기화하는 것입니다. 원본 데이터가 변경되면 해당 데이터의 캐시 된 복제본을 무효로 하거나 업데이트해야 합니다. 가끔은 데이터가 변합니다. 어떤 경우에는 애플리케이션이 살아있는 동안 변하지 않는 데이터도 있습니다. 이 경우 애플리케이션이 시작할 때 캐시를 정적 데이터로 불러올 수 있고 무효화에 대해 걱정하지 않아도 됩니다. 다음은 캐시 무효화와 업데이트를 위한 일반적인 접근법입니다.

- 설정 가능한 만료 시간이 지난 후에 캐시된 항목을 제거하는 TTL 설정을 활용하세요. 캐시에서 항목을 찾을 수 없을 때 애플리케이션이나 서비스 계층이 데이터를 리로딩해야 합니다.

- 캐시를 업데이트하거나 무효화하기 위해 CDC를 사용합니다. 프로세스는 데이터 변경 스트림을 구독하고 캐시를 업데이트해야 합니다.

- 소스 데이터가 변경됐을 때 캐시를 무효화하고 업데이트하는 건 애플리케이션 로직이 합니다.

- 캐시된 데이터를 관리하기 위한 권한이 있는 패스스루 캐싱^{passthrough caching} 계층을 사용하세요. 애플리케이션에서 데이터 캐싱 구현에 대한 부담을 덜 수 있습니다.

- 캐시를 주기적으로 업데이트하는 백그라운드 서비스를 실행하세요.

- 데이터베이스의 복제 기능을 사용하거나 캐시에 데이터를 복제하기 위해 다른 서비스를 사용하세요.

- 캐싱 계층은 접근과 이용 가능한 캐시 자원 기반으로 캐시된 항목을 갱신합니다.

4.4.3 콘텐츠 전송 네트워크

콘텐츠 전송 네트워크^{content delivery network}(CDN)는 위치기반으로 분산된 데이터센터들의 그룹이고 POP^{points of presence}라고도 알려져 있습니다. 정적 콘텐츠를 사용자와 가까운 곳에 캐시하기 위해 CDN을 사용합니다. 따라서 사용자와 콘텐츠 또는 사용자와 데이터 사이의 지연을 감소시킬 수 있습니다. 일반적인 CDN 사용 사례는 다음과 같습니다.

- 콘텐츠를 사용자 가까운 곳에 둬서 웹사이트 로딩 시간을 개선합니다.

- 사용자 가까운 곳에서 트래픽을 종료해 애플리케이션의 API 성능을 개선합니다.

- 소프트웨어 다운로드와 업데이트 속도를 올립니다.

- 콘텐츠 가용성과 중복성을 올립니다.

- 아마존 CloudFront 같은 CDN 서비스를 통해 파일 업로드를 가속합니다.

캐시된 콘텐츠는 에지 위치에 저장된 복제본이고 원본 콘텐츠 대신에 사용할 수 있습니다. [그림 4-19]에서 클라이언트는 파일을 가까운 CDN에서 가져옵니다. 따라서 클라이언트와 **원본**^{origin}으로 알려진 원본 파일의 위치 사이의 지연을 82ms에서 15ms까지 낮출 수 있습니다. 캐싱과 CDN 기술은 원본에서 부하를 제거해서 콘텐츠의 검색과 확장을 빠르게 합니다.

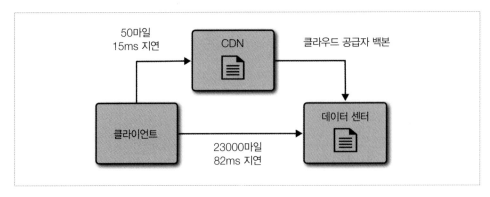

그림 4-19 클라이언트가 가까운 CDN에 캐시된 콘텐츠에 접근

CDN에 캐시된 콘텐츠에는 **TTL 속성**[TTL properties]이라는 만료 기간을 설정합니다. 만료 기간을 넘으면 CDN은 원본에서 콘텐츠를 갱신합니다. 많은 CDN 서비스는 경로 기반으로 콘텐츠를 명시적으로 무효로 할 수 있습니다. 예를 들어 `/img/*` 등을 이용할 수 있습니다. 또 다른 일반적인 방법은 콘텐츠에 작은 해시를 추가하고 사용자들의 참조를 업데이트해서 이름을 변경하는 것입니다. 이런 기법은 일반적으로 자바스크립트와 CSS 파일 같은 웹 애플리케이션에서 사용합니다.

CDN 캐시 관리할 때 고려해야 할 사항은 다음과 같습니다.

- 특정 기간이 지나면 콘텐츠를 갱신하기 위해 콘텐츠 만료를 사용하세요.
- 콘텐츠에 해시 또는 버전을 추가해 자원의 이름을 변경하세요.
- 관리 콘솔이나 API를 통해 캐시를 명시적으로 만료하세요.

CDN 벤더들이 더 많은 기능을 계속 추가하고 있어서 더 많은 콘텐츠, 데이터, 서비스를 사용자 가까운 곳에 두고 성능, 확장성, 보안, 가용성을 개선하고 있습니다. [그림 4-20]은 클라이언트가 백엔드 API를 호출할 때 클라우드 공급자의 데이터 센터 간 백본 위에서 CDN을 통해 요청을 라우트하는 과정입니다. 이는 낮은 지연시간으로 API에 더 빠르게 도달하고 클라이언트와 CDN 사이뿐만 아니라 API 요청 시 SSL 핸드셰이크를 개선합니다.

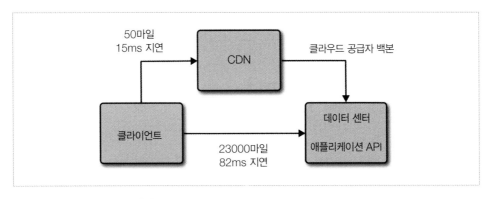

그림 4-20 백엔드 API의 가속화된 접근

CDN 기술을 사용할 때 고려해야 하는 몇 가지 추가 기능이 있습니다.

규칙 또는 행위

라우팅 설정, 응답 헤더 추가, SSL 같은 요청 속성 기반 리다이렉트를 켜는 것이 필요할 수 있습니다.

애플리케이션 로직

아마존 CloudFront 같은 일부 CDN 벤더들은 에지에서 애플리케이션 로직을 실행할 수 있어서 사용자용 콘텐츠를 개인화할 수 있습니다.

사용자정의 이름

특히 CDN을 통해 웹사이트를 제공할 때, SSL에서 사용자 정의 이름을 사용하는 것이 가끔 필요합니다.

파일 업로드 가속

일부 CDN 기술들은 사용자 지연을 감소시켜서 파일 업로드를 가속할 수 있습니다.

API 가속

파일 업로드처럼 사용자에 대한 지연을 감소시켜서 CDN을 통한 API가속이 가능합니다.

4.5 데이터 분석

생성되고 저장된 데이터는 기하급수적으로 증가하고 있습니다. 데이터에서 정보를 추출하기 위해 사용하는 도구와 기술들은 통찰력을 얻기 위해 진화를 거듭하고 있고, 작은 기업에서도 복잡한 분석을 통한 비즈니스 통찰력을 얻을 수 있게 합니다.

4.5.1 스트림

오늘날처럼 경쟁이 심한 시장에서 우위를 점령하려면 비즈니스에서 통찰력을 얻는 시간을 단축해야 합니다. 실시간으로 데이터 스트림을 분석하는 것은 이런 지연을 단축하는 훌륭한 방법입니다. 스트리밍 데이터 처리 엔진은 무제한의 데이터를 처리하도록 설계됐습니다. 전통적인 데이터 스토리지 시스템의 데이터와는 다르게 특정 시점의 데이터를 전체적으로 보고, 스트림은 해당 시간에 대한 엔티티별 뷰를 가집니다. 주식 시장 거래, 클릭 스트림, 장치의 센서 데이터 같은 데이터들은 끝이 없는 이벤트의 스트림이 됩니다. 스트림 처리는 패턴을 발견하고 순열을 식별하고 결과를 살펴보는 데 사용합니다. 센서의 갑작스러운 변화 같은 이벤트는 시간이 지날수록 발생하거나 감소하고 이런 중요한 변화에 비즈니스가 빠르고 즉각적으로 반응할 수 있을 때 더 가치가 있습니다. 예를 들어 갑자기 재고가 떨어지는 걸 감지하면 회사는 더 많은 재고를 주문하거나 기회가 없어 영업 실패하는 것을 피할 수 있습니다.

4.5.2 배치

데이터가 도착할 때마다 실시간으로 처리하는 스트림 처리와 다르게 배치 처리는 데이터 과학 가설을 실험하거나 비즈니스 통찰을 얻기 위해 특정 기간의 제한된 대규모 데이터셋을 처리합니다. 배치 처리는 전체나 대부분 데이터를 처리할 수 있고 완료될 때까지 몇 시간이 걸리는 반면에 스트림 처리는 수 초 내로 끝납니다. 이는 레거시 시스템의 데이터일 수도 있고 몇 개월이나 몇 년 동안 패턴을 찾고 있는 데이터가 될 수도 있습니다.

데이터 분석 시스템은 일반적으로 배치와 스트림 처리를 함께 사용합니다. 스트림과 배치 처리에 대한 접근법은 잘 알려진 아키텍처 패턴입니다. 람다 아키텍처는 애플리케이션이 불변 스트림에 데이터를 쓰는 접근법입니다. 여러 컨슈머가 서로 독립적으로 해당 스트림에서 데이터를 읽습니다. 한 컨슈머는 준 실시간으로 빠르게 데이터를 처리하는 반면에, 다른 컨슈머는 배치로 대량의 데이터를 느리게 처리하거나 데이터를 오브젝트 스토리지에 저장합니다.

4.5.3 오브젝트 스토리지의 데이터 레이크

데이터 레이크는 정형과 비정형 데이터를 모두 저장할 수 있는 크고 확장 가능하며 중앙 집중화된 데이터스토어입니다. 보통 다양한 데이터를 분석하기 위해 맵리듀스 작업을 실행합니다. 분석 작업은 최대한 병렬화시켜서 데이터 분석을 쉽게 저장소에 분산할 수 있습니다. 하둡은 데이터 레이크와 빅데이터 분석에 인기 있는 도구입니다. 여러 컴퓨터의 클러스터로 구성된 HDFS에 데이터를 저장하고, 데이터를 분석하기 위해 하둡 생태계의 다양한 도구를 사용합니다. 모든 주요 퍼블릭 클라우드 벤더는 데이터를 저장하고 분석하기 위한 관리형 하둡 클러스터를 제공합니다. 이런 클러스터는 비싸지거나 고사양의 장비가 많이 필요합니다. 이런 장비들은 클러스터에 실행 중인 작업이 없을 때도 켜져 있을 수 있습니다. 비용을 절감하기 위해 사용하지 않을 때는 클러스터를 내려두고 데이터를 로딩하거나 분석할 때 클러스터를 실행할 수 있습니다.

서비스에 데이터를 올리고 작업을 실행할 때만 비용을 지급하는 완전 관리형 서비스의 이용이 증가하고 있습니다. 이런 서비스들은 클러스터 관리에 필요한 운영 비용을 줄일 수 있을 뿐만 아니라, 분석 작업이 가끔 있다면 비용을 많이 절감할 수 있습니다. 클라우드 벤더들은 데이터 레이크 프로비저닝용으로 서버리스 비용 모델과 일치하는 서비스를 제공하기 시작했습니다. 예를 들어 Azure Data Lake와 Amazon S3기반의 AWS Lake Formation 등이 있습니다.

4.5.4 데이터 레이크와 데이터 웨어하우스

데이터 레이크는 데이터 웨어하우스와 비슷해서 종종 비교되거나 대조됩니다. 큰 조직에서 두 가지를 모두 사용하는 건 이상한 일이 아닙니다. 데이터 레이크는 일반적으로 원형의 비정형 데이터를 저장하는 데 사용하는 반면에 데이터 웨어하우스의 데이터는 정제돼서 잘 정의된 스키마로 저장됩니다. 데이터를 데이터 레이크에 사용한 다음 처리해서 데이터 웨어하우스로 옮기는 것이 일반적입니다. 데이터 과학자들은 비즈니스 전문성을 위해 데이터 웨어하우스로 무엇을 처리해야 할지를 도울 수 있는 트렌드를 발견하기 위해 데이터를 살펴보고 분석할 수 있습니다.

4.5.5 분산 쿼리 엔진

여러 데이터 시스템에 나눠서 저장되어 있는 데이터를 빠르게 분석할 수 있는 분산 쿼리 엔진의 인기가 증가하고 있습니다. 분산 쿼리 엔진은 스토리지 엔진과 쿼리 엔진을 분리하고 워커 풀에 쿼리를 분산하는 기법을 사용합니다. 수많은 오픈 소스 쿼리 엔진이 시장에서 인기를 얻고 있습니다. 몇 가지 말하자면 프레스토, 스파크 SQL, 드릴, 임팔라 등이 있습니다. 이런 쿼리 엔진들은 다양한 데이터 스토리지 시스템과 파티션에 접근하기 위해서 프로바이더 모델을 이용합니다.

하둡 잡은 대용량의 데이터를 수 분 또는 수 시간 동안 처리하는 작업을 이용해서 처리하도록 설계되었습니다. HIVE처럼 SQL과 비슷한 인터페이스를 가진 도구가 있지만, 쿼리는 잡으로 변환되어서 잡큐에 던져지고 스케줄됩니다. 이때 클라이언트는 잡이 결과를 내는 데 수 분이나 수 초가 걸릴 거라고 기대할 수 없습니다. 하지만 페이스북의 프레스토 같은 분산 쿼리 엔진은 수 분 또는 수 초 내에 쿼리 결과를 반환할 수 있습니다.

대략적으로 보면, 클라이언트는 쿼리를 분산 쿼리 엔진에 제출합니다. 코디네이터가 쿼리를 해석해서 워커 풀에 작업을 할당하는 역할을 합니다. 워커 풀은 쿼리에 맞는 데이터스토어에 연결해서 결과를 가져오고 각 워커의 결과를 병합합니다. 해당 쿼리는 관계형, 문서, 오브젝트, 파일 등의 다양한 데이터스토어를 대상으로 실행합니다. [그림 4-21]은 몽고 DB 데이터베이스에서도 정보를 가져오고 아마존 S3, 애저 Blob Storage, 구글 Object Storage 같은 오브젝트 스토리지에 저장된 CVS파일에서도 정보를 가져온 쿼리를 보여줍니다.

클라우드는 워커를 빠르고 쉽게 확장할 수 있게 해서, 분산 쿼리 엔진이 쿼리를 요구에 따라 처리할 수 있게 합니다.

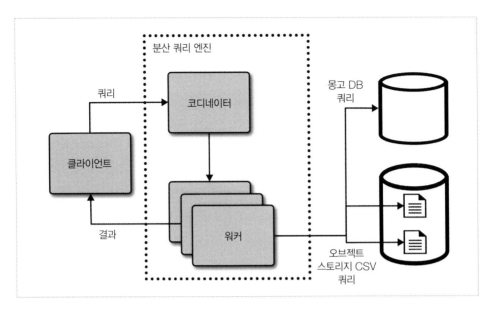

그림 4-21 분산 쿼리 엔진의 개요

4.6 쿠버네티스상 데이터베이스

쿠버네티스의 동적인 환경에서 쿠버네티스 클러스터에 데이터 스토리지 시스템을 실행하는 건 도전적인 일입니다. 쿠버네티스는 파드를 생성하고 파괴하고, 클러스터 노드를 추가하고 삭제할 수 있고, 파드를 새로운 노드로 옮길 수 있습니다. 데이터베이스 같은 상태가 있는 워크로드를 실행하는 것은 상태가 없는 서비스하고는 아주 다릅니다. 쿠버네티스는 스테이트풀셋 같은 기능이 있고, 쿠버네티스 클러스터에 데이터베이스를 배포하고 운영을 돕기 위해 퍼시스턴스 볼륨을 지원합니다. 대부분 튼튼한 데이터 스토리지 시스템은 퍼시스턴트 스토리지 메커니즘처럼 디스크 볼륨이 필요해서 쿠버네티스에 데이터베이스를 배포할 때 파드에 스토리지를 어떻게 붙이는지, 볼륨은 어떻게 작동하는지를 이해하는 것이 중요합니다.

스토리지 볼륨을 직접 제공하는 것 외에도 데이터 스토리지 시스템은 다른 라우팅과 연결성이 필요할 뿐만 아니라 하드웨어, 스케줄링, 운영 요구 사항 등이 필요합니다. 어떤 신규 클라우드 네이티브 데이터베이스는 더 동적인 환경용으로 개발돼서 스케일아웃과 일시적인 오류에 대한 환경적인 장점도 있습니다.

4.6.1 스토리지 볼륨

몽고 DB 같은 데이터베이스 시스템을 쿠버네티스상 컨테이너에서 실행할 때는 컨테이너와 생명 주기가 다른 튼튼한 볼륨이 필요합니다. 스토리지를 관리하는 것은 컴퓨트를 관리하는 것과 다릅니다. 쿠버네티스 볼륨은 퍼시스턴트 볼륨, 퍼시스턴트 볼륨 클레임, 스토리지 공급자를 이용하여 볼륨 마운트합니다. 몇 가지 기본적인 스토리지 볼륨 용어와 개념은 다음과 같습니다.

퍼시스턴트 볼륨

퍼시스턴트 볼륨은 클라우드 공급자 스토리지 디스크 같은 실제 물리 스토리지 서비스를 표현하는 쿠버네티스 자원입니다.

퍼시스턴트 볼륨 클레임

퍼시스턴트 볼륨 스토리지 클레임은 스토리지 요청입니다. 쿠버네티스가 이와 관련된 퍼시스턴스 볼륨을 할당합니다.

스토리지 클래스

스토리지 클래스는 퍼시스턴트 볼륨의 동적 프로비저닝을 위한 스토리지 속성을 정의합니다.

클러스터 관리자가 스토리지를 직접 구현하는 퍼시스턴트 볼륨을 프로비전합니다. 네트워크로 붙은 파일 공유나 클라우드 공급자의 디스크 등이 퍼시스턴트 볼륨이 될 수 있습니다. 클라우드 공급자 디스크를 사용할 때는 하나 이상의 스토리지 클래스를 정의하고 동적 프로비저닝을 사용합니다. 자원을 참조할 때 사용할 수 있는 이름을 갖는 스토리지 클래스를 만들고 스토리지 클래스는 프로비저너뿐만 아니라 그에 전달할 파라미터까지 정의합니다. 클라우드 공급자는 다양한 가격과 성능의 디스크 옵션들을 제공합니다. 여러 가지 스토리지 클래스들이 클러스터에서 이용할 수 있는 다양한 옵션으로 만들어집니다.

퍼시스턴트 스토리지 볼륨을 생성한 파드는 다른 노드로 이동하더라도 데이터가 여전히 유지됩니다. 파드를 만들기 전에 워크로드에 대한 스토리지 요구 사항이 있는 퍼시스턴트 볼륨 클레임이 만들어집니다. 퍼시스턴트 볼륨 클레임을 만들면서 특정 스토리지 클래스를 참조하면, 퍼시스턴트 볼륨 클레임 요청에 맞는 퍼시스턴트 볼륨을 생성할 때 해당 스토리지 클래스에 정의된 프로비저너와 파라미터들을 사용합니다. 해당 퍼시스턴트 볼륨 클레임을 참조하는 파드가 만들어지고 볼륨은 그 파드의 특정 위치로 마운트됩니다. [그림 4-22]는 파드가 퍼시스턴트 볼륨 클레임을 참조하고 다시 퍼시스턴트 볼륨 클레임이 퍼시스턴트 볼륨을 참조하는 구조를 보여줍니다. 퍼시스턴트 볼륨 자원과 플러그인은 직접 스토리지 구현을 붙이기 위해 필요한 설정과 구현을 포함합니다.

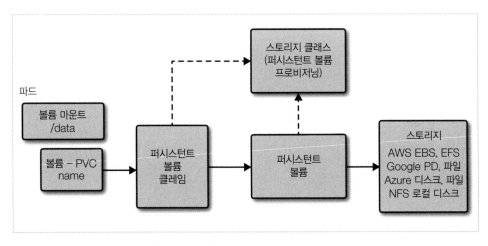

그림 4-22 쿠버네티스 파드 퍼시스턴트 볼륨 관계

NOTE_ 어떤 데이터 시스템들은 임시 스토리지를 이용해서 클러스터에 배포됩니다. 이런 시스템의 컨테이너 내부에 데이터를 저장하지 마세요. 그 대신 노드의 임시 디스크에 대응하는 퍼시스턴트 볼륨을 사용하세요.

4.6.2 스테이트풀셋

스테이트풀셋은 쿠버네티스에서 데이터 스토리지 시스템 같은 상태가 있는 서비스를 실행할 때 문제를 해결하기 위해 설계됐습니다. 스테이트풀셋은 컨테이너 명세에 따라 파드의 집합을 배포하고 스케일링을 관리합니다. 스테이트풀셋은 파드의 순서와 유일성을 보장합니다. 명세에 따라 생성된 각각의 파드는 다시 스케줄링될 때 관리할 수 있도록 영구 식별자를 갖고 있습니다. 고유의 파드 ID는 스테이트풀셋 이름과 0부터 시작하는 순서를 가진 숫자로 이루어집니다. 그래서 스테이트풀셋 이름이 'mongo'이고 복제본 설정이 '3'이면 'mongo-0', 'mongo-1', 'mongo-2'라는 이름의 파드 세 개가 만들어집니다. 클라이언트가 스토리지 시스템의 특정 복제본에 접근하는 경우가 자주 있고 복제본은 서로와 통신하는 경우가 잦아서 이러한 이름 구성이 중요합니다. 스테이트풀셋은 개별 파드용으로 퍼시스턴트 볼륨과 퍼시스턴트 볼륨 클레임을 생성하고, 'mongo-0' 파드용으로 만들어진 것들은 'mongo-0' 파드가 다시 스케줄될 때 다시 바운드되게 구성됩니다.

> **NOTE_** 스테이트풀셋은 현재 헤드리스 서비스가 필요합니다. 파드의 네트워크 ID를 담당하며 스테이트풀셋하고 따로 생성해야 합니다.

어피니티와 안티어피니티는 어떤 노드에 파드가 실행되는지를 제한하는 용도로 사용하는 쿠버네티스 기능입니다. 파드 안티어피니티는 복제본이 같은 노드에서 실행하지 않는 걸 보장해서 쿠버네티스에서 실행하는 데이터 스토리지 시스템의 가용성을 개선하는 데 사용합니다. primary와 secondary 같은 노드에서 실행 중인데, 노드가 다운되면 파드가 다른 노드로 다시 스케줄되서 실행할 때까지 데이터베이스를 사용할 수 없습니다.

클라우드 공급자는 다양한 워크로드에 어울리는 여러 가지 종류의 컴퓨트 인스턴스 종류를 제공합니다. 데이터 스토리지 시스템은 어떤 경우에는 메모리가 많은 인스턴스를 필요하지만 디스크 액세스가 최적화된 컴퓨트 인스턴스에서 실행하는 게 더 좋습니다. 하지만 클러스터에서 상태가 없는 서비스는 비용이 많이 드는 특별한 인스턴스에서 실행할 필요가 없고 일반적인 인스턴스에서도 잘 돌아갑니다. 쿠버네티스가 스토리지 워크로드를 실행할 수 있도록 스토리지에 최적화된 노드들을 쿠버네티스에 추가할 수 있습니다. 테인트와 톨러레이션을 이용해서 쿠버네티스가 데이터 스토리지 시스템을 위한 노드를 선택할 때 스토리지에 최적화된 노드를 선택하도록 다른 서비스는 해당 노드들을 이용할 수 없게 설정할 수 있습니다.

대부분 데이터 스토리지 시스템은 쿠버네티스를 알지 못하기 때문에 데이터 스토리지 시스템 파드와 함께 실행하는 어댑터 서비스를 만들어야 합니다. 이런 서비스는 데이터 스토리지 시스템에 클러스터 환경 세팅과 설정을 삽입하는 걸 담당합니다. 예를 들어 몽고 DB 클러스터를 배포했고 해당 클러스터를 다른 노드로 확장해야 할 때, 몽고 DB 사이드카 서비스가 몽고 DB 클러스터에 새로운 몽고 DB 파드를 추가하는 걸 담당합니다.

4.6.3 데몬셋

데몬셋은 노드들에 파드를 하나씩 실행하는 걸 보장합니다. 이는 데이터 스토리지 시스템이 클러스터의 일부가 필요하고 스토리지 시스템 전용 노드들을 사용해야 하는 경우에 데이터 스토리지 시스템을 실행할 때 유용한 접근법입니다. 데이터 스토리지 시스템을 실행할 목적으로 클러스터에 노드의 풀을 추가합니다. 데이터 스토리지 시스템을 전용 노드들에만 스케줄하기 위해 노드 셀렉터를 사용합니다. 다른 프로세스들이 이 노드들에 스케줄되지 않도록 테인트와 톨러레이션을 사용합니다. 데몬셋과 스테이트풀셋 중 하나를 선택할 때 고려해야 하는 트레이드오프는 다음과 같습니다.

- 쿠버네티스 스테이트풀셋은 다른 쿠버네티스 파드처럼 작동해서 필요에 따라 클러스터의 이용 가능한 자원을 사용하도록 스케줄됩니다.
- 스테이트풀셋은 일반적으로 원격 네트워크로 붙여진 스토리지 장치에 의존합니다.
- 데몬셋은 전용 노드 풀에 데이터베이스를 실행하기 위한 더 자연스러운 추상화를 제공합니다.
- 디스커버리와 통신을 위해 몇 가지 과제들을 해결해야 합니다.

4.7 마치며

클라우드로 애플리케이션을 이전하고 개발하는 것은 데이터 관련 요구 사항을 설계할 때 다른 접근법이 필요합니다. 클라우드 공급자는 데이터 시스템의 운영 비용을 감소시키는 다양한 관리형 데이터 스토리지와 분석 서비스를 제공합니다. 다양한 종류의 데이터 시스템 실행을 훨씬 더 쉽게 만들어서 특정 작업에 잘 어울리는 스토리지 기술을 사용할 수 있습니다. 데이터스토어의 비용과 규모가 변경되어 클라우드 공급자가 이 영역에서 혁신하고 경쟁하고 있어서 가격이 계속 내려가고 있으며 대규모 데이터를 쉽게 저장할 수 있게 되었습니다.

CHAPTER 5

데브옵스

클라우드 네이티브 애플리케이션의 개발, 테스팅, 배포는 전통적인 개발과 운영 방법과 많이 다릅니다. 이 장에서는 증명된 사례들로 데브옵스의 기본을 배웁니다. 클라우드 네이티브 애플리케이션을 개발, 테스팅, 운영할 때 장단점도 함께 살펴봅니다. 추가로, 운영뿐만 아니라 클라우드 네이티브 애플리케이션을 설계하고 빠르고 신뢰성 있게 개발하는 과정을 다룹니다. 이 장에서 나오는 대부분 개념과 패턴은 컨테이너화된 서비스와 함수 양쪽에 모두 적용할 수 있습니다. 그렇지 않은 경우에는 차이점을 설명합니다.

5.1 데브옵스란?

데브옵스는 소프트웨어 개발자와 IT 전문가들 사이의 협력과 커뮤니케이션의 다양한 측면을 포괄하는 광범위한 개념입니다. 데브옵스를 가장 쉽게 정의하는 방법은 목적에 대해 말하는 것입니다. 데브옵스는 계획부터 출시까지 소프트웨어 개발의 전체 과정에서 개발팀과 운영팀 사이의 협업을 향상시킵니다. 또한 배포 빈도를 개선하고 출시 기간을 단축하며, 새로운 릴리즈의 실패율 단축, 수정사항 사이의 간격 완화, 평균 복구 시간을 단축하기 위한 것입니다.

데브옵스를 정의하는 모델 중 하나는 CALMS입니다. CALMS는 협업collaboration, 자동화automation, 린lean, 측정measurement, 공유sharing를 의미합니다. CALMS 모델은 데브옵스팀의 성숙도를 평가, 분석, 비교하는 방법입니다.

5.1.1 협업

CALMS 모델에서 협업은 절차가 아니라 사람에 집중할 것을 강조합니다. 조직은 사람들이 지쳐서 결국 그만두도록 만드는 절차 대신에 사람의 건강에 가치를 둬야 합니다. 실패를 수용하는 문화를 장려합니다. 사람들은 실패에서 자유로움을 느끼고, 실패를 통해 배우는 것을 더 중요하게 여겨야 합니다. 이런 문화는 모든 사람의 아이디어를 수용하며 특정 몇 명의 아이디어만 선호하지는 않습니다. 직급과 직책에 상관없이 모든 사람이 시스템 설계에 참여합니다.

5.1.2 자동화

소프트웨어 주기의 자동화는 개발 속도와 개발 일관성을 높이는 데 결정적인 역할을 합니다. 구현된 기능이나 코드 변경을 수많은 신뢰성 있는 자동화로 몇 분 내에 실서비스에 기능으로 배포하는 것이 가능합니다. 핵심 요소는 인프라, CI 절차, 코드를 개발한 후의 테스팅, CD, 배포 중의 테스팅 등이 자동화되어야 합니다. 가능하다면 사용 중인 플랫폼과 도구에 이미 자동화가 내재되어 있는 것이 좋습니다.

역사적으로, 인프라를 설정하는 것은 수작업이었습니다. 사람이 서버를 설정하고 구성해서 서버에 애플리케이션을 배포해야 했습니다. 이 과정을 수동으로 할 때 단점이 많습니다. 하드웨어를 구입하고, 세팅하고, 관리하는 과정은 비용이 듭니다. 그리고 느립니다. 트래픽이 갑자기 증가할 때 관리하는 능력과 새로운 서비스나 애플리케이션을 빠르게 실행하는 데 큰 영향을 미칩니다.

클라우드의 핵심 장점 중 하나는 인프라를 자동화하는 것입니다. IaC는 인프라를 수작업이 아닌 코드를 이용해 프로비저닝하고 관리하는 방법입니다. 서버, 네트워크, 데이터베이스와 같은 모든 인프라를 코드로 다룹니다. 코드를 이용해서 반복적이고 일관된 방법으로 인프라 구성 요소를 구성하고 배포하는 절차를 만들 수 있습니다. 예를 들어 서버를 배포하고 네트워크, 로드밸런서, 다른 클라우드 서비스들을 미리 설정하는 스크립트를 만들 수 있습니다. 간단하게 이 스크립트를 실행해서, 완전히 다른 리전에 전체 인프라 스택을 일관되게 프로비전할 수 있습니다. 예전에는 몇 주씩 걸리던 일을 몇 시간 만에 할 수 있습니다.

5.1.3 린 원칙과 절차

린 원칙과 절차의 핵심은 제조(특히 도요타 생산 시스템)에서 왔습니다. 린의 요점은 절차에서 낭비되는 부분을 제거하는 것입니다. 어떻게 해결하는지 보려면 일단 현재 어떤 절차를 거치고 있는지를 그림으로 그리고 문서로 만드는 것부터 시작할 수 있습니다. 코드를 확인할 때 서버나 환경 또는 새로운 리전을 구성할 때 무슨 일이 일어나는지 생각해봅시다. 아무것도 없는 상태에서 애플리케이션이 실행하는 실서비스에 필요한 서버/환경을 어떻게 만들어낼까요? 이것들을 모두 그리고 나면, 각 부분에서 얼마나 시간이 걸리는지 예측할 수 있고 수월하게 병목, 불필요한 절차, 수동 절차 등을 찾을 수 있습니다. 이 부분을 찾아내면 찾은 부분을 제거하거나 자동화해서 절차를 더 빠르게 만들 수 있습니다. 이 과정을 여러 번 반복하면 절차들을 원하는 만큼 린 상태로 만들 수 있습니다.

5.1.4 측정

배포와 출시가 성공적이었는지 결정하려면 특정 메트릭이 필요합니다. 측정하는 목적은 코드나 절차에 있는 모든 잠재적인 문제점을 빨리 발견해서 필요하다면 그걸 고치거나 되돌리는 것입니다. 예를 들어 프로메테우스는 일반적인 측정 지점을 제공하고 개발자가 쉽게 코드를 측정할 수 있게 합니다. 데이터를 어떻게 수집할지는 걱정하지 않아도 됩니다. 서비스의 모든 데이터를 가져갈 수 있는 하나의 엔드포인트가 있기 때문입니다. 서비스와 함수에서 메트릭을 측정해서 내보내는 것만 걱정하면 됩니다. 분산 시스템의 메트릭의 크기는 엄청나게 커질 수 있어서 여러 서비스를 통해 메트릭과 이벤트를 수집할 수 있게 해주는 예거[Jaeger]나 오픈트레이싱[OpenTracing] 같은 분산 트레이싱 도구들이 필요합니다. 이런 도구들을 이용하면 서비스 간의 호출을 분류할 수 있고 시스템을 더 잘 파악할 수 있습니다. 이를 통해 병목, 장애 지점, 잠재적인 최적화 지점을 빠르게 찾아낼 수 있습니다.

시스템과 애플리케이션 측정만 얘기했지만 사람 메트릭과 문화 관점을 잊으면 안 됩니다. 측정은 사람들이 건강한지, 투자가 사업에 어떻게 영향을 미치고 있는지, 수익이 얼마나 나고 있는지, 어떻게 더 빠르게 혁신할 수 있는지를 알려줍니다.

측정 영역을 도와주는 추가적인 서드파티 도구들은 뉴렐릭[New Relic], 스플렁크[Splunk], 수모 로직[Sumo Logic] 등이 있습니다. 일부 클라우드 플랫폼들은 자신들의 메트릭 트레이싱 서비스를 제공합니다. Amazon CloudWatch, AWS X-Ray, 활동 로그, 진단 로그, 메트릭용 Microsoft Azure Monitor 등이 있습니다.

5.1.5 공유

조직 내부나 회사 내의 조직 사이뿐만 아니라 모두를 위해 업계를 더 좋은 방향으로 나아가게 하기 위해서 경쟁자와 업계의 다른 쪽과 함께 배운 것과 모범 사례를 공유하는 것이 중요합니다.

CALMS 원칙에서 한 가지 공통으로 생각해야 하는 건 바로 사람입니다. 사람과 그들이 함께 잘 일하는 것을 보장하는 데 집중하지 않는다면 데브옵스는 성공할 수 없습니다.

SRE란?

사이트 신뢰성 엔지니어링site reliability engineering(SRE)은 2000년대 초기에 구글에서 등장했습니다. SRE 포지션이 생겨난 계기는 코드를 개발해서 실서비스에 배포하는 전통적인 연구 및 개발팀과 서비스 환경이 항상 잘 실행되도록 유지해야 하는 운영팀 사이의 차이를 메꾸기 위해서입니다.

데브옵스를 SRE의 상위집합이라고 생각할 수도 있지만, SRE의 가치와 원칙은 데브옵스와 매우 잘 어울립니다. 데브옵스는 크게 보았을 때 더욱 일반화된 제안을 하지만 SRE는 더 세부적이고 서비스 지향적입니다.

SRE의 상세한 내용과 데브옵스와 어떤 관련이 있는지를 알고 싶다면, 배치 바이어Betsy Beyer의 『How SRE relates to DevOps』(O'Reilly, 2018)를 보면 됩니다.

5.2 테스팅

실서비스에 배포하고 출시하는 모든 코드는 철저히 테스트해봐야 하는 것은 말할 필요도 없이 중요합니다. 클라우드 네이티브 솔루션에서는 배포와 출시의 속도가 빨라져서 테스트를 수작업으로 한다면 살아남을 수 없을 것입니다. 모든 테스트를 자동화해야 합니다. 신뢰성 있고 자동화된 테스트만 출시를 빠르게 하고 배포와 출시에 확신을 줍니다.

이전 절에서 언급했듯이, CD는 코드를 언제든지 실서비스에 적용할 준비를 자동으로 할 수 있는 데브옵스 사례입니다. 테스팅은 코드를 자동으로 테스트하고, 환경에 배포하고, 출시하는 CD 파이프라인의 일부입니다.

클라우드 네이티브 솔루션에서 제대로 된 테스팅을 하려면 좋은 테스트 자동화 환경이 필요합니다. 테스트 자동화가 없다면 데브옵스를 할 수 없습니다. 따라서 자동화가 매우 중요합니다. 마이크로서비스를 개발할 때 유념해야 하는 것들이 있는 것처럼 마이크로서비스를 테스트할 때도 고려해야 하는 것이 있습니다.

함수는 어떨까요? 함수와 포함된 프로세스를 테스팅하는 원칙은 비슷합니다. 하지만 함수를 테스트할 때는 테스트 구성을 다르게 해야 합니다.

HTTP 요청에 따라 값을 반환하는 함수를 테스트할 때의 해결책은 상대적으로 단순합니다. HTTP 요청을 함수로 보내서 함수를 호출하고 응답을 검증하면 됩니다. 하지만 다른 이벤트에(스토리지, 큐, 데이터베이스 작업) 의해 실행하는 함수도 있을 것이고, 그런 함수들은 값을 반환하지 않거나 다른 외부 시스템 혹은 또 다른 함수와 상호작용합니다. 함수와 시스템의 복잡성에 따라서 의존성 주입이나 엔드포인트를 정의하기 위해 환경 변수를 사용했지만, 대부분 하나 이상의 **테스트 더블**test double을 활용해야 합니다.

5.2.1 테스트 더블

테스트 대부분은 테스트 더블을 하나 또는 모두 사용합니다. 테스트 더블은 실제 오브젝트 대신 사용할 수 있는 오브젝트입니다. 예를 들어 지불이나 권한 관리 서비스용으로 테스트 더블을 사용할 수 있다면 테스트하는 동안에 신용카드에 요금을 지불하지 않아도 됩니다. 테스트 더블에는 보통 목mock, 페이크fake, 스텁stub 등 세 가지 종류가 있습니다.

목을 이용하면 함수를 어떻게 호출할지를 정의할 수 있습니다. 목은 오브젝트 간의 상호작용을 테스팅하는 데 사용합니다. 예를 들어 코드가 데이터베이스를 사용한다면 실제 데이터베이스 대신에 목 데이터베이스를 사용할 수 있습니다. 목을 만들어두고 테스트를 위해 함수를 호출하면, 함수는 목 데이터베이스에 값을 쓰고 읽으면서 데이터베이스에 대한 쓰기/읽기 호출을 목을 대상으로 검증을 합니다.

페이크는 실제 API처럼 동작하는 간단한 구현이지만, 실제는 아닙니다. 실제 구현을 이용할 수 없거나, 실제 구현이 느리거나 구성하고 관리하는 게 성가실 때 페이크를 사용합니다. 테스트할 때 사용하는 가짜 지불이나 가짜 권한 관리 서비스가 페이크의 예입니다.

마지막으로 스텁은 로직이 없는 경우입니다. 스텁은 반환하라고 정해둔 것만 반환합니다. 어떤 오브젝트가 특정 값과 특정 상태를 반환해야 할 때 스텁을 유용하게 사용할 수 있습니다.

5.2.2 테스트 자동화 피라미드

클라우드 네이티브 아키텍처나 모놀리식 아키텍처에서 어떤 컨텍스트의 테스팅 컨텍스트인지 상관없이 2009년에 마이크 콘^{Mike Cohn}이 자신의 블로그에 올린 테스트 자동화 피라미드에 대해 언급하지 않을 수 없습니다.

[그림 5-1]처럼 테스트 자동화 피라미드는 테스트를 몇 가지 그룹으로 세분화합니다. 추가로 그룹별 테스트의 개수에 대한 대략적인 기준을 보여줍니다.

그림 5-1 테스트 자동화 피라미드

유닛 테스트

피라미드의 가장 견고한 부분인 밑 부분은 **유닛 테스트**^{unit tests}입니다. 유닛 테스트는 테스팅의 기반이고 다른 종류의 테스트와 비교했을 때 가장 많이 사용하는 테스트입니다. 전자상거래 웹사이트를 예로 들면 로그인 서비스, 쇼핑 비용 서비스, 지불 서비스, 쇼핑 카트 서비스, 제품 카탈로그 서비스 등이 있습니다. 이들은 서로 다른 모듈을 이용해서 각 서비스를 개발했기 때문에 각각에 대한 유닛 테스트가 있어야 합니다. 유닛 테스트를 만들려면 테스트해야 하는 기능들을 실행할 때 고려해야 하는 조건들을 만들기 위해 목과 페이크를 자주 사용해야 합니다. 로그인 서비스를 위한 유닛 테스트를 작성한다고, 실제 권한 관리 서비스를 사용하고 싶지는 않을 것입니다. 해당 상황을 테스트할 때 권한 관리 서비스를 이용할 수 없을지도 모릅니다. 로그인이 작동하지 않거나 실제 해당 사용자가 없는 상황을 테스트하고 싶을 수도 있습니다.

실제 권한 관리 서비스를 대체하는 목 서비스를 사용한다면 훨씬 더 수월해집니다. 각 테스트를 위해서는 목이 어떻게 동작해야하는지 정의할 수 있고, 그 목을 이용해서 로그인 서비스를 테스트할 수 있습니다. 목을 작성하거나 유닛 테스트에서 문제가 있을 때는 코드로 돌아가서 테스트가 가능하도록 리팩터링해야 합니다. 테스트 가능한 코드는 당신의 삶을 좀 더 편하고 오래 가도록 만들어줍니다. 코드의 일부를 변경하거나 코드를 실서비스에 배포하거나 출시할 때 유용한 유닛 테스트의 집합이 있으면 자신감을 가질 수 있습니다.

서비스 테스트

서비스레벨 테스트service-level test (또는 **컴포넌트레벨 테스트**component-level test)는 피라미드 중심에 있습니다. 서비스레벨 테스트가 있으면 UI와 구분해서 서비스나 컴포넌트 단위로 테스트를 할 수 있습니다. 예를 들어 배송 서비스 기능을 테스트할 때, 배송 서비스는 어떤 입력(예: 주소)을 받아서 출력(예: 배송료, 기간)을 반환합니다.

UI 테스트

마지막으로 피라미드의 꼭대기에는 **UI 테스트**UI tests가 있습니다. UI 테스트는 모든 피라미드의 테스트 중에서 테스트 개수가 가장 작아 보입니다. 이 테스트들은 보통 작성하고 관리하는데 비용이 많이 듭니다. 하지만 사용성과 접근성을 테스팅할 때 매우 유용합니다. 다시 한번 전자상거래 웹사이트를 떠올려보겠습니다. 전자상거래 웹사이트를 위한 UI 테스트는 브라우저를 켜고, 웹사이트로 찾아가서, 로그인 링크를 클릭하고, 로그인해서, 링크를 클릭하거나 텍스트를 타이핑해서 카탈로그를 찾고, 구매까지 할 것입니다. 테스트를 하기 위해 어떤 브라우저를 사용해야 할지, 페이지가 로딩이 끝날 때까지 얼마나 기다릴 수 있는지, 특정 행위가 언제 끝나는지 알 수 있는지, 자동화된 UI 테스트를 충분히 신뢰성 있게 만들려면 어떻게 해야 하는지, 그래서 웹사이트 디자인이나 레이아웃이 변경됐을 때 테스트를 망가뜨리지는 않는지 등의 테스트들을 떠올려보면 얼마나 복잡해질지 알 수 있습니다.

앞서 언급했듯이, 테스트 자동화 피라미드의 세 가지 테스트 그룹 외에도 다른 종류의 테스트가 서비스 레벨 테스트 그룹 밑으로 오거나 테스트 피라미드의 어딘가에 있을 수도 있습니다.

이런 것들은 CD 단계나 실서비스에 배포할 때마다 특정 단계에서 실행하는 테스트입니다. 예를 들어 실서비스에서 애플리케이션이 잘 실행되는지와 기능성을 확인하는 카나리 테스트를 도입할 수도 있습니다. 다른 종류의 테스트(부하테스트, 성능테스트)도 특정 스케줄이나 요구에 따라서만 실행할 수도 있지만, 출시할 때마다 매번 필요한 건 아닙니다.

젭슨 테스트

클라우드 네이티브와 분산 시스템을 이야기할 때 꼭 언급해야 하는 도구는 젭슨 라이브러리 (`https://github.com/jepsen-io/jepsen`)입니다. 젭슨 라이브러리는 분산 시스템을 구성하고 시스템이 잘 작동하는지를 검증하는 데 필요한 작업들을 실행합니다. 젭슨은 데이터베이스, 서비스 코디네이션, 큐를 분석하는 데 사용할 수 있고, 데이터 유실, 스테일 리드stale read, 잠금 충돌 등의 여러 문제들을 찾을 수 있습니다.

성능 테스트

성능 테스트는 애플리케이션이나 서비스의 성능이 어떻게 되는지 측정합니다. 예를 들어 특정 상황에서 얼마나 오랜 시간이 걸리는지를 측정합니다. 단일 함수나 요청에 시간이 얼마나 걸리는지 측정하기 위해 함수나 기능 단위로 성능 테스트를 작성할 수 있습니다. 저수준 성능 테스트 외에도, 특정 행위를 하는 데 걸리는 시간을 측정하는 상황이나 기능별 성능테스트도 고려해야 합니다. 예를 들어 사용자가 로그인 버튼을 누른 후에 자신의 프로필이나 대시보드 페이지를 보게 되는 데 시간이 얼마나 걸리는지 로그인 과정에 걸리는 시간을 측정할 수 있습니다. 거의 대부분은 기능 단위 성능 테스트를 하고, 더 깊이 들여다보기 위해 특정 함수에 대해 메트릭과 숫자를 확인하기도 합니다. 이를 통해 어디서 병목되는지 찾을 수 있고 함수가 실행하는 동안 그 정도의 시간이 걸렸는지 알 수 있게 됩니다. 성능을 추적하는 훌륭한 방법은 측정한 모든 숫자에 대해 비교 가능한 기준값을 설정하는 것입니다. 실서비스에 코드를 처음으로 출시하고 나서 얻는 측정값이나 달성해야 하는 목표를(예: "LTE 연결을 이용하는 모바일 사용자의 사용자 로그인은 X초를 넘으면 안된다") 기준값으로 사용할 수 있습니다. 시스템이 얼마나 중요한지에 따라, 테스트를 실행하고 시스템을 측정하는 환경과 조건을 전용으로 사용할 수 있습니다.

부하 테스트

부하 테스트는 특정 조건에서 시스템의 성능을 확인하는 성능 테스트의 일종입니다. 예를 들어 조건이란 대부분의 시간 동안 시스템이 받는 일반적인 부하와 예외적인 상황에서의 최대 부하나 피크 부하 등이 있습니다. 부하 테스팅을 통해서 시스템의 최대 부하를 결정할 수 있고 장애 지점이 어디인지 알 수 있습니다. 부하 테스트의 결과는 계획을 세우는 데 도움을 줄 뿐만 아니라 모니터링 시스템에 알람을 설정에도 도움을 줍니다.

보안/침투 테스트

보안과 침투 테스트의 목적은 다양한 종류의 공격에 대한 시스템의 잠재적 취약점을 파악하는 것입니다. 취약한 부분이 있다면 어떤 부분이 취약한지 알 수 있습니다. 이런 테스팅은 침투 가능한 지점과 보안에 치명적인 영역을 파악하기 위해 시스템 아키텍처의 보안을 살펴보는 것도 포함합니다. 서비스의 보안이 무너진다면 추가 위험을 증가할 수 있는 자원에 대한 불필요한 권한과 접근을 하지 않도록 이 진단으로 알아냅니다. 예를 들어 서비스가 데이터에서 읽기만 하고 쓰기는 하지 않는다면, 데이터베이스에 읽기 전용 접근 권한만 가지고 있어야 합니다.

A/B 테스트

A/B 테스트는 이미 실서비스 환경에서 실행 중인 서비스를 실행합니다. A/B 테스트의 목적은 서비스의 한 버전(A)이 다른 버전(B)과 비교해서 더 나은지를 확인하기 위해서 합니다. 어떤 A/B 테스트를 계획했다면, 결과를 측정하기 위해 잘 정의된 목표뿐만 아니라 가능한 모든 메트릭을 적정 위치에서 수집할 수 있는지를 확인해야 합니다. 예를 들어 판매를 할 때 (사용자가 클릭하는) 초록 버튼을 이용하는 경우와 비교군으로 노란 버튼을 이용하는 경우는 A/B 테스트할 수 있습니다. 서비스에 두 버전을 모두 배포하고 트래픽을 양쪽으로 동일하게 나눠서 보낼 수 있습니다. 트래픽을 동일하게 나누지 않고 누군가를 버전 A와 버전 B에 보내서 결정의 기준으로 삼을 수도 있습니다.

인수 테스트

서비스가 다른 환경으로 움직일 준비가 됐는지 확인하기 위해 인수 테스트를 이용할 수 있습니다. 예를 들어 코드를 다른 환경으로 옮기기 전에 몇 가지 인수 테스트를 정의할 수 있습니다. 이런 테스트는 실서비스 환경에 가까워질수록 엄격해져야 합니다.

이용성 테스트

이용성 테스트는 제품을 사용하기가 얼마나 쉬운지 확인하기 위해서 제품의 실제 사용자를 대상으로 수행합니다. 전통적으로는 특정 상황이나 작업으로 사용자에게 제품을 테스트해보게 합니다. 사용자가 작업을 수행하는 동안 관찰하는 것 외에도 작업이 끝난 후에 사용자에게 설문이나 질문을 합니다.

설정 테스트

이름 그대로 서비스를 올바르게 실행하기 위해 서비스와 코드가 알맞은 위치에 잘 설정되어 있는지를 검증할 때 이 테스트를 사용합니다. 예를 들어 연결 관련 정보가 서비스를 실행하려는 환경에 맞게 제대로 정의되어 있는지 확인해야 합니다. 실서비스용 데이터베이스 연결 정보를 테스트나 스테이징 환경에서 사용하고 싶지는 않을 겁니다. 또한 실서비스에서 테스트를 수행한다면 서비스와 함수를 제대로 설정해서 테스트 환경으로 실제 트래픽이 가는 일이 없다는 걸 확인하고 싶을 것입니다.

스모크 테스트

스모크 테스트는 서비스, 구성 요소, 애플리케이션이 더 많은 테스팅을 시작하기에 충분할 만큼 신뢰성이 있는지 확인해보고 싶을 때 빠르게 돌려볼 수 있는 테스트 모음입니다. 예를 들어 서비스가 성공적으로 실행하고 깔끔하게 종료되는지가 스모크 테스트의 형식입니다. 서비스가 실행조차 할 수 없다면, 더 많은 다른 테스트를 할 수가 없습니다.

통합 테스트

통합 테스트는 여러 다양한 서비스와 그들 간의 상호작용을 테스팅하는 것입니다. 테스트 피라미드에서 보면 통합 테스트는 서비스 테스트 위에 있지만 UI 테스트 아래에 있습니다. 통합 테스트는 전용 환경에서 실행합니다. 예를 들어 모든 서비스를 함께 테스트할 수 있는 테스트 환경이 있어야 합니다.

카오스 테스트

이름 그대로, 카오스 테스트의 목적은 시스템에 무작위로 혼란을 일으켜서 혼돈 상태를 초래하는 것입니다. 시스템 내에서 나눠진 서비스들에 혼돈 상황이 오면 어떻게 시스템이 동작하는지 확인하기 위해 서비스를 무작위로 다운시키고, 이용할 수 없게 하고, 네트워크를 느리게 하는 등의 **카오스 몽키**chaos monkey라는 테스트 모음을 실행합니다. 시스템이 실제로 문제를 일으키기 전에 장애를 감지해서 처리하기 위한 **카오스 엔지니어링**chaos engineering이라는 엔지니어링 방법이 있습니다. 카오스 테스팅의 아이디어는 장애 상황에서 시스템이 어떻게 응답하는지를 능동적으로 테스트해서 장애가 발생해 사용자에게 영향을 주기 전에 예상 문제점을 미리 확인해서 고칠 수 있다는 것입니다.

퍼지 테스트

퍼지 테스트는 서비스나 구성 요소에 무작위, 검증되지 않은, 예상치 못한 데이터 세트를 넣어서 장애를 만드는 시도를 합니다. 예를 들어 서비스가 받는 입력이 JSON이라면 도구를 사용해서 이상한 JSON 데이터를 만들어서 서비스에 입력하고 어떻게 동작하는지 관찰합니다.

이런 다양한 테스트 종류에는 완벽하다고 할 만한 목록이 없습니다. 조직이나 팀에 따라 다른 유형의 테스트가 필요합니다. 다양한 테스트 종류가 있어서 어떤 테스트를 실행해야 할지 어려울 수 있습니다. 모든 테스트를 실행할 수도 있지만 제대로 작동하지 않거나 시간과 자원만 낭비할 수도 있습니다. 그러면 언제, 어떤 테스트를 실행하는지 어떻게 결정해야 할까요? 결국 모든 테스트를 자동화한다는 가정하에 일반적인 지침은 어떤 구성 요소에 변경이 있으면 빌드할 때마다 모든 유닛 테스트를 항상 실행하라는 것입니다. 개발자는 사전 확인 절차의 일부로 유닛 테스트를 실행해야 합니다. 유닛 테스트를 실행한 후에는 다음 단계로 바뀐 구성 요소가 어떤 영향을 미치는지 인수, 스모크, 통합 테스트를 실행해야 합니다. 이런 테스트들은 코드와 아티팩트를 다음 스테이지로 넘길 때 충분한 자신감을 갖게 해줄 것입니다.

5.2.3 어떤 테스트를 언제 실행할 것인가?

코드가 있는 CI/CD 단계에 따라, 다른 종류의 테스트를 실행해야 합니다. 첫 번째 테스트는 유닛 테스트와 서비스/서버리스 앱 테스트를 실행합니다. 유닛 테스트는 작고 실행 시간이 짧아야 합니다. 코드가 머지되기 전에 실행하므로 첫 번째 방어막을 제공합니다. **서버리스 함수**는 각 함수를 검증하기 위해서 함수별로 구분해서 실행하는 테스트입니다.

다음 단계는 복잡도나 실행 시간이 얼마나 걸리는지에 따라 코드를 머지하기 전이나 후에 테스트하는 서비스레벨 테스트입니다. 이 테스트의 목적은 서비스나 서버리스 애플리케이션의 전체를 검증하는 것입니다. 이때 실제 서비스나 서버리스 앱의 의존성을 대체하기 위해 앱을 사용합니다.

코드가 머지된 후에는 통합 테스트를 실행할 시간입니다. 이 테스트는 서비스와 서버리스 앱 사이의 통합 지점을 검증합니다. 테스트를 실행하기 위해 서비스와 서버리스 애플리케이션을 전용 테스트 환경에 배포해 통합 지점 간의 테스트를 실행합니다. 의존성의 복잡도와 개수에 따라 테스트용으로 목을 사용할 수 있습니다. 의존성이 많지 않다면, 테스트 환경에 목을 프로비전할 수 있고 통합 테스트용으로만 사용할 수 있습니다.

카나리 테스트canary testing는 서비스와 함수를 지속해서 평가하기 위한 또 다른 효율적인 방법입니다. 카나리 테스트는 각 환경에서 지속적으로 실행할 수 있습니다. 사용자 시나리오와 최대한 비슷해야 하며 잠재적인 문제점에 대한 경고 시스템으로 사용할 수 있습니다.

다른 종류의 테스트는 별도 일정이나 일회성으로 실행하고 개발 중인 서비스나 함수의 유형에 따라 다릅니다. 예를 들어 매주 직접 사용성을 테스트하는 것은 불가능합니다. 이 테스트는 아이디어나 기능을 출시하기 전에 유효성을 검증하거나 작업할 기능의 피드백을 얻기 위해서 한 번만 실행합니다.

5.2.4 테스팅 주기

보안, 퍼지, 부하, 성능 테스트는 일정 간격으로 실행해야 합니다. 하지만 변경 사항이 시스템 보안이나 성능에 영향을 주지 않는다면, 매번 빌드나 코드 변경이 있을 때마다 하는 건 적절하지 않습니다.

매번 배포하기 전에 서비스 설정이 올바른지 확인하기 위해서 설정 테스트를 실행해야 합니다. 설정이 변경되었는지에 따라 테스트를 실행할지 정해야 합니다.

카오스 테스팅은 실서비스 환경에서 진행하는 테스트이고 일정 간격으로 실행합니다. 어떤 팀은 장애 상황을 잘 처리할 수 있는지 확인하기 위해 깜짝 카오스 테스팅을 하기도 합니다. 카오스 테스트를 처음 실행하면 모든 것이 잘못될 확률이 높지만, 다음 실행은 더 쉬워져야 하고 테스트하는 동안 발견되는 문제들이 점점 줄어들어야 합니다.

사용성 테스트와 A/B 테스트는 필요할 때 사용하는 유형입니다. 사용성 테스트는 제품에 중대한 변화가 있을 때마다 실행할 가치가 있습니다. 제품이 실제 사용자에게 유용한지 확인하기 위한 피드백을 얻으려면 필요합니다. 마지막으로 A/B 테스트는 필요할 때만 실행해야 합니다.

표 5-1 테스트 유형별 실행 빈도

테스트 유형	주기	메모
유닛 테스트	모든 코드를 머지/체크인하기 전	자동화, 실행이 빠르고 쉬움
서비스 테스트	모든 코드를 머지/체크인하기 전 또는 후	자동화, 실행이 빠르고 쉬움, 목 사용함
통합 테스트	스테이징/테스트 환경에 배포하기 전	자동화, 실행하는 데 오래 걸림 목이나 실제 의존성을 사용 가능함
카나리 테스트	모든 환경에서 지속적으로	자동화, 관리 비용이 비쌀 수 있음 지속적으로 실행함
UI 테스트	UI 가 변경됐을 때	수동. 제품에 UI 비중이 크다면 자동화 고려할 것
성능 테스트	처음에 한 번. 나중에는 매주 단위	초기 성능 테스트는 기준점을 얻기 위해 스톱워치로 수동으로 테스트함 반복적인 숫자를 만들 수 있다면 자동화를 고려. 매수 또는 큰 변경이 있을 때 실행함 기준과 다른점이 있으면 알림.
보안 테스트	매일	자동화. 가능하면, 통합/카나리 테스트에 포함해서 테스트. 침투 테스트는 보통 수동적이고 일회성으로 함. 컨테이너 저장소에 취약성/익스플로잇 테스팅을 켜둠
A/B 테스트	필요할 때	애플리케이션의 A버전과 B버전 사이에 한 가지를 변경했을 때 어떤 것이 더 성능이 좋은지를 보기 위해 사용함
카오스 테스트	필요할 때	자동화된 카오스 몽키 도구를 사용함 필요에 따라 다시 실행함

5.2.5 실서비스의 테스팅

누군가가 실서비스의 테스팅을 말하면 농담으로 여겨집니다. 하지만 다양한 환경에서 실행하는 데 얼마나 많은 투자를 해야하는지 생각해보면(여기선 최소한 스테이징과 테스팅 환경이 따로 있다고 가정) 실서비스에서 테스트하기 위한 투자가 더 이상 그렇게 커보이지 않습니다. 경험에 의하면 테스트용으로 환경을 분리해서 이용할 때 가장 큰 문제점은 그것들을 실제 서비스 환경과 동일하게 유지하는 것입니다. 테스트를 위해 환경을 분리하면 실서비스 환경과 최대한 비슷하게 구성해야만 합니다. 이는 실서비스 환경에서 실행하는 모든 것(데이터베이스, 큐, 외부 의존성 등)을 실행해야 하고 이를 항상 동일하게 유지시켜야 한다는 걸 포함합니다. 예를 들어 데이터베이스 버전을 업데이트하거나 스키마를 변경했다면 두 개의 환경에 각각 적용해야 합니다. 그러나 테스트를 위해 모든 리전에 동일한 규모의 컴퓨트와 데이터베이스를 이용하면서 관리하고 비용을 지불하고 싶어하지는 않으므로 테스트 환경은 아마 실서비스 환경보다 작은 규모일 것입니다.

다르게 말하면 테스트 환경은 실서비스 환경의 소규모 버전, 즉 미니미mini-me입니다. 그러나 서비스를 실행하는 방법에 영향을 줄 수 있어서 서비스당 설정이 실서비스와 달라질 것입니다. 그렇다면 서비스를 실서비스와 동일한 환경에서 테스트할 수 있을까요? 아마 아닐 것입니다.

환경이 실서비스의 규모를 줄인 버전이기 때문에 새로운 기능이나 버그 수정이 제대로 동작하는지 어떻게 확인할 수 있을까요? 적절한 곳을 모니터링해야 하지만 완전히 다른 시스템을 효율적으로 모니터링해야 하므로 별 의미가 없습니다.

실서비스에서 테스트할 때의 또 다른 장점은 테스트가 만든 가상 트래픽 외에 실제 고객의 사용 사례와 실제 트래픽을 사용할 수 있다는 것입니다.

하나의 환경에 모든 것을 실행하도록 유지하는 것 자체가 또 하나의 일이고, 두 개 이상의 환경을 동일하게 유지하는 것도 마찬가지로 번거로운 일입니다. 여기까지 생각해보면 실서비스에서 테스팅해보자는 의견은 더 이상 농담이 아닌 실제로 시도해볼 만한 해결책입니다. 분명히 말하자면 실서비스에서 테스팅하는 게 쉽다는 건 아닙니다. 전혀 그렇지 않습니다. 위험을 감수해야 합니다. 조직에서 효과적으로 실행하려면 기술적인 투자를 많이 해야 하고 문화적인 변화를 이뤄내야 합니다. 이런 투자가 팀이나 조직에 잘 맞는지 항상 평가해야 합니다.

그렇다고 테스트 환경이 가치가 없는 건 아닙니다. 테스트 환경은 가치가 있으며 테스트를 전혀 하지 않는 것보다 좋습니다. 하지만 테스트 환경에만 적용하기 위한 투자를 하거나, 테스트에서 오탐지가 있고 테스트 전용 환경을 유지하기 위해 너무 많은 시간을 소모하고 있다면 실서비스에서 테스트를 해보세요.

실서비스에서 테스트를 할 때 고려할 것들이 몇 가지 있습니다. 데브옵스 성숙도 모델을 살펴보면 코드를 체크인 후 환경으로 갈 때까지의 과정이 완벽히 자동화되어 있는지 확인해야 합니다. 이건 효율적으로 CI와 CD를 하고 있다는 것입니다.

[그림 5-2]처럼 여러 단계로 전체 테스트 절차를 나누세요.

그림 5-2 실서비스에서 테스트하는 단계별 절차

각 단계를 더 자세히 살펴봅시다.

배포 전

코드가 구축, 패키지되고 태그된 후 컨테이너 이미지 저장소(예: 도커 레지스트리)에 저장되면 서비스는 배포 전이라고 간주합니다. 이는 서버리스 애플리케이션에도 동일하게 적용됩니다. 서버리스 애플리케이션을 만드는 함수는 이 단계에서 컴파일되고 테스트를 실행합니다. 이 단계의 결과물은 서버리스 애플리케이션이 가지고 있는 ZIP 패키지 같은 아티팩트입니다. 패키지된 코드를 배포 단계로 옮기기 전에 코드가 특정 조건을 만족하는지 확인하기 위해 유닛 테스트, 통합 테스트, 인수 테스트 등 앞서 설명했던 여러 테스트를 실행해야 합니다. 그러면 다음 단계로 넘어갈 수 있습니다.

배포

배포는 개발, 패키지, 테스트된 코드를 갖고 실서비스 환경으로 옮기는 단계입니다. 즉 패키지를 플랫폼에 배포할 수 있는 배포 파일과 설정을 만드는 것을 의미합니다. 서버리스 애플리케이션에서는 AWS 서버리스 애플리케이션 모델AWS Serverless Application Model(AWS SAM) 같은 선언적 애플리케이션 모델을 이용하는 것도 포함합니다. AWS SAM 템플릿은 함수를 정의하고 이전 단계에서 개발된 코드 패키지의 링크가 있고 적용할 때 필요한 의존 서비스와 권한도 포함합니다. 서버리스 애플리케이션과 컨테이너화된 서비스를 배포할 때 가장 큰 차이는 AWS SAM 템플릿을 이용하면 서버리스 앱이 필요한 모든 것을 정의하고 있어서 필요시 함수를 테스트하기 위해 여러 다른 환경을 빠르게 만들 수 있습니다. 실서비스 환경과 똑같은 복제본을 낮은 비용으로 만들 수 있고 작업 후에 바로 없앨 수 있어서 함수 수준의 트래픽 라우팅을 구현하기보다 쉽고 덜 복잡합니다.

여기서 알아둬야 할 컨테이너화된 서비스에서 중요한 점은 코드가 실서비스 환경에 있어도 아직 트래픽이 코드로 들어오지 않는다는 것입니다. 트래픽을 서비스 쪽으로 보내기 전에 다양한 설정, 통합, 부하 테스트를 합니다. 테스트가 설정한 기준을 통과하면 서비스를 출시할 수 있습니다.

출시

서비스 출시는 배포한 서비스쪽으로 실제 트래픽을 조금씩 늘리면서 보내는 것을 포함합니다. 컨테이너화된 애플리케이션을 사용하면, 이스티오 같은 서비스메시를 이용해서 절차를 빠르게 처리할 수 있습니다. 서비스에서 VirtualService 자원과 DestinationRule을 배포합니다. DestinationRule에 서비스의 새로운 버전에 대한 하위 집합을 정의하고, VirtualService 에 기존 버전과 신규 버전으로 보낼 트래픽의 비율을 할당합니다. 서버리스 앱에서는 비슷한 기능을 위해서 API 게이트웨이와 로드밸런서를 조합해서 활용할 수 있습니다. 대안으로 낮은 비용과 빠른 배포를 위해 서버리스 애플리케이션용으로 분리된 환경(스테이징, 테스팅)을 만들 수도 있습니다. 그렇게 하기로 했다면, 어떤 서비스가 어떤 서버리스 애플리케이션을 이용해야 하는지 정의하고 이해해야 합니다.

예를 들어 배포 후에 들어오는 트래픽의 10%를 새로운 버전의 서비스로 보내기 시작합니다. 동시에 문제가 없는지 새로운 서비스를 계속 모니터해야 합니다. 모니터링 외에도 새로운 서비스를 대상으로 추가 테스트를 할 수 있습니다. 테스트 결과를 충분히 믿을 수 있다면 트래픽을 20%, 50%로 늘려나가서 마지막에는 100%까지 올립니다. 트래픽을 올린 후 과정은 동일합니다. 모든 게 잘 동작하는지 새로운 서비스를 모니터하고 관찰한 후 비율을 올립니다. 문제를 발견하면 새로운 버전을 롤백할 수 있습니다(예: 트래픽을 0%로 돌림). 문제를 해결한 후 다시 전체 과정을 반복합니다. 문제가 있어도 계속 진행할 수도 있습니다(발견한 문제의 중요도가 낮거나 서비스에 큰 영향을 미치지 않는 경우).

출시 후

서비스가 완전히 출시되고 모든 트래픽이 새 서비스 쪽으로 들어온 다음에 카오스 테스트와 다양한 A/B 테스트 같은 추가적인 테스트를 계속하고 예외는 없는지 모니터링 로그를 확인할 수도 있습니다. 출시 후 단계는 서비스를 운영하는 단계라고 할 수 있습니다. 테스팅 외에도 팀에 비상대기를 두고 예외와 장애에 대응하는 것도 포함합니다.

5.3 개발 환경과 도구

개발 환경은 전통적으로 로컬 개발 장비나 로컬에서 실행하는 VM에 구성했습니다. 로컬 개발 환경으로 빠르게 개발할 수 있고, 개발자가 코드 변경을 테스트하고 디버깅하는 주기를 빠르게 할 수 있었습니다. 오늘날의 많은 도구는 오랫동안 이런 접근법을 지원했습니다.

마이크로서비스 아키텍처와 서버리스 컴퓨트로의 이동은 전체 애플리케이션을 로컬 개발 장비에서 실행 시 불가능은 아니더라도 어렵게 할 수 있습니다. 변경 사항을 로컬에서 원격 환경으로 푸시하는 것은 개발 주기를 늘리고, 개발자 생산성을 감소시킵니다. 코드 변경을 빠르게 검증하려면 로컬에서 하는 게 쉽지만, 새로운 도구들이 클라우드나 클라우드에 통합된 환경에서 하는 걸 쉽게 만들어주고 있습니다. 클라우드 기반 개발 환경에서의 몇 가지 장점이 있습니다. 협업을 지원할 뿐만 아니라 개발과 실서비스 환경을 더욱 비슷하게 합니다.

대부분의 경우에 팀과 프로젝트에 최선은 로컬 개발 환경과 클라우드 개발 환경 및 도구를 조합해서 사용하는 것입니다. 예를 들어 어떤 팀이 코드를 로컬에서 편집하고 유닛 테스트를 실행하고 변경 사항을 클라우드 기반 개발 환경에 푸시합니다. 서비스를 개발할 때 클라우드에서 실행에 필요한 몇 가지 의존성이 있습니다.

다음은 개발 환경에서 고려할 사항입니다.

- 개발 중인 코드를 클러스터에서 실행해야 하나요?

- 클러스터를 로컬과 클라우드 중 어디에서 실행하고 싶나요?

- 변경 사항을 로컬과 클라우드 중 어디에서 편집하고 커밋하고 싶나요?

- 클라우드에서 실행해야 하는 의존성이 있나요?

- 팀이 많이 분산되어 있어서 협업 개발 환경의 도움을 받고 싶나요?

예를 들어 서버리스 컴퓨트를 이용하는 기능은 로컬에서 유닛 테스트와 통합 테스트를 사용해서 구현하고 디버그합니다. 테스트 더블은 로컬 환경의 다른 서비스 의존성에서 오는 것을 회피하는 데 사용할 수 있습니다. 단위 통합 테스트와 린트가 성공한 후 코드를 개발/테스트 환경으로 배포한 다음 실제 클라우드 환경에서 테스트합니다. 변경 사항은 CI 파이프라인을 통해 풀리퀘스트, 리뷰, 이동으로 옮겨갑니다. [그림 5-3]처럼 대부분의 기능 개발은 로컬에서 완료

합니다. 풀리퀘스트와 코드 리뷰를 시작하기 전에 최종 검증 테스트를 실제 클라우드 환경에서 합니다.

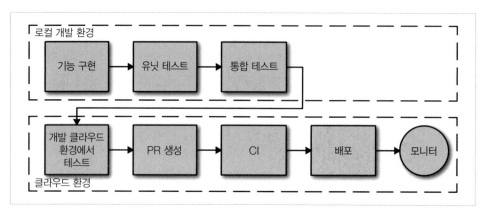

그림 5-3 로컬 개발 환경과 클라우드 개발 환경의 관계

5.3.1 개발 도구

원격 클러스터를 이용해서 애플리케이션을 개발하고 테스트 및 개발 환경과 유사하게 로컬 환경을 설정하기 쉽게 만드는 유용한 개발 도구와 서비스들이 많이 있습니다. 도구가 많아서 모든 도구를 살펴보는 건 어렵습니다.

로컬 개발 환경에서 쿠버네티스를 실행할 수 있게 해주는 두 가지 도구가 있습니다.

- Minikube(미니쿠베)는 VM에 단일노드 쿠버네티스 클러스터를 실행하고 보통 로컬 개발 환경용으로 사용합니다. Minikube는 로컬 환경에서 쿠버네티스를 실험하거나 테스트 및 실서비스 환경과 비슷한 로컬 개발 환경을 구성할 때 유용합니다.

- Minikube와 유사하게 Docker for Mac/Windows는 쿠버네티스를 로컬에서 실행할 수 있게 해주는 매우 인기 있고 쉽게 실행 가능한 또 하나의 도구입니다. 도커를 사용하고 있다면 이미 이 기능이 설치되어 있을 수 있습니다. Docker for Mac/Windows 설정에서 간단히 체크박스만 선택하면 쿠버네티스를 사용할 수 있습니다.

두 가지 도구 모두 유용하지만 로컬 개발 상황에 쿠버네티스의 전체 기능을 모두 지원하지 못하는 경우도 있습니다. 예를 들어 쿠버네티스의 서비스 종류 중 LoadBalnacer는 이용할 수 없습니다. 이 도구들은 빠르게 발전하면서 새기능과 버그 수정이 빠르게 반영되고 있어서 쿠버네티스를 로컬에서 실행하는 방법이 실서비스 환경에서 실행하는 것과 매우 비슷해졌습니다. 로컬 개발 환경이 클라우드 기반 환경을 대체할 수는 없다는 점을 유념해야 합니다. 이런 도구들로 한 노드에서 작은 쿠버네티스 환경을 실행할 수 있지만 부드럽게 실행하려면 충분한 여유 자원이 있어야 합니다.

앞서 언급한 로컬 쿠버네티스 개발 도구들 외에도, 로컬 및 원격 개발을 더 쉽게 만들어주는 유용한 도구들이 있습니다.

- Docker Compose는 여러 컨테이너를 정의하고 실행하는 도구입니다. 컨테이너를 그룹으로 관리, 시작, 정지, 삭제하기 위한 설정을 YAML 파일로 정의합니다. 이렇게 그룹화하여 정리하면 복잡한 로컬 개발 환경을 쉽게 구성할 수 있습니다. 로컬 컨테이너 기반 개발 환경은 의존성 버전 충돌을 격리하고 회피하는 데 도움이 됩니다. 이 환경은 소프트웨어의 개발과 실행을 다루고, 소프트웨어를 개발하고 실행할 때 필요한 도구들이 이미지의 일부가 될 수 있습니다. 더 이상 필요한 런타임 버전을 설치하거나 런타임 버전을 변경할 필요가 없습니다. 레디스나 몽고 DB 같은 제품의 의존성을 빠르게 올리거나 내릴 수 있습니다.

- KSync는 원격 클러스터에서 실행 중인 컨테이너의 로컬 파일을 바꿔서 클러스터에 실행 중인 컨테이너를 업데이트합니다. 개발자는 원격 클러스터에서 애플리케이션을 개발, 실행, 테스트하는 동안 자신이 좋아하는 로컬 에디터와 소스 코드 관리 도구를 사용할 수 있습니다. 변경 사항은 개발해서 실행 중인 클러스터 내의 컨테이너에 반영됩니다. 이는 이미지를 빌드하고 푸시한 후 실행 중인 컨테이너의 업데이트 과정을 없애서 개발 주기를 빠르게 할 수 있습니다.

- Skaffold는 코드 변경 사항을 지속적으로 로컬 및 원격 쿠버네티스 클러스터에 배포할 수 있는 명령줄 도구입니다. 코드가 변경됐을 때 이미지를 빌드해서 클러스터에 푸시함으로써 개발 과정을 자동화합니다. Skaffold는 동기화 가능한 파일이 있다면 컨테이너에 파일 변경 사항을 푸시할 수도 있고, 이미지를 만들어서 새로운 컨테이너 인스턴스를 배포할 수도 있습니다.

- Draft는 원격 및 로컬 쿠버네티스 클러스터에 애플리케이션 변경 사항 배포를 자동화하는 오픈 소스 도구입니다. Dockerfiles와 Helm 차트를 만들기 위해 Draft를 사용할 수 있습니다. 해당 파일들을 만들기 위해 사용한 개발 언어를 감지합니다. 쿠버네티스에서 실행할 수 있는 애플리케이션이나 서비스의 개발을 간소화하기 위해 사용자 정의도 할 수 있습니다. Draft는 로컬에서 편집하고 원격에서 개발하는 것을 쉽게 만들어줍니다.

- Telepresence는 로컬에서 실행 중인 컨테이너를 원격 쿠버네티스 클러스터와 연결해서 사용할 수 있도록 해주는 오픈 소스 도구입니다. 이는 마이크로서비스 기반 아키텍처에서 사용하는 것처럼 여러 서비스로 구성된 애플리케이션을 개발할 때 유용합니다. 서비스를 로컬에서 개발하지만 클러스터에 있는 다른 서비스들과 연계할 수 있어서 개발 주기를 빠르게 하고 디버깅 정보도 많이 얻을 수 있습니다. 이는 로컬 장비가 클러스터의 일부처럼 작동하게 합니다.

- Azure 전용 쿠버네티스 개발이라면 Azure Dev Spaces가 훌륭한 개발 도구입니다. 이는 Azure Kubernetes Service와 직접적으로 격리된 컨테이너화된 서비스를 개발하고 실행할 수 있게 해줍니다. 이 격리는 개발팀이 동일한 개발 클러스터에서 함께 전체 애플리케이션을 개발할 수 있게 해서, 결국 목과 스텁이 필요한 경우를 많이 줄여줍니다.

많은 클라우드 벤더가 FaaS를 제공하고 함수를 로컬에서 실행하고 디버깅할 수 있는 로컬 개발 도구도 제공합니다. 예를 들어 AWS는 AWS SAM Local을 제공합니다. 마이크로소프트의 Azure Functions Core Tools는 로컬 개발 환경에서 실행할 수 있는 Azure Functions를 만들어주는 동일한 런타임 버전입니다. 이 모든 선택지는 대부분 컨테이너 이미지를 사용하기 때문에 이들을 로컬에서 실행하려면 Minikube나 Docker for Mac/Windows를 사용할 수 있습니다.

5.3.2 개발 환경

이전 절에서 소개했던 도구들을 사용하면, 팀별로 다른 요구 사항을 만족하는 생산성있는 개발 환경을 다른 접근 방법으로 구성할 수 있습니다.

5.3.3 로컬 개발 환경

로컬에서 개발하고 디버깅하는 것은 여전히 원격에서 하는 것보다 빠르고, 개발자는 로컬 개발 환경의 도구와 흐름에 익숙합니다. 클라우드 공급자의 서버리스 컴퓨트 FaaS 서비스를 이용할 때, 로컬 환경에서 실행하기 위한 클라우드 벤더의 도구를 이용할 수 있고 최종 테스트는 클라우드에서 완료할 수 있습니다.

Docker Compose는 컨테이너 기반 개발 환경을 설정할 때 유용한 도구입니다. Docker Compose는 애플리케이션을 빌드하고 실행하는 데 필요한 컨테이너뿐만 아니라 데이터베이스같은 의존성이 있는 컨테이너도 실행할 수 있습니다. 파일을 호스트 환경에 매핑할 수 있어서 개발자는 호스트 시스템에서 편집기와 소스 관리 도구를 이용할 수 있습니다.

다음 Docker Compose 파일은 몽고 DB와 함께 노드 개발 환경을 올리는 예를 보여줍니다. 컨테이너의 /app 디렉터리는 현재 프로젝트의 디렉터리와 매핑되고 컨테이너는 볼륨 마운트를 통해 프로젝트 소스 코드에 접근합니다. 개발자는 빌드 도구 사용과 애플리케이션 실행은 컨테이너 안에서 하지만 코드 파일 편집은 호스트 시스템에서 합니다.

```
version: '3'
services:
  app:
    hostname: vegeta-dev
    image: node:10.15.0
    working_dir: /app
    volumes:
      - ./:/app
    ports:
      - "3001:80"
    tty: true
    stdin_open: true
    working_dir: /app
    command: bash
    environment:
      - IP=localhost
      - PORT=8080
      - CONFIG=/app/server/config.json
    networks:
      threadsoft:
        aliases:
          - vegeta
```

```
  db:
    hostname: db
    image: mongo:4.1.6
    volumes:
      - "/data"
    networks:
      threadsoft:
        aliases:
          - db
networks:
  threadsoft:
    external:
      name: threadsoft
```

5.3.4 원격 클러스터를 이용한 로컬 개발

원격 클러스터에서 컴퓨트를 실행하는 개발 흐름을 이용할 때, 어려운 점 중 하나는 원격 환경에 변경 사항을 푸시할 때 걸리는 시간을 최소화하는 것입니다. Skaffold, Draft, KSync 등과 같은 도구들은 원격 쿠버네티스 클러스터를 이용하는 작업 과정을 자동화해서 시간을 절약해줍니다. 서버리스 컴퓨트 FaaS를 개발할 때는 스크립트나 클라우드 공급자 프레임워크가 필요합니다. 클라우드 공급자 FaaS에서 서비스 배포와 코드 시작 시간은 로컬에서 개발하는 것만큼 빠르고 최종 테스트는 클라우드 환경에서 실행합니다.

다음은 이런 접근법에서 고려해야 할 몇 가지 사항입니다.

- 해당 도구가 자바스크립트 같은 인터프리터 언어나 고 같은 컴파일 언어와 함께 잘 동작하나요?

- 해당 도구가 코드 변경 사항을 클라우드에 푸시하고 재빌드, 푸시, 배포하나요?

- 변경 사항을 배포하고 실행하는 데 시간이 얼마나 걸리나요? 실제로 적용하기 전에 시도해보세요.

5.3.5 Skaffold 개발 작업흐름

개발을 시작할 때 `skaffold dev`를 실행해 Skaffold 개발 작업 흐름을 시작할 수 있고, [그림 5-4]처럼 Skaffold는 파일 변경을 감지하기 시작합니다. Skaffold가 실행 중인 개발 컨테이너 내에서 정적 파일이나 인터프리터 언어에서 사용하는 코드 파일 같은 파일들을 동기화하게 설정할 수 있습니다. 변경 사항이 새로운 빌드를 발생시키면, 클러스터나 빌드 서비스에서 이미지를 로컬 빌드하도록 Skaffold를 설정할 수 있습니다. 컨테이너 테스트를 실행한 후에, 이미지를 태그하고 이미지 저장소로 푸시하고 클러스터에 배포합니다. 개발자는 코드 변경 사항을 빠르게 클러스터에 푸시해서 확인할 수 있습니다. Skaffold의 동기화 기능은 전체 이미지를 빌드-푸시-배포 과정을 피하고 변경 사항을 실행 중인 컨테이너에 빠르게 푸시해서 시간을 절약할 수 있습니다.

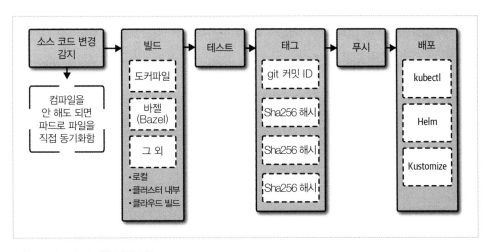

그림 5-4 Skaffold 개발 작업 흐름

규칙에 따라서 Skaffold의 설정 파일은 `skaffold.yaml`라는 이름으로 현재 디렉터리에 있습니다. `--filename` 옵션을 이용해서 직접 설정할 수도 있습니다. Skaffold 파일 예제는 다음에 있습니다. 이 파일은 Skaffold가 `.js` 파일을 실행 중인 컨테이너로 동기화하고 `kubectl`이 쿠버네티스 파드 명세에 있는 `k8s-pod.yaml`을 이용해 배포하도록 설정합니다.

```
apiVersion: skaffold/v1beta4
kind: Config
```

```
build:
  artifacts:
  - image: gcr.io/my-project/node-example
    context: .
    sync:
      '*.js': .
deploy:
  kubectl:
    manifests:
    - "k8s-pod.yaml"
```

TIP 쿠버네티스로 배포할 때, 이 흐름은 미니쿠베 클러스터 같은 로컬 개발 클러스터에서 작업할 때도 사용할 수 있습니다.

5.3.6 원격 클러스터를 로컬 개발로 라우트

이러한 개발 흐름에서는 서비스를 로컬 개발 흐름처럼 로컬에서 개발합니다. Telepresence 도구는 원격 클러스터에 로컬서비스를 위한 앰배서더^{ambassador}용 프록시를 실행해서 로컬 서비스로 들어왔다가 클라우드의 다른 서비스로 나가는 요청을 프록시합니다.

[그림 5-5]는 요청이 한 서비스에서 실제 서비스를 통하는 것처럼 Telepresence 프록시로 라우트되는 과정을 보여줍니다. Telepresence 프록시는 요청을 로컬 개발 환경에서 실행 중인 서비스로 보냅니다. 로컬 개발 환경에서 개발되어 실행 중인 서비스로 들어온 요청은 클러스터의 다른 서비스로 이동하고, 이 요청을 Telepresence가 클러스터의 실제 서비스 쪽으로 프록시하는 것을 처리합니다. Telepresence는 클러스터 환경 세팅을 로컬 개발 환경에서 실행 중인 서비스를 위한 설정으로 복제합니다. 이런 복제는 원격 클라우드 환경에서 실행 중인 다른 서비스와 의존성이 있는 서비스를 로컬에서 개발하고 디버그할 때 유용합니다.

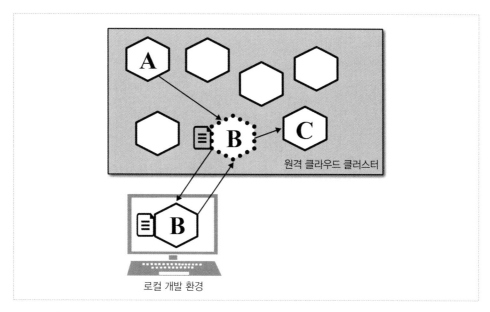

그림 5-5 원격 클라우드 클러스터와 함께 로컬에서 개발

5.3.7 클라우드 개발 환경

클라우드 개발 환경에서 개발자는 클라우드에서 실행 중인 개발 장비와 연결합니다. 통합 개발 환경은 브라우저 기반이거나 원격 가상 데스크톱 같은 환경으로 접근합니다. 이클립스 체[Eclipse Che] 같은 도구는 클러스터에 개발자 작업 환경을 프로비전할 수 있습니다. 이는 여러 개발자 작업 환경을 일관되게 유지하고 새로운 개발자 환경을 올리는 걸 쉽게 만들수 있게 도와줍니다.

5.4 CI/CD

CI는 기존 코드와 새로 개발한 코드를 출시하기 위해 빌드, 테스트, 통합을 자동으로 하는 방법입니다. 좀 더 현실적인 단어로 바꿔 말하면, 기능 브랜치의 코드를 빌드하고 유닛 테스트를 실행하고 그걸 통과하면 코드를 머지합니다. 마지막으로 서비스 종류에 따라 바이너리, 컨테이너 이미지, 압축된 파일과 같은 아티팩트를 만드는 걸 의미합니다. CI는 어느 정도의 자신감을 주고 문제를 빨리 잡을 수 있게 해주는 일련의 테스트가 통과하면 코드를 마스터 또는 릴리즈 브랜치에 머지합니다. CI 절차의 일부로 코드를 패키지하고, 태그하고, 컨테이너 저장소(예: Docker Registry)에 푸시합니다. 각기 다른 단계로 코드를 옮기는 대신에 컨테이너 이미지 정보(예: 컨테이너 이미지 저장소와 이미지 이름과 관련 태그)만 옮깁니다. 이는 전체 과정의 속도를 매우 빠르게 합니다.

CI 다음으로는 CD 단계를 생각할 수 있습니다. 이 단계에서는 코드가 실서비스에 배포될 준비가 됐는지 확인하기 위해 추가 테스트를 실행합니다. 다시 말하면, 코드가 이 단계로 오면 안정성과 품질에 관해서는 의문이 없어야 하고 어떤 엔지니어든 쉽게 실서비스에 코드를 배포할 수 있습니다.

코드가 마지막 단계인 CD에 도달하면, 철저하게 테스트된 상태라서 실서비스 환경에 자동으로 배포할 수 있습니다. CD와 비교하면, 이 단계는 수작업 없이 모두 자동화된 배포입니다. 어떤 팀은 CD 단계에서 멈추고 수동으로 실서비스에 배포할지를 결정합니다.

엔지니어로서 코드를 머지하고 테스트를 통과시켜서 실서비스에 자동으로 배포하는 세 가지 단계가 모두 자동화되어 있으면 마음의 평화를 얻습니다. 전체 시스템에서 이들이 적절한 위치에 있다면, 시스템의 어떤 부분이든 높은 믿음을 갖고 독립적으로 배포할 수 있습니다.

서비스나 서버리스 애플리케이션과 함수를 작업하는지에 상관없이 동일한 CI/CD 절차를 이용해야 합니다. 보통 함수가 서비스보다 작다는 사실이 빌드하고 배포하는 방법에 영향을 미치지 않습니다.

[그림 5-6]은 CI/CD 절차의 일부인 여러 단계를 보여줍니다.

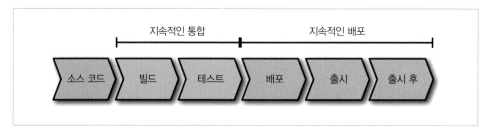

그림 5-6 CI/CD 절차 단계

5.4.1 소스 코드 저장소

소스 저장소는 CI/CD 흐름의 모든 것이 시작되는 지점이고 코드가 있는 저장소입니다. 소스 코드 저장소를 설정하는 방법은 여러 가지가 있지만, 최소한 메인 브랜치는 'master'라고 해야 하고 기능을 개발하고 버그를 수정하는 다른 브랜치를 여러 개 두어야 합니다. 소스 코드 저장소는 코드의 진실이 있는 곳이고 원하는 대로 설정할 수 있습니다.

모노리포와 멀티리포?

모노리포mono-repo 의도는 모든 코드(모든 서비스, 도구, 애플리케이션)를 하나의 소스 코드 저장소에 저장하는 것입니다. 모노리포의 대안은 각 서비스, 함수, 도구들을 각 저장소에 저장하도록 여러 저장소를 이용하는 멀티리포multi-Repo 또는 폴리리포poly-repo입니다. 어떤 걸 선택하는 게 더 나을지 제안하는 건 어렵습니다. 어떤 방법이든 상관없이 비슷한 문제를 풀어야 합니다. 결국 선택은 가지고 있는 서비스의 개수처럼 여러 가지 다른 요소들에 달렸습니다.

모든 코드가 하나의 저장소에 있을 때의 장점은 코드를 보다 쉽게 협업하고 공유할 수 있다는 것입니다. 한곳에 있으면 개발자들이 서로 다른 저장소를 추적하거나 변경 사항들을 여러 저장소에 연관시키지 않아도 됩니다. 반대로 작은 부분이나 단일 서비스 작업에만 관심이 있다면 왜 하나의 거대한 모노리포를 가져와야 할까요? 어떤 것을 선택해야 하는지 추천하는 건 어렵습니다. 다수의 서비스와 코드가 작게 연관되었다면, 하나의 저장소에 보관하는 게 좋을 수 있습니다. 그러면 함께 작업하기 쉽고 한곳에 둘 수 있기 때문입니다. 하지만 저장소의 크기와 서비스의 개수가 일정 수준을 넘으면 모노리포를 멀티리포로 나누는 게 좋습니다.

한 가지 더 고려할 점은 서비스를 어떻게 빌드하고, 서비스 의존성들을 어떻게 관리할 것인가입니다. 모든 것을 하나의 저장소에 두면 잠재적으로 더 많은 코드를 재사용할 수 있고 서비스가 단단하게 결합하고 의존성을 공유할 수 있습니다. 그렇게하기 시작하면 빠르게 통제할 수 없는 상태가 되므로 모노리포를 고려하고 있다면 의존성 관리는 어떻게 할지, 서비스 간 올바른 격리와 단단한 결합을 어떻게해야 할지를 고민해야 합니다. 또한 모노리포에서 불필요한 빌드 중단이 있을 때 발생할 수 있는 일도 생각해봐야 합니다. 전체 빌드가 망가지거나 한 부분만 망가진다면, 도구를 사용해서 이 문제를 해결할 수도 있지만 멀티리포를 사용했다면 신경 쓰지 않아도 되는 문제입니다.

모노리포를 빌드하고 빌드 아티팩트나 컨테이너 이미지를 만드는 과정을 생각해볼 수 있습니다. 전체 서비스에 대해 버전/태그가 하나만 있어서 서비스 모음과 전체 상태에 대한 참조를 할 때

이름 한 개만 사용하면 되므로 테스트가 쉬워집니다. 멀티리포를 사용하면 아티팩트마다 태그가 다르고 '전체 상태'는 각기 다른 서비스, 태그, 버전의 모음이 됩니다. 모노리포를 사용하면 모든 서비스를 동시에 배포할 때도 도움이 됩니다. 하지만 아마도 원하는 결과는 아닐 것입니다. 클라우드 네이티브라면 개별 서비스를 독립적으로 배포할 수 있도록 해야 합니다. 이 목표를 가지고 생각해보면 모든 서비스를 모노리포에 두는 것에 어떤 매력도 느낄 수 없을 것입니다.

코드 소유권을 생각해보면, 모노리포는 서비스 간 경계를 설정하기 어렵습니다. 멀티리포를 이용하면 어떤 팀이 무엇을 소유하는지, 누가 어떤 코드에 권한이 있는지가 명확해집니다.

5.4.2 빌드 단계(CI)

저장소가 어떤 구조이고 얼마나 많이 있는지에 상관없이 빌드 단계의 목적은 저장소에 커밋한 모든 변경 사항을 받아서 코드에 에러가 없다는 것을 확인하기 위해 코드를 빌드하는 것입니다. 빌드를 성공하면 코드를 테스트하는 다음 단계로 넘어갑니다. 실패하면 전체 과정을 멈추고 코드 변경 사항을 반려하고 개발자에게 알립니다.

5.4.3 테스트 단계(CI)

파이프라인 단계까지 왔다면 코드 빌드를 성공한 것이고 이제 테스트를 할 시간입니다. 유닛 테스트, 기능 테스트, 인수 테스트, 정적 분석, 린트 등을 해야 합니다. CI 과정 중 이 부분은 실서비스의 프로세스에서 배포 전 테스트를 하는 단계입니다.

테스트를 실행하고 통과한 다음에 코드를 버전 숫자나 커밋 ID로 패키지하고 태그해서 컨테이너 이미지 저장소에 푸시합니다. 서버리스 애플리케이션은 패키지해서 스토리지에 업로드합니다. 테스트를 실패하면 체크인한 코드를 거절하고 개발자에게 알립니다. 이 단계는 CI 과정을 포함합니다.

코드를 테스트하고 빌드하는 일은 자주 하는 일이기 때문에 빌드와 테스트 단계를 빠르게 진행하는 게 좋고 생성된 아티팩트는 다른 곳으로 옮기기 쉽게 크기가 가능한 한 작아야 합니다. 그리고 아티팩트는 재사용이 가능해서 동일한 컨테이너 이미지를 여러 번 다시 빌드할 필요가 없습니다. 도커를 사용하고 있다면 빌드할 때 필요한 모든 것을 가지고 있는 컨테이너 이미지를 이용해서 코드를 빌드하도록 멀티스테이지 빌드를 활용하는 게 좋습니다. 멀티스테이지 빌드를 하면 빌드 후 두 번째 단계에서 빌드한 아티팩트만 출시 컨테이너 이미지로 복사합니다. 이상적으로는 출시 컨테이너 이미지에는 빌드된 서비스만 있고 아무것도 없습니다. 결과적으로 컨테이너 이미지가 작아집니다.

다음은 고랭을 이용했을 때 어떻게 멀티스테이지 빌드를 하는지 보여주는 Dockerfile입니다.

```
FROM golang:1.11.5
WORKDIR /go/src/github.com/peterj/simplego
COPY main.go .
RUN CGO_ENABLED=0 GOOS=linux go build -a -installsuffix cgo -o app .
FROM alpine:latest
RUN apk --no-cache add ca-certificates
WORKDIR /root/
COPY --from=0 /go/src/github.com/peterj/simplego/app . CMD ["./app"]
```

도커파일의 앞에서는 golang:1.11.5 컨테이너 이미지를 사용하고 소스 파일을 첫 번째 컨테이너로 복사합니다. 그 후 go build 명령으로 **app**이라는 바이너리를 빌드합니다. 코드의 밑 부분에서, Alpine 컨테이너 이미지를 기반으로하는 두 번째 컨테이너 이미지를 정의하고 ca-certificates를 설치하고 첫 번째 단계에서(--from=0) 빌드한 바이너리를 복사합니다. 마지막으로, CMD 명령어로 해당 바이너리를 실행합니다.

이렇게 빌드하면 마지막 컨테이너 이미지의 크기는 약 8MB 정도인 반면, 빌드의 첫 단계에서 사용했던 컨테이너 이미지는 800MB가 넘습니다. 크기가 100배 차이 나는 건 매우 중요합니다. 컨테이너 이미지의 저장소를 옮기거나 다른 호스트에서 컨테이너 이미지를 pull할 때 속도가 다르다는 걸 알 수 있습니다. 도커 허브 이미지 저장소에서 인기 있는 도커 이미지들의 주요 버전은 전체 크기의 이미지도 이용할 수 있고, 크기를 줄인 버전인 일반적으로 **slim**이라는 태그가 붙은 이미지도 이용할 수 있습니다.

보안 관점에서 보면, 작은 이미지는 실행 바이너리만 가지고 있고 그 안에 아무것도 없어서 공격할 부분도 작습니다. 만약 바이너리를 설치할 때 전체 운영 시스템을 가지고 있는 이미지를 (예: Ubuntu) 이용한다면, 잠재적인 공격자는 바이너리에 대한 접근 권한을 얻을 뿐만 아니라 Ubuntu 운영체제가 가진 모든 도구에 대한 접근 권한도 가질 수 있습니다.

컨테이너 이미지를 태깅하는 모범 사례 중 하나는 깃 커밋 체크섬 해시의 일부나 빌드 숫자를 이용하는 것입니다. 이런 이름짓기 관례를 따르면, 컨테이너 이미지 이름은 **myimage: ed3ee91-1.0.0**으로 보입니다. 이름 형식을 이용해서 이미지가 갖는 변경 사항을 빠르게 알아차릴 수 있습니다. 컨테이너 이미지를 공개하고 다른 사람이 이용 가능하게 한 후에, **myimage: 1.0.0**처럼 해시를 지우고 버전 숫자만 사용할 수 있습니다. 공개 컨테이너 이미지 저장소에 새 버전의 이미지를 푸시할 때마다, 이미지의 최신 버전을 참조하는 **latest** 태그를 만드는지 확인하세요.

서버리스 애플리케이션 테스트는 컨테이너화된 애플리케이션용 테스트(예: 유닛 테스트, 통합 테스트, 인수 테스트)와 비슷한 세트를 실행합니다. 유닛 테스트를 위해선 함수가 갖는 의존성에 대한 목을 이용해야 하지만 통합 테스트를 실행하기 위해선 함수를 실행하는 테스트 이벤트를 발생시킬 수 있는 테스트 환경을 만들 수 있습니다. 서버리스 애플리케이션을 설정할 때 중요한 것은 환경과 함수가 갖는 모든 의존성을 묘사하고 있는 템플릿입니다. 이는 테스트를 실행하는 짧은 기간의 환경이라서 계속 테스트나 스테이징 환경을 유지하는 것보다 비용을 많이 절감할 수 있습니다. 서버리스 애플리케이션에서 이 단계의 결과물은 서버리스 애플리케이션을 갖는 테스트되고 패키지된 아티팩트입니다.

5.4.4 배포 단계 (CD)

배포 단계는 CI 단계가 성공적으로 완료되면 자동으로 시작할 수 있습니다. 컨테이너화된 애플리케이션이라면 새로운 컨테이너 이미지가 컨테이너 이미지 저장소에 푸시할 때 이벤트를 시작할 수 있습니다. 여기서 알아둬야 할 중요한 점은 배포 단계에 들어서면 더 이상 코드를 다루지 않는다는 것입니다. 컨테이너 이미지, 패키지된 아티팩트, 설정 및 배포 템플릿 등을 다룹니다.

배포 단계의 목적은 빌드되고 테스트된 아티팩트를 얻어서 원하는 환경(예: 실서비스나 스테이징 환경)에 배포하는 것입니다. 배포 플랫폼으로 쿠버네티스를 채택했다면 이 단계는 쿠버네티스에 아티팩트를 배포하기 위해 필요한 모든 디플로이먼트/설정 파일들을 만드는 것도 포함합니다. 이 단계에서는 Helm, 사용자 정의한 설정을 가진 템플릿화된 디플로이먼트 파일, 아티팩트를 배포하기 위한 값 등을 사용할 수 있습니다. 실서비스에 배포한다면 서비스 메시에 대한 설정도 필요하고, 배포한 컨테이너 이미지에 트래픽이나 요청이 가지 않도록 하는 설정도 필요합니다. 이런 설정은 어떤 종류의 테스트를 실행하는지에 따라 다릅니다. 부하 테스트나 추가적인 통합 테스트를 계획하고 있다면, 배포한 컨테이너 이미지에 테스트용 트래픽만 갈 수 있도록 설정 파일을 만들어야 합니다.

AWS 람다를 이용하는 서버리스 애플리케이션이라면, 애플리케이션을 정의하고 패키지한 아티팩트를 지정하고 추가적인 인프라(API 게이트웨이)와 권한을 포함하도록 AWS SAM을 사용할 수 있습니다. 클라우드 공급자에서 이용 가능한 템플릿 솔루션을 사용 중이라면 서버리스 애플리케이션에서 테스트나 스테이징 환경을 만드는 것은 사소한 일입니다.

인기 있거나 다른 패턴과 테스팅 종류는 트래픽 미러링, 섀도잉, 다크 트래픽입니다. 모든 실제 서비스 수준의 트래픽을 미러, 섀도우, 배포한 서비스로 보낼 수 있습니다. 실서비스 트래픽을 새로 배포한 서비스로 라우팅하는 게 아닙니다. 실제 트래픽은 여전히 출시된 서비스 쪽으로 가고 있고 그걸 복제해서 똑같은 트래픽이 새로 배포한 서비스 쪽으로 갑니다.

서비스 메시로 이스티오를 사용 중이라면 이스티오의 VirtualService 자원에 mirror key를 추가해서 트래픽을 미러링할 수 있습니다. 다음은 모든 트래픽이 출시된 (v1) 서비스로 보내면서 모든 요청을 배포한 (v2) 서비스로도 보내는 VirtualService의 예입니다.

```yaml
apiVersion: networking.istio.io/v1alpha3
kind: VirtualService
metadata:
  name: recommendation-service
spec:
  hosts:
    - recommendation-service
  http:
  - route:
    - destination:
      host: recommendation-service
      subset: v1
      weight: 100
    mirror:
      host: recommendation-service
      subset: v2
```

미러링하는 곳에서 추가 테스트를 실행하거나 실제 트래픽을 이용해 배포한 서비스를 모니터할 수 있습니다. AWS CodeDeploy나 Azure Traffic Manager를 이용해서 서버리스 애플리케이션에서도 비슷한 기능을 사용할 수 있습니다. 이런 솔루션들은 트래픽을 한 버전에서 다른 버전으로 옮기거나 블루/그린 배포를 도와줍니다.

실서비스에서 테스트하고 있지 않다면 이 단계에서 배포는 전용 스테이징이나 테스트 환경으로 이뤄집니다. 그렇게 해서 새 서비스 쪽으로 트래픽을 100% 리다이렉팅을 시작할 수 있고 배포와 출시 단계를 효율적으로 조합해서 배포하자마자 출시할 수 있습니다. 전체 과정의 마지막 단계는 서비스뿐만 아니라 테스트를 실행 중인 전체 환경을 조심스럽게 모니터링합니다. 먼저 테스트가 성공적으로 완료되면 컨테이너 이미지를 스테이징이나 테스트 환경에서 가져와서 실서비스 환경으로 배포하고 출시하는 분리된 CD 과정을 시작합니다.

5.4.5 출시 단계 (CD)

이 단계를 시작하기 위해서는 실서비스에 서비스를 출시하는 데 부담이 없도록, 배포한 서비스를 충분히 테스트해서 데이터를 충분히 확보해야 합니다.

앞서 설명했듯이 출시 과정은 실제 트래픽의 일부를 스테이징 배포 쪽으로 천천히 리다이렉팅하는 것도 포함합니다. 실제 트래픽을 리다이렉팅하는 것은 컨테이너화된 서비스라면 이스티오를 이용하고, 서버리스 애플리케이션이라면 AWS CodeDeploy, Azure Traffic Manager를 이용해서 쉽게 할 수 있습니다. 두 경우 모두, 트래픽을 새 버전 쪽으로 전부 다 옮길 때까지 새 버전으로 가는 트래픽을 점진적으로 올릴 수 있습니다. 실제 트래픽을 리다이렉트하기 위한 다양한 선택지가 있습니다. 일반적으로 모든 실제 트래픽의 백분율을 이용해서 리다이렉트합니다. 하지만 어떤 경우에는 새 서비스의 기능에 기반해서 트래픽을 영리하게 선택해서 옮길 수 있습니다. 예를 들어 서비스가 특정 웹브라우저에서만 발생하는 문제를 수정한 것이라면 영향을 받는 웹브라우저에서 들어오는 트래픽만 옮길 수 있습니다. 그렇게 해서 실제 사용자에게 문제가 해결됐는지 확인할 수 있습니다. 다른 브라우저에서 문제가 발생하기를 바라지 않기 때문에 다른 트래픽으로도 테스트하고 싶을 수 있습니다.

마찬가지로 더욱더 고급스럽게는 특정 HTTP 헤더 기반으로 트래픽을 라우팅할 수 있습니다. 예를 들어 제품의 베타 기능에 사용자가 접근할 수 있도록 특정 헤더 이름과 값을 사용할 수 있습니다. 베타를 출시한 후 새로 출시된 서비스를 사용하고 싶은 사람들만 라우팅할 수 있습니다. 서버리스 애플리케이션에서도 API 게이트웨이를 이용해서 설정할 수 있습니다.

실제 트래픽을 어떻게 보내는지와 관계없이 새로운 버전으로 보내는 실제 트래픽의 비율을 증가시킬 때마다 출시한 서비스와 함수를 세심하게 모니터하고 관찰해야 합니다. 문제를 발견하면 실제 트래픽을 이전에 출시했던 버전으로 모두 돌려서 상태를 되돌릴 수 있습니다. 다른 방법으로는 배포 과정을 되돌려서 실서비스에서 새 버전을 제거할 수 있습니다. 새 버전이 잘 동작하고 문제가 발견되지 않으면 트래픽을 100%가 될 때까지 계속 증가시켜서 새 버전을 성공적으로 출시할 수 있습니다.

완벽히 이상적인 환경에서는 새 버전으로 가는 트래픽을 증가시키는 일을 자동으로 할 수 있습니다. 서비스에서 오는 데이터를 기반으로 새로운 버전으로 가는 트래픽을 지능적으로 증가시키는 시스템이 있을 것입니다. 완벽히 자동화된 작업 흐름은 성숙한 데브옵스의 일부분이고 CI, CD, 지속적인 배포를 하고 있을 겁니다. 하지만 실제 세계에서는 이런 작업을 수동으로 해야 하고, 새 버전으로 가려면 사람의 결정이 필요합니다.

트래픽을 새 서비스로 100% 보내면 이전에 출시했던 서비스를 환경에서 제거할 수 있고 전체 과정 중에서 출시 후$^{post-release}$라는 최종 단계로 들어서게 됩니다.

5.4.6 출시 후 단계

어떻게 보면 이 단계는 CD가 아니지만 실서비스에서 테스트하는 것의 일부이거나 실서비스에서 애플리케이션을 운영하는 것입니다. 출시 후 단계는 출시된 모든 애플리케이션이 있는 단계입니다. 이 단계는 지속적으로 서비스 모니터링을 하고 사고를 감지하고 사용자에게 직접 에러 보고를 받거나 알림/모니터링 시스템에서 에러 보고를 받고 카오스 테스트 같은 추가 테스트를 합니다.

다음은 CI/CD 파이프라인을 만들 때 유의해야 하는 몇 가지 핵심 항목입니다.

- 모노리포/멀티리포 둘 다 빌드가 빨라야 합니다.

- 테스트는 신뢰성이 있어야 합니다.

- 컨테이너 이미지 크기는 가능한 한 작아야 합니다.

- 실제 트래픽 선택 전략을 전체 트래픽, 트래픽 중 일부, 특정 조건에 따라 결정해야 합니다.

- 관측 가능한 서비스가 성공적인 CI/CD 파이프라인의 핵심입니다.

5.5 모니터링

지금까지는 제대로된 모니터링과 서비스를 관측할 수 있는 게 중요하다고 설명했습니다. 모니터링이 없다면, 눈 가리고 비행하는 꼴이라서 서비스가 무엇을 하는지, 어떻게 작동하는지를 모르고 있는 겁니다. 모니터링은 CI/CD 과정의 모든 단계에서 중요한 부분이지만, 특히 출시 단계에서 더욱 중요합니다.

모니터링은 전통적으로 시스템이나 서비스의 전체 건강 상태를 평가하고 보고할 때 사용했습니다. 모니터링에서 중요한 몇 가지 메트릭을 살펴보겠습니다.

에러 비율

이 메트릭은 실패하는 요청의 비율을 말해줍니다(예: HTTP 500의 개수).

인입 요청 비율

초당 HTTP 요청(또는 데이터베이스라면 시간당 읽기, 쓰기, 트랜잭션)을 측정해서 시스템으로 얼마나 많은 트래픽이 들어오는지 알려줍니다.

지연

지연은 서비스가 요청을 처리하는 데 걸리는 시간입니다. 지연은 보통 성공 요청과 실패 요청으로 나눠집니다.

이용률

이용률은 시스템의 각 부분의 사용량 정보입니다. 예를 들어 쿠버네티스 클러스터에서 노드들의 이용률(메모리, 디스크, CPU 이용률이 정상 범위인지)을 모니터합니다.

출시하는 동안 앞서 언급한 메트릭에 부정적인 영향이 관찰되면(예: 에러 비율 증가), 무언가 잘못됐다는 명백한 신호이므로 출시를 멈추거나 롤백해야 합니다. 모니터링은 시스템의 어떤 부분이 망가졌는지, 왜 망가졌는지를 이해할 수 있는 정보와 데이터를 제공해야 합니다.

첫 번째 출시를 하기 전에 메트릭 세트(기본으로 나열된 메트릭과 서비스에 필요한 모든 추가 메트릭)를 가지고 있는 게 제일 좋습니다. 이 세트가 제대로 준비되어 있다면 출시한 서비스를 모니터할 수 있고 무언가 잘못될까 봐 걱정하거나 무서워하지 않아도 됩니다. 메트릭이 어떻게 변하면 롤백을 하는지 미리 정해둬야 합니다. 메트릭을 얼마 동안 모니터링한 후에 출시 과정을 계속할지도 정해야 합니다. 예를 들어 일부 메트릭이 나쁜 방향으로 1% 이상 변하면 출시를 멈추고 롤백하자고 결정할 수 있습니다. 그다음 24시간 동안 메트릭에 특별한 변화가 없으면 출시 과정을 계속 진행해서 실제 트래픽을 더 많이 받자고 정할 수도 있습니다.

대부분은 출시를 계속할지, 롤백할지를 결정할 때 메트릭 몇 개만 있어도 충분합니다. 예를 들어 A/B 테스트를 하고 있다면, 정상 상태인지를 보여주는 기본 메트릭으로는 부족하고 해당 서비스나 전체 시스템에 대한 데이터가 더 많이 필요합니다.

가장 인기 있는 모니터링 도구 중 하나는 '아름다운 분석과 모니터링을 위한 오픈 플랫폼'이라고 설명하는 그라파나Grafana(*https://grafana.com/*)입니다. 그라파나는 다양한 데이터 소스를 사용할 수 있고 매력적인 그래프, 테이블, 히트맵, 그 외 비주얼 요소 등으로 시각화할 수 있습니다. [그림 5-7]처럼 원하는 만큼 사용자 정의할 수 있는 그래프를 생성하는 데 사용할 수 있는 강력한 쿼리 언어도 제공합니다.

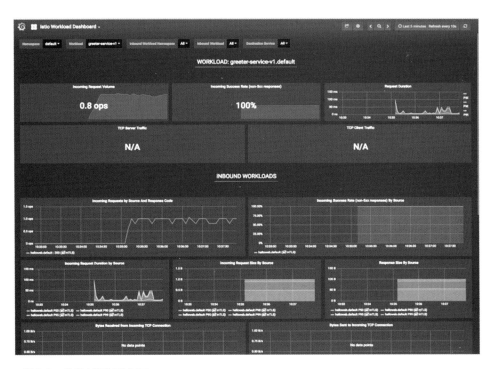

그림 5-7 그라파나 예제 대시보드

그라파나는 다양한 데이터 소스와 데이터베이스에 연결해 그 데이터 기반으로 대시보드와 그 래프를 만들 수 있습니다. 그라파나의 내장 데이터 소스 플러그인 중 인기 있는 것으로 프로메 테우스(*https://prometheus.io*)가 있습니다.

5.5.1 메트릭 수집하기

클라우드 네이티브 컴퓨팅 재단^{Cloud Native Computing Foundation}(CNCF)의 프로젝트인 프로메테우스 는 서비스에서 메트릭을 수집하는 용도로 인기 있는 제품입니다. 프로메테우스는 컨테이너화 되어 있어서 쿠버네티스 플랫폼에 컨테이너로 빠르게 실행할 수 있습니다. 프로메테우스를 작 동하려면 수집한 메트릭을 저장하는 용도로 볼륨이 있어야 합니다. 그리고 수집 주기, 타임아 웃, 다른 규칙과 알림 등 같은 것을 정의하는 설정 파일을 만들어야 합니다. 물론, 서비스에 측 정 코드를 추가해야 하지만 프로메테우스가 하는 일은 없습니다.

대부분 인기 있는 언어와 관련된 클라이언트 라이브러리가 있고, 이런 라이브러리를 이용하면 HTTP 엔드포인트를 통해 메트릭을 노출하도록 정의할 수 있습니다. 프로메테우스는 HTTP 엔드포인트를 호출하고, 서비스는 추적한 메트릭을 프로메테우스에 보냅니다. 푸시 게이트웨 이도 지원합니다. 메트릭을 수집할 수 없는 구성 요소라면 프로메테우스가 수집할 수 있는 형 식으로 구성 요소의 데이터를 푸시하는 푸시 게이트웨이를 사용할 수 있습니다. 대안으로 익스 포터^{exporter}를 찾아볼 수 있습니다. 이는 서드파티 시스템에서 프로메테우스 메트릭으로, 메트 릭 노출을 도와줍니다. 예를 들어 데이터베이스(몽고 DB, MySQL, 레디스), 메시지 시스템 (카프카, 래빗 MQ), API(깃허브, 도커허브), 로깅(Fluentd)뿐만 아니라 쿠버네티스, etcd, 그라파나 같은 소프트웨어처럼 다양한 곳에서 이용 가능한 익스포터들이 있습니다.

고랭 언어로 만든 단순 메트릭을 만들어서 보내는 예제를 살펴보겠습니다. 예제는 엔드포인트 가 얼마나 자주 호출됐는지를 추적하는 메시지와 메트릭을 보여주는 /hello HTTP 엔드포인 트를 정의했습니다. main.go 파일 내용은 다음과 같습니다.

```
package main
import (
    "fmt"
    "github.com/prometheus/client_golang/prometheus"
    "github.com/prometheus/client_golang/prometheus/promauto"
    "github.com/prometheus/client_golang/prometheus/promhttp"
```

```
    "log"
    "net/http"
)

var helloCounter = promauto.NewCounter(prometheus.CounterOpts{
    Name: "hello_endpoint_total_calls",
    Help: "The total number of calls to the /hello endpoint",
})

func main() {
    http.Handle("/metrics", promhttp.Handler())
    http.HandleFunc("/hello", func(w http.ResponseWriter, r *http.Request) {
        fmt.Fprintf(w, "Hello")
        helloCounter.Inc()
    })
    log.Fatal(http.ListenAndServe(":8080", nil))
}
```

소스를 자세히 설명하겠습니다. 파일의 시작 부분에서 프로메테우스 고랭 클라이언트 라이브
러리를 임포트했습니다. 그다음 helloCounter 변수를 만들었습니다. 이는 프로메테우스 메
트릭 유형이고 Name과 Help를 사용하여 이 메트릭이 무엇을 나타내는지 설명합니다. 프로메
테우스는 다른 유형의 메트릭도 지원합니다.

Counter

이 메트릭 유형은 0부터 시작해서 증가하는 카운터를 보여줍니다. 증가하는 값에만 사용해야
합니다. 요청, 에러, 재시작 등의 개수를 셀 때 이 메트릭을 사용할 수 있습니다.

Gauge

카운터와 비슷하지만 이 메트릭의 값은 증가하거나 감소할 수 있습니다. 메모리, CPU 사용량,
프로세스 개수 등을 표현하는 메트릭으로 사용할 수 있습니다.

Histogram

관측(요청/응답 크기, 기간)을 샘플링 한 후에 계산해서 여러 설정 가능한 버킷에 두기 위해
히스토그램 메트릭을 사용합니다. 수집했을 때 히스토그램은 각 버킷용 누적 카운터, 모든 관
측한 값의 전체 합에 관한 정보, 이벤트 개수 등을 제공합니다.

Summary

요약은 히스토그램과 비슷합니다. 히스토그램이 제공하는 것 외에, 슬라이딩 윈도우 동안 구성 가능한 값을 계산합니다.

이제 main 함수를 보겠습니다. /metrics와 /hello 엔드포인트를 정의합니다. /metrics 엔드포인트는 프로메테우스 스크래퍼가 애플리케이션에서 메트릭 상태를 얻기 위해서 호출하는 곳입니다. /hello 엔드포인트는 hello_endpoint_total_calls 카운터가 증가하는 곳입니다.

애플리케이션을 빌드하고 실행한 후 /metrics 엔드포인트를 호출할 수 있습니다. 여러 가지 메트릭과 값 외에도, 앞서 추가한 메트릭도 추가해서 응답합니다.

```
...
# HELP go_threads Number of OS threads created.
# TYPE go_threads gauge
go_threads 7
# HELP hello_endpoint_total_calls The total number of calls to the /hello endpoint
# TYPE hello_endpoint_total_calls counter
hello_endpoint_total_calls 0
...
```

/metrics 엔트포인트를 호출했을 때 hello_endpoint_total_calls 메트릭이 목록에 보이며, 아직 /hello 엔드포인트를 호출하지 않아서 카운터에 지정된 값은 0입니다. /hello 엔드포인트를 몇 번 호출한 후에 /metric 엔드포인트에 다시 접근하면 값이 다음처럼 바뀌어 있습니다.

```
hello_endpoint_total_calls 5
```

이제 서비스가 메트릭을 보내고 있고, 프로메테우스 스크래퍼가 어떻게 엔드포인트에서 데이터를 자동으로 수집할 수 있도록 설정할 수 있을까요? 거의 대부분 클라우드 네이티브와 마찬가지로, 이 용도로 사용 가능한 프로메테우스 도커 이미지가 있습니다. 프로메테우스는 prometheus.yml 설정 파일을 이용해서 설정합니다. 여기 수집 설정을 정의하는 최소한의 설정 파일이 있습니다.

```
global:
scrape_interval: 5s
scrape_configs:
- job_name: 'prometheus'
  static_configs:
  - targets: ['hello-svc:8080']
```

이 설정에서 가장 중요한 부분은 **scrape_configs**입니다. 이는 프로메테우스가 **/metrics** 엔드포인트를 위해서 어디를 봐야하는지 말해줍니다. **scrape_config** 다음을 보면, 서비스 DNS 이름을(쿠버네티스에 배포했다고 가정) 가진 정적 설정이 하나 있습니다. 설정 파일은 쿠버네티스의 자원인 **ConfigMap**에 저장해서 배포합니다.

```
apiVersion: v1
kind: ConfigMap
metadata:
  name: prom-config
  labels:
    name: prom-config
data:
  prometheus.yml: |-
    global:
      scrape_interval: 5s
      scrape_configs:
        - job_name: 'prometheus'
          static_configs:
          - targets: ['hello-svc:8080']
```

애플리케이션과 프로메테우스를 위해 쿠버네티스 서비스와 디플로이먼트를 만듭니다. 앞서 만들었던 프로메테우스 **ConfigMap**을 가져와서 사용하는 디플로이먼트 예제는 다음과 같습니다.

```
apiVersion: extensions/v1beta1
kind: Deployment
metadata:
    name: prometheus
spec:
    replicas: 1
    template:
        metadata:
            labels:
```

```
            app: prometheus
      spec:
        containers:
          - image: prom/prometheus
            args:
              - "--config.file=/etc/prometheus/prometheus.yml"
              - "--storage.tsdb.path=/prometheus/"
            imagePullPolicy: Always
            name: prometheus
            ports:
              - containerPort: 9090
            volumeMounts:
              - name: prom-config-volume
                mountPath: /etc/prometheus
              - name: prom-storage-volume
                mountPath: /prometheus/
        volumes:
          - name: prom-config-volume
            configMap:
              defaultMode: 420
              name: prom-config
          - name: prom-storage-volume
            emptyDir: {}
```

디플로이먼트 외에 프로메테우스 인스턴스에 접근하기 위해 쿠버네티스 서비스를 만들 수도 있고 프로메테우스 파드 하나에 접근하기 위해 쿠버네티스 명령줄 도구로 port-forward 명령을 이용할 수도 있습니다. 파드 이름을 확인하기 위해 다음 명령을 사용해서 프로메테우스 파드 이름을 PROMPOD 변수에 저장합니다.

```
export PROMPOD=$(kubectl get po --selector=app=prometheus -o
custom-columns=:metadata.name --no-headers=true)
```

PROMPOD에 있는 파드 이름을 이용해서 로컬 포트 9090을 컨테이너 포트 9090으로 연결하도록 다음 명령을 실행합니다.

```
kubectl port-forward pod/$PROMPOD 9090
```

프로메테우스가 타겟에서 데이터를 수집하고 있는지 확인하기 위해서 브라우저를 열어서 *http://localhost:9090*에 접근합니다. [그림 5-8]과 비슷한 페이지가 보여야 합니다.

모든 게 올바르게 설정됐으면 *http://hello-svc:8080/metrics* 엔드포인트에 상태가 UP 이라고 표시됩니다.

마지막으로 메트릭이 수집 중인지 확인해보겠습니다. *http://localhost:9090*에 접속해 [Execute] 버튼 옆 드롭다운 메뉴에서 hello_endpoint_total_calls라는 메뉴 이름을 선택하고 [Execute] 버튼을 클릭합니다. 이러면 쿼리를 실행해서 선택된 메트릭을 보여줍니다.

그림 5-8 프로메테우스 상태 페이지

알림

프로메테우스는 Alertmanager라는 별도 구성 요소를 이용해 알람을 정의하는 것도 지원합니다. 프로메테우스에 정의한 모든 알람은 Alertmanager로 보내져서 Alertmanager가 알람들을 관리합니다. Alertmanager는 알림, 집계, 이메일이나 다른 서비스(예: 슬랙, PagerDuty)를 통해 알림을 보내기 등을 관리합니다.

Alertmanager 설정에 수신자와 맞는 다른 경로를 정의할 수 있습니다. 알림 규칙을 세분화할 수 있고 특정 서비스 기반으로 정의할 수 있습니다. 예를 들어 프런트엔드 서비스에 알림이 발생했을 때 항상 알림을 보내도록 하면 알림을 PagerDuty 계정으로 보내고 긴급성을 높게 설정해두면 사람을 호출합니다. 이와 비슷하게, 개발 환경에서 실행 중인 서비스에 알림이 발생했을 때는 슬랙 메시지만 보내게 할 수도 있습니다.

기본적으로 모든 알림은 간단해야 합니다. 쉽게 이해할 수 있어야 새벽 세 시에 알림을 받은 엔지니어가 빠르게 상황을 파악할 수 있습니다. 또한 모든 항목에 긴급 알림을 설정하면 안 됩니다. 아침에 처리해도 되는 일인데 한밤중에 갑자기 깨고 싶은 사람은 아무도 없을 테니깐요.

알림을 정의할 때 무엇이 알림을 발생시켰는지, 그걸 어떻게 해결하는지를 설명하는 웹페이지나 문서에 대한 링크를 알림 메시지에 포함시키는 것도 잊지 말아야 합니다.

5.5.2 관측 가능한 서비스

관측성은 모니터링하지 않는 모든 것을 잡아냅니다. 모니터링에서 주로 말하는 부분이 메트릭이라면, 관측성에서 주로 말하는 대상은 추적입니다. 일반적으로 모니터링은 전체 시스템의 건강 상태를 대략적인 수준으로 보고하는 데 사용합니다. 그와 반대로, 관측성은 서비스를 더 효율적으로 디버깅하는 데 도움이 되도록 서비스와 시스템의 세부 사항과 추가 데이터(로그, 예외, 에러 메시지)를 이용해서 자세히 살펴보고 알아차릴 수 있게 해줍니다. 실제 사례를 예로 들면 모니터링은 서비스의 무언가 잘못됐다는 것을(예: 성공 비율 감소, 에러 비율 증가) 알려주고 관측성은 더 세부 사항에 대한 추적을 제공해서 왜 모니터링이 그런 결과를 보였는지 알 수 있게 해줍니다. 서비스를 관측 가능하게 만들어야 하는 이유 중 하나는 이런 문제를 더 잘 이해할 수 있게 도움을 주는 데이터를 얻기 위해서입니다.

로깅

로깅은 서비스와 함수를 더 관측할 수 있게 만드는 데 도움을 주는 중요한 부분입니다. 서비스와 함수를 개발할 때 기억해야 할 몇 가지 고려 사항이 있습니다.

- 구조화된 로깅을 해서 도구나 자동화가 로그를 파싱할 수 있게 합니다.

- 로그 항목들은 읽기 쉽고 명확하고 간결하고 가치를 제공해야 합니다.

- 모든 시간 기록에 대해 동일한 시간대와 시간 형식을 사용해야 합니다.

- 로그 항목의 카테고리를 분류해야 합니다. 보통 debug, info, error로 분류를 시작합니다.

- 개인적이고 민감한 정보는(비밀번호, 연결정보 문자열) 로그를 남기지 않습니다. 어쩔수 없이 남겨야 한다면 확실하게 지워야 합니다.

클라우드 네이티브 세계에서 로깅에 관해 논의할 때, 첫 번째로 생각해야 하는 것은 만들어지는 로그 메시지의 양입니다. 아마존 S3 Glacier 같은 클라우드 스토리지에 자동으로 로그 데이터를 압축하고 장기 백업을 해서 비용 효율적인 방법으로 모든 데이터를 저장할 수 있습니다. 스토리지가 싸더라도 여전히 로그를 깔끔하고 파싱 가능하고 쉽게 이해시키는 것이 중요합니다. 그러려면 서비스를 잘 이해해야 합니다. 어떤 경우에는 생성된 모든 로그를 중앙으로 수집해서 저장해야 합니다. 그렇게 하면 여러 모니터링 도구(그라파나, 키바나)를 사용하거나 그런 대규모 데이터를 사용하도록 만들어진 로글리[Loggly], 수모 로직[Sumo Logic], 스플렁크 같은 분석 관리 도구를 사용할 수 있습니다. 이렇게 로그를 모아두지 않으면 특히 분리된 각 서비스에서 로그를 수집해서 연관시켜야 하는 경우 로그에서 더 많은 가치를 전혀 얻어낼 수 없다는 것을 금방 깨닫게 될 것입니다.

모든 로그 흐름을 중앙 시스템으로 모은 후에, 여러 서비스 간의 요청과 호출을 추적할 수 있게 고유 ID를(요청 ID, 관계 ID[CID]) 모든 로그에 포함해야 합니다. 이상적으로는 이 고유 ID는 사용자에게 문제를 보고할 때도 사용합니다. 전체 시스템의 모든 관련 로그에서 볼 수 있게 로그 집계기가 로그에 고유 ID를 넣도록 할 수 있습니다. 마찬가지로 분산 추적 도구들은 시스템 내의 서비스들 사이에 발생한 여러 요청을 함께 연관시켜서 보기 위해 ID를 사용할 수 있습니다.

분산 추적

분산 추적은 서비스를 프로파일하고 모니터하는 방법이고 장애와 성능이 떨어지는 원인을 분석하고 서비스를 디버깅할 때 유용하게 사용할 수 있습니다.

오픈트레이싱은 분산 추적용 API와 추적을 표준화하기 위해 노력하고 있습니다. 이는 정해둔 명세를 구현하는 프레임워크와 라이브러리의 모음이고 특정 제품이나 벤더로 록인되지 않는 API를 이용해서 코드에 추적 방법을 추가할 수 있습니다. 오픈트레이싱 명세는 오픈 소스이고, 누구든지 공헌할 수 있고 자신들의 도구에서 구현할 수 있습니다.

대부분 분산 트레이스는 분산 시스템에서 발생하는 단일 작업 단위를 표현하는 하나 이상의 스팬[span]이 있습니다. 각 스팬은 이름, 시작과 끝나는 시간, 태그, 로그, 컨텍스트, 다른 스팬에 대한 참조를 가지고 있습니다. 이 값들은 분산 시스템에서 요청이 어떻게 연결되는지를 보여주는 하나의 트레이스로 여러 스팬을 함께 묶는 데 사용합니다.

트레이스와 스탠 모음을 시각화할 수 있는 가장 있기 있는 분산 추적 도구는 예거[Jaeger] (https://www.jaegertracing.io)입니다. 트레이스를 함께 묶는 것 외에도, 예거는 [그림

5-9]처럼 호출에 포함된 모든 서비스들을 보여주고 요청마다 시간이 얼마나 오래 걸렸는지도 보여줍니다.

그림 5-9 예거 분산 추적 도구의 예제 트레이스

이스티오 서비스 메시를 사용 중이면, 예거를 이스티오의 일부로 설치해서 구성할 수 있습니다. 예거를 설치하면 분산 추적을 매우 빠르게 시작할 수 있습니다. 이스티오 엔보이 프록시는 모든 트레이스를 자동으로 보내지만 서비스 호출에 여전히 힌트를 제공해야 합니다. 예거는 그 힌트가 있어야 모든 호출을 바르게 연관할 수 있습니다. 서비스에서 예거와 분산 추적을 사용하기로 결정했다면, 서비스를 호출하는 모든 다운스트림 서비스에 다음 헤더들을 추가해서 보내야 합니다.

- x-request-id
- x-b3-traceid
- x-b3-spanid
- x-b3-parentspanid
- x-b3-sampled
- x-b3-flags
- x-ot-span-context

모든 로그 항목에 표준 형식을 사용해야 모든 항목에서 필요한 정보를 항상 얻을 수 있습니다. 예를 들어 고유 ID 외에 시간 정보와 로그를 만든 구성 요소, 서비스, 함수의 이름 등도 포함할 수 있습니다. 어떤 표준 정보를 가지고 있는 로그의 예는 다음과 같습니다.

```
{
  "id": "45b2659d-e039-49c6-9052-d6d0f79bb03a",
  "timestamp": "2019-02-07T18:51:12.013594455Z",
  "logLevel": "info",
  "serviceId": "hello-svc",
  "msg": "sample log message here"
}
```

여러 종류의 로그 메시지에 기반해서 공통 구조의 로그 항목을 만들자고 결정할 수도 있습니다. 예를 들어 시스템이 이벤트를 처리 중이라면 Event라는 항목을 만들 수 있고, 해당 로그 항목은 eventName, eventType 같은 이벤트 전용 정보를 포함할 뿐만 아니라 앞서 언급한 표준 필드도 가지고 있습니다. 마찬가지로 에러용 로그 항목은 errorCode, errorName, stacktrace 같은 공통 항목이 있어야 합니다.

서버리스 앱에서 추적과 관련된 과제들도 있습니다. 마이크로서비스와 비교하면 자원은 실행하는 동안에만 존재하고 모니터링이나 추적을 위해 에이전트를 실행할 수 있었던 호스트가 서버리스에는 없습니다. 다른 과제는 실시간으로 메트릭을 수집하는 것과 관련이 있습니다. 이때는 지연 오버헤드뿐만 아니라 모든 것을 모든 서비스와 함수에 관련시켜야 합니다.

서버리스 앱을 추적하기 위해 AWS X-Ray, Azure Application Insights 같은 클라우드 공급자의 관리형 솔루션 중 하나를 사용할 수도 있습니다. 이런 솔루션들은 요청이 통과하는 각 서비스에서 트레이스를 수집합니다. 지연, HTTP 상태, 다른 요청 메타데이터 같은 추적 데이터를 포함하고 있는 호출의 전체 그림을 제공하기 위해 추적자는 기록하고 관련시킵니다. 이런 모든 정보가 한곳에 있으면 특정 요청을 깊숙이 파고들어서 어떤 문제의 근본 원인을 분석하고 식별할 수 있습니다. 예를 들어 람다를 사용하면 X-Ray 에이전트가 기본으로 내장되어 있어 설정에서 추적만 켜두면 다른 건 아무것도 할 필요가 없습니다. 이는 함수 초기화와 콜드 스타트를 식별할 뿐만 아니라 함수가 호출 중인 다운스트림 서비스의 어떤 문제도 가려낼 수 있습니다. 람다를 사용하지 않더라도, X-Ray SDK를 서비스와 함수를 추적하기 위해 사용할 수 있습니다.

서비스 헬스, 라이브니스, 레디니스

서비스에는 **health**나 **liveness** 엔드포인트가 있어야 합니다. 엔드포인트를 호출하면 서비스가 건강하다는 응답값을(보통은 HTTP 200) 보내줍니다. 엔트포인트의 이름은 전체 서비스에서 고유해야(/health, /healthz) 하고, 호출했을 때 해당 서비스가 잘 돌아가고 있는지 여부를 빨리 알 수 있게 동일한 구조의 응답을 해야 합니다.

헬스 체크는 서비스가 건강한지 확인하기 위해 플랫폼을 활용합니다. 이게 아니라면, 플랫폼은 서비스가 이상하다고 인식합니다. 다음은 쿠버네티스에서 서비스를 실행할 때 라이브니스 진단을 어떻게 설정하는지 보여주는 코드입니다.

```
livenessProbe:
  httpGet:
    path: /healthz
    port: 8080
  initialDelaySeconds: 5
  periodSeconds: 3
```

코드를 보면 쿠버네티스 플랫폼에 첫 번째 확인을 하기 전에 5초를 기다리라고 명령하고, 그 후에는 3초마다 반복해서 확인합니다. /healthz 엔드포인트가 성공 코드를(HTTP 200) 반환하면 서비스가 살아있고 건강하다고 생각합니다. 엔드포인트가 200이 아닌 코드를 반환하면 서비스를 없애고 재시작합니다.

헬스 체크 엔드포인트 외에도 **readiness** 엔드포인트도 있습니다. 이 엔드포인트의 목적은 서비스가 다른 서비스의 요청을 받을 준비가 됐는지 확인하는 것입니다. 이 엔드포인트를 호출하면 모든 서비스 의존성이 올라와서 접근 가능하고 서비스가 요청을 받을 준비가 끝났다는 걸 보장합니다. 헬스 체크와 비슷하게 일부 플랫폼은 레디니스 체크를 지원하고 서비스가 준비되었을 때만 요청을 라우팅하기 시작합니다. 레디니스 체크가 실패하면 플랫폼은 서비스가 준비가 안 되었다고 인식합니다. 서비스가 괜찮다고 요청을 받을 준비가 끝났다는 건 아니라는 걸 알아야 합니다. 레디니스 체크 설정 형식은 라이브니스 진단과 비슷합니다.

```
readinessProbe:
  httpGet:
    path: /alive
    port: 8080
```

```
initialDelaySeconds: 5
timeoutSeconds: 1
periodSeconds: 15
```

라이브니스 진단처럼 플랫폼이 요청을 할 수 있는 엔드포인트와 포트를 정의합니다. 이 코드에서는 플랫폼이 엔드포인트로 요청을 보내기 전에 5초 동안 기다렸다가 15초 간격으로 계속 반복해서 호출합니다. 추가로 타임아웃을 설정해서 서비스가 1초 이내에 응답하지 않으면 준비가 되지 않은 것으로 처리합니다. 서비스가 준비되지 않으면 쿠버네티스의 서비스로 요청을 보낼 때 해당 파드로는 쿠버네티스가 요청을 보내지 않습니다.

5.6 설정 관리

대부분 서비스와 함수는 독립적으로 작동하지 않고 항상 다른 서비스나 시스템과 통신을 해야 합니다. 12요소 선언 중에서 말하는 것 중 하나는 설정과 명세를 환경의 설정으로 저장하라는 것입니다.

서비스나 함수 설정에 서비스나 함수가 실행할 때 필요한 모든 것이 있습니다. 앱에 필요한 공통적인 설정은 다음과 같습니다.

- 데이터베이스/큐/메시징 연결 문자열

- 인증정보(사용자이름, 비밀번호, API 키, 인증서)

- 타임아웃, 포트, 관련된 서비스 이름

12요소 선언은 코드와 설정을 엄격히 구분하기 바랍니다. 그래야만 서비스를 여러 환경에서 쉽게 구성할 수 있습니다. 무엇을 설정으로 할지 애매할 때 적당한 기준은 배포할 때마다 변경할 수 있는 것만 설정으로 빼는 것입니다. 이 기준으로 생각하면 타임아웃 같은 세팅은 서비스 세팅이지만 서비스 설정의 일부는 아닙니다. 서비스를 배포할 때 새로운 설정을 쉽게 추가할 수 있고, 어떤 것도 망가뜨리지 않고 쉽게 설정을 제거할 수 있습니다.

가끔은 환경 변수를 처리하고 서비스별로 어떤 변수들이 필요한지 판단하는 게 어려울 수 있습니다. 환변 경수들을 환경별로(스테이징, 테스트, 실서비스) 그룹화하거나 배포할 때마다(환경 변수가 변하면) 별도의 설정 파일로 분리해서 저장합니다. 예를 들어 `production.yaml`과 `staging.yaml`이라는 설정 파일을 만들 수 있습니다. 두 파일은 동일한 세팅과 환경 변수 이름이지만 값은 환경별로 다릅니다.이제 서비스가 외부 파일에서 설정을 읽을 수 있게 설계해야 합니다. 모든 설정 파일이 따라야 하는 엄격한 설정 스키마를 정해두는 걸 추천합니다. 엄격한 스키마가 있으면 설정 테스트가 훨씬 쉬워집니다.

쿠버네티스에 설정 세팅을 저장하는 일반적인 방법은 ConfigMap 자원을 이용하는 것입니다. ConfigMap은 서비스에서 설정을 분리해서 서비스를 더욱 이식성 있게 만듭니다.

각 ConfigMap은 고유 이름과 데이터 소스가 있습니다. 다음 세 가지 중 하나가 데이터 소스가 될 수 있습니다.

- 디렉터리
- 파일
- 리터럴 값

디렉터리에서 ConfigMap을 만들려면 다른 쿠버네티스 명령어를 사용합니다.

```
kubectl create configmap my-svc-config --from-file=my-service/config-files/
```

이 명령어는 `/my-service/config-files/` 폴더에 있는 모든 파일을 가져와서 하나의 ConfigMap 자원으로 만듭니다. 단일 파일에서 ConfigMap을 만드는 명령어도 동일하게 사용할 수 있는 데 이때는 폴더를 지정하는 대신에 `--from-file` 인수로 단일 파일을 지정합니다.

환경 변수를 설명하고 저장하는 또 다른 방법은 환경 파일을 사용하는 것입니다. 환경 변수 이름을 "**이름=값**" 형식으로 파일에 저장합니다.

- username=user
- password=mypassword

쿠버네티스 CLI에서 `--from-env-file` 옵션을 사용하면 기존 환경 변수 파일에서 쿠버네티스 ConfigMap을 만듭니다.

```
kubectl create configmap my-env-file --from-env-file=production.env
```

이 명령은 production.evn 환경 파일을 다음과 같이 my-env-file라는 ConfigMap을 만듭니다.

```
apiVersion: v1
data:
  password: pwd
  username: user
kind: ConfigMap
metadata:
  creationTimestamp: 2019-02-08T18:57:29Z
  name: my-env-file
  namespace: default
  resourceVersion: "284220"
  selfLink: /api/v1/namespaces/default/configmaps/my-env-file
  uid: 623618bd-2bd3-11e9-b554-025000000001
```

하지만 단일 값으로 ConfigMap을 만들고 싶으면 --from-literal을 사용할 수 있습니다. 이렇게 만든 ConfigMap은 보이는 것과 매우 비슷합니다.

이제 ConfigMap을 정의했으니 파드에서 다양한 방법으로 사용할 수 있습니다.

5.6.1 단일 환경 변수

다음 코드 조각을 이용하면 ConfigMap에 저장한 값을 파드에 환경 변수로 마운트할 수 있습니다. ConfigMap 이름은 my-env-file이고 환경 변수 이름은 MY_USERNAME이고, 이 환경 변수에 할당하려는 값의 ConfigMap 키는 username입니다. 이 옵션은 일회성 환경 변수를 이용할 때 유용합니다.

```
env:
  - name: MY_USERNAME
    valueFrom:
     configMapKeyRef:
       name: my-env-file
       key: username
```

5.6.2 다중 환경 변수

여러 값을 정의한 ConfigMap을 이용할 때 ConfigMap에 있는 모든 값을 파드 내의 환경 변수로 한꺼번에 가져오기 위해서 **envFrom**이라는 키를 사용할 수 있습니다.

```
envFrom:
  -configMapKeyRef:
    name: my-env-file
```

앞서 배포했던 `username`과 `password`를 가진 ConfigMap을 이용하면 이 코드 조각은 파드 내에 `username`과 `password`라는 두 환경 변수를 생성합니다.

5.6.3 볼륨으로 ConfigMap 데이터 추가하기

파일이나 디렉터리에서 ConfigMap을 생성하면, 파드 내에 디렉터리로 ConfigMap의 모든 데이터를 추가하는 볼륨을 사용할 수 있습니다.

```
volumeMounts:
  - name: config-volume
    mountPath: /etc/config
...
volumes:
  - name:   config-volume
    configMap:
      name: my-config-files
```

파드 정의에서 **my-config-files** ConfigMap의 모든 파일을 포함하는 **config-volume**이라는 볼륨을 선언했습니다. 컨테이너 정의에는 해당 볼륨을 /etc/config 경로로 마운트하도록 설정했습니다. 이 정의 때문에 서비스에서 해당 ConfigMap에 정의한 설정 파일들을 /etc/config 폴더에서 읽을 수 있습니다.

파드 내에서 ConfigMap을 이용하고 마운트하는 것의 장점은 자동으로 그것들이 새로고침되고 업데이트된다는 것입니다. 설정만 업데이트하고 싶은 경우에 쿠버네티스가 파드 내의 값들을 업데이트합니다.

5.6.4 시크릿 저장하기

모든 설정 세팅이 동일하지는 않습니다. 포트 숫자나 서비스 이름 같은 값들은 대개 특별한 보안 취급을 하지 않아도 됩니다. 누출되지 않게 하거나 어딘가에 기록하지 않아도 됩니다. 하지만 비밀번호, API 키, 인증서는 더 조심스럽게 다뤄야 합니다.

쿠버네티스 플랫폼은 이런 종류의 설정값들을 다룰 때 사용할 수 있는 시크릿이라는 전용 자원이 있습니다. 비밀번호를 가져와서 직접 파드 정의에 넣는 대신에 시크릿 자원에 분리해서 저장하고 파드에 마운트합니다. 이런 시크릿 자원은 다른 자원과 완벽하게 분리해서 관리할 수 있습니다. 기본적으로, **etcd** 인스턴스에 쿠버네티스의 시크릿을 저장합니다. 실서비스에서 서비스를 실행할 때, 해시코프의 볼트Vault 같은 비밀정보secret 관리 솔루션을 사용하는 것도 고려할 수 있습니다.

각 시크릿에 베이스64로 인코드된 값 여러 개를 저장할 수 있고, 해당 비밀정보를 가지고 있는 YAML 파일을 만들 수 있습니다.

```yaml
apiVersion: v1
kind: Secret
metadata:
  name: mongodb
  type: Opaque
  data:
    username: dXNlcm5hbWUK
    password: SUxvdmVVQaXp6YQo=
```

다른 방법으로는 다음과 같이 시크릿 자원을 생성하는 쿠버네티스 CLI를 사용할 수 있습니다.

```
kubectl create secret generic mongodb \
        --from-literal=username=user \
        --from-literal=password=pwd
```

각 값을 분리해서 선언하는 대신에 파일을 사용할 수 있어서 전체 파일을 시크릿에 저장해도 됩니다. 이때 시크릿은 다음과 같이 파드 내에 환경 변수로 마운트할 수 있습니다.

```
env:
 - name: USERNAME
```

```
        valueFrom:
          secretKeyRef:
            name: mongodb-secrets
            key: username
      - name: PASSWORD
        valueFrom:
          secretKeyRef:
            name: mongodb-secrets
            key: password
```

파드가 시작할 때 쿠버네티스는 시크릿을 읽은 다음에 값 기반으로 환경 변수를 만듭니다. 환경 변수로 시크릿을 사용할 때 유의할 점은 서비스를 실행할 때 환경 변수를 로깅하지 않아야 한다는 것입니다. 서비스 장애가 발생하면 시크릿이 노출될 수 있습니다. 될 수 있으면 시크릿은 파일로 사용합니다.

함수용으로 비밀정보나 설정 세팅을 저장하는 가장 간단한 방법은 함수 설정/환경에 그것들을 추가하는 것입니다. 하지만 이는 모범 사례는 아닙니다. 더 나은 방법은 함수를 실행 중인 클라우드 공급자의 관리형 솔루션을 사용하는 것입니다. AWS 람다와 Azure Functions 둘 다 설정 관리 솔루션과 통합되어 있습니다. AWS에서는 systems manager parameter store를 사용할 수 있고, 애저에서는 Key Vault를 사용할 수 있습니다. 두 관리형 서비스는 설정 데이터 관리와 비밀정보 관리용으로 보안 저장소를 제공합니다. 비밀정보를 세팅으로 각 함수에 저장하는 대신에 이런 관리형 서비스들에서 프로그래밍을 통해서 값을 검색할 수 있습니다.

5.6.5 디플로이먼트 설정

지금까지는 서비스와 애플리케이션의 설정 관리를 설명했습니다. 이제 디플로이먼트 설정을 어떻게 관리해야 하는지 살펴보겠습니다.

쿠버네티스 플랫폼에서 가장 있기 있는 도구는 헬름[Helm] (*https://helm.sh/*)입니다. 헬름은 쿠버네티스 자원 파일들을 템플릿화해서 모아둔 **차트**[charts]를 이용해서 설치와 업그레이드를 합니다. 차트는 여러 개의 쿠버네티스 자원 파일을 함께 패키지해서 하나의 단위로 관리, 설치, 업그레이드합니다. 자원 파일들은 템플릿화할 수 있고 템플릿의 값들은 별도 파일(보통 `values.yaml`로 사용)로 분리해서 정의합니다.

예를 들어 쿠버네티스 디플로이먼트 자원 중 일부 코드 조각을 살펴보겠습니다.

```
containers:
- image: serviceregistry/hellosvc:1.0.0
  imagePullPolicy: Always
  name: web
  ports:
  - containerPort: 8080
  env:
  - name: PORT
    value: "8080"
  - name: METRICS_PORT
    value: "9090"
   - name: DB_CONN_STRING
     value: "mongodb://user:pwd@mongo.com:27017/admin"
```

환경 변수 세 개를 사용합니다. 두 개의 포트와 하나의 데이터베이스 연결 문자열입니다. 다른 환경에 배포하더라도 포트는 변하지 않겠지만, 데이터베이스 연결 문자열은 바뀔 확률이 높습니다. 배포할 때마다 매번 바꿔야 하는 이미지 이름도 있습니다. 헬름의 도움을 받으면 이런 값들을 템플릿화할 수 있고 코드 조각은 다음과 같이 바뀝니다.

```
containers:
- image: "{{ .Values.hellosvc.imageName }}"
  imagePullPolicy: Always
  name: web
  ports:
  - containerPort: "{{ .Values.hellosvc.port}}"
  env:
  - name: PORT
    value: "{{ .Values.hellosvc.port}}"
   - name: METRICS_PORT
     value: "{{ .Values.hellosvc.metricsPort }}"
   - name: DB_CONN_STRING
     value: "{{ .Values.hellosvc.dbConnString }}"
```

차트를 설치하거나 업그레이드하기 위해 헬름을 이용할 때 실제 값들을 채워넣기 위한 템플릿을 정의하는 용도로 중괄호를 사용합니다. 다음은 템플릿화한 변수들을 `values.yaml` 파일에 어떻게 정의하는지를 보여줍니다.

```
hellosvc:
  imageName: serviceregistry/hellosvc:1.0.0
  port: 8080
  metricsPort: 9090
  dbConnString: "mongodb://user:pwd@mongo.com:27017/admin"
```

이와 유사하게 다른 값들을 갖는 별도 파일을 만들 수 있고 헬름 CLI가 차트를 설치할 때 다음처럼 사용할 수 있습니다.

```
helm install -f my-values.yaml ./myChart
```

헬름이 사용하는 기본값은 `values.yaml` 파일이고 다음 문법으로 특정 값을 덮어쓸 수 있습니다.

```
helm install -set PORT=1234 ./myChart
```

아마 템플릿화한 디플로이먼트 파일을 이용할 때의 유연함을 이미 봤을 것입니다. 헬름 같은 도구들은 지속적인 배포 과정 도중에 디플로이먼트 파일 생성을 쉽게 자동화할 수 있게 도와줍니다. 헬름 CLI에서 또 다른 유용한 명령은 실제 배포는 하지 않지만 템플릿 파일에 값을 적용해서 결과 파일을 만들어내는 기능입니다. 차트를 검증하는 용도의 헬름 내장 명령 외에도 결과물로 나온 템플릿 파일들이 필요하다면 설정 테스트용 입력으로 사용할 수 있습니다.

설정을 코드화하는 여러 도구와 앱 자신의 설정 스크립트를 이용하는 복잡한 클라우드 네이티브 애플리케이션을 패키지하기 위해 CNAB^{cloud native application bundle} (*https://cnab.io*)를 사용할 수 있습니다. 특정 클라우드 벤더에 종속되지 않고, 애플리케이션의 필요에 따라 인프라나 서비스를 사용하기 위해 번들을 조합할 수 있습니다. 추가로 번들을 사인하고 검증합니다. 이는 클라우드 네이티브 애플리케이션을 네트워크가 차단된 환경으로 가져오는 방법입니다.

5.7 예제 CI/CD 흐름

이 장에서 나오는 모든 접근법과 기법을 익히면, [그림 5-10]과 비슷하게 컨테이너화된 애플리케이션을 위한 더욱 자세한 코드 흐름을 만들 수 있습니다.

[그림 5-10]은 배포와 출시를 하는 방법 중 하나를 보여줍니다. 실제 과정이 어떻게 보이고 작동하는지 크게 변경할 수 있는 요구 사항은 무한대로 많습니다. 모든 단계와 설명은 다음과 같습니다.

1. 코드 완성: 코드 작성 완료

2. 깃에 푸시: 코드를 커밋하고 저장소에 푸시

3. 코드 풀^{pull}: 빌드 시스템이 최근에 푸시된 코드를 풀함

4. 소스 코드 분석: 소스 코드에 정적 코드 분석을 실행함

5. 컨테이너 빌드: 소스 코드를 컨테이너 안으로 빌드하고, 복사해 넣고, 패키지함

6. 단위/서비스 테스트: 단위/서비스 테스트를 실행함. 테스트가 실패하면 CI가 실패하고 흐름을 중단함

7. 사설 저장소에 푸시: 빌드하고 테스트한 이미지에 태그를 하고 사설 저장소에 푸시함

8. 이미지 보안 스캐닝: 저장소에 푸시된 모든 이미지의 잠재적 취약점과 익스플로잇을 스캔함

9. 설정 테스트: 컨테이너를 환경에 배포하기 전에 설정 테스트를 실행. 실패 시 흐름을 중단함

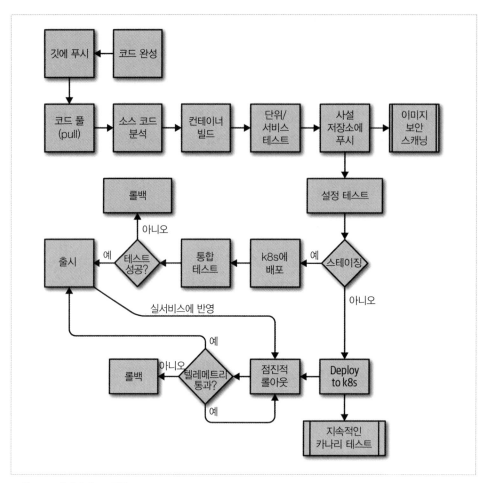

그림 5-10 예제 CI/CD 흐름

스테이징에 배포 중이라면 다음과 같습니다.

1. k8s에 배포: 쿠버네티스에 발행한 컨테이너를 배포함

2. 통합 테스트: 통합 테스트를 실행함

3. 롤백: 통합 테스트가 실패하면, 배포를 롤백하고 흐름을 멈춤

4. 출시: 통합 테스트가 통과하면, 배포를 출시하고 스테이징 환경에서 사용할 수 있게 됨

5. 실서비스에 반영: 준비됐을 때, 점진적 롤아웃을 이용해서 실서비스 환경에 변경 사항을 반영함

실서비스에 배포 중이라면 다음과 같습니다.

1. **k8s에 배포**: 쿠버네티스에 발행한 컨테이너를 배포함

2. **지속적인 카나리 테스트**: 잠재적인 문제점을 가능한 한 빨리 잡아내기 위해 지속해서 테스트를 실행함

3. **점진적인 롤아웃**: 트래픽을 일정량만큼 점진적으로 증가시킴(즉, 점점 더 많은 트래픽이 배포된 버전으로 감)

4. **텔레메트리**: 점진적인 롤아웃이 정상 작동하고 문제가 없는지 확인하기 위해서 계속해서 텔레메트리를 모니터함. 텔레메트리에서 이상을 감지하면, 변경 사항을 롤백함. 이상한 점이 없으면, 배포한 버전으로 하는 트래픽을 더 늘림

5. **출시**: 배포한 버전으로 가는 트래픽 흐름이 100%가 되면 출시가 완료된 것임

이와 유사하게 [그림 5-11]은 서버리스 애플리케이션용 예제 CI/CD 흐름을 보여줍니다.

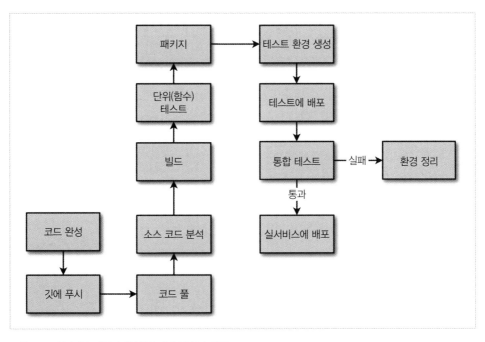

그림 5-11 서버리스 애플리케이션용 예제 CI/CD 흐름

1. 코드 완성: 코드 작성 완료

2. 깃에 푸시 : 코드를 커밋하고 저장소에 푸시

3. 코드 풀: 빌드 시스템이 최근에 푸시된 코드를 풀함

4. 소스 코드 분석: 소스 코드에 정적 코드 분석을 실행함

5. 빌드: 함수 소스 코드를 빌드함

6. 단위 (함수) 테스트: 유닛 테스트와 함수 테스트를 실행함. 테스트가 실패하면 CI가 실패하고 흐름을 멈춤

7. 패키지: 코드를 패키지함(예: ZIP 파일)

8. 테스트 환경 생성: AWS SAM 같은 템플릿을 이용해서 테스트 환경을 생성함

9. 테스트에 배포: 테스트 환경에 서버리스 애플리케이션과 모든 의존성을 패키지해서 배포함

10. 통합 테스트: 통합 테스트를 실행함

11. 환경 정리: 통합 테스트가 실패했으면 테스트 환경을 내리고 삭제함

12. 실서비스에 배포: 통합 테스트가 통과하면, 서버리스 애플리케이션을 실서비스에 배포함 흐름에서 만든 모든 테스트 환경과 의존성을 제거함. 이로써 흐름이 끝남

5.8 마치며

이 장에서는 데브옵스의 기본 개념과 조직의 성숙도를 어떻게 측정하는지를 살펴봤습니다. 클라우드 네이티브 세계에서 테스트하기 위해 하는 것들이 어떤 의미가 있는지 대략적인 내용도 살펴봤습니다. 테스트를 실행할 시 고려해야 하는 다양한 테스트 종류를 설명했습니다. 실서비스에서의 테스트 부분은 실서비스에서 테스트를 시작할 때 어떤 부분부터 접근할 수 있는지 살펴봤습니다.

어떤 부분부터 시작할 수 있는지를 확인할 수 있도록 사용 가능한 여러 다양한 도구, 개발 환경을 어떻게 셋업하는지, 서비스와 배포 설정을 어떻게 모니터링, 추적, 처리하기 시작하는지를 설명했습니다. 마지막으로 컨테이너화된 서비스와 서버리스 애플리케이션용 예제 CI/CD를 설명했습니다.

CHAPTER 6

모범 사례

지금까지는 클라우드 네이티브 애플리케이션의 기본을 배웠습니다. 설계, 개발, 운영뿐만 아니라 데이터를 어떻게 다뤄야 하는지도 배웠습니다. 마지막으로 이 장에서는 반응형 클라우드 네이티브 애플리케이션을 만들고 관리하는 팁, 증명된 기법 및 모범 사례를 살펴보겠습니다.

6.1 클라우드 네이티브로 이동하기

2장에서는 많은 고객이 전통적인 애플리케이션에서 클라우드로 이동할 때의 절차에 대해 배웠습니다. 기존 애플리케이션을 클라우드로 옮길 때 고려해야 하는 수많은 모범 사례와 교훈이 있습니다.

6.1.1 모놀리스를 적절하게 분리

"실행 중인 시스템을 절대 바꾸지 마세요"는 소프트웨어 개발에서 널리 사용되는 문구입니다. 그리고 애플리케이션을 클라우드로 옮길 때도 적용됩니다. 요구 사항이 애플리케이션을 클라우드로 옮기는 것뿐이라면 우선 IaaS로 옮기는 걸 생각할 수 있습니다. 사실 이 단계는 가장 먼저 실행돼야 합니다. 애플리케이션을 클라우드 네이티브로 재설계할 때 장점도 있지만, 단점도 있습니다. 다음은 재설계할 때 따라야 할 몇 가지 지침입니다.

- 업데이트 버전을 출시할 때 매우 오래 걸릴 정도로 코드베이스가 커졌습니다. 그래서 새로운 시장이나 고객 요구 사항에 빠르게 반응할 수 없습니다.

- 애플리케이션의 구성 요소들에 대한 요구 사항의 규모가 서로 다릅니다. 좋은 예로는 프런트엔드, 비즈니스, 데이터 계층data tier으로 구성된 전통적인 3층 구조three-tier 애플리케이션이 있습니다. 프런트엔드 계층은 사용자 요청에 큰 부하를 받지만, 비즈니스와 데이터 계층은 여전히 편안히 부하를 처리합니다. 2장과 3장에서 설명했듯이 클라우드 네이티브 애플리케이션에서는 각 서비스를 독립적으로 확장할 수 있습니다.

- 더 좋은 기술 선택지들이 등장했습니다. 기술 분야는 항상 발전하고 있고 애플리케이션의 일부에는 새로운 기술이 더 잘 어울릴 수 있습니다.

애플리케이션을 재설계하기로 했다면 많은 것을 고려해야 합니다. 이어지는 절에서 고려 사항들을 살펴보겠습니다.

6.1.2 단순한 서비스들 먼저 분리

구성 요소들을 간단한 기능부터 분리하기 시작합니다. 보통 이들은 의존성이 많지 않아서 모놀리스에 깊게 통합되어 있지 않습니다.

6.1.3 작은 규모에서 운영 배우기

클라우드 네이티브 세계에서 어떻게 운영하는지 배우는 경로로 첫 번째 서비스를 사용하세요. 간단한 서비스부터 시작하면 인프라와 CI/CD 파이프라인을 프로비전하기 위해 자동화를 설정하는 데 집중할 수 있습니다. 그래서 클라우드 네이티브 서비스를 개발, 배포, 운영하는 과정에 익숙해질 수 있습니다. 간단한 서비스와 작은 인프라로 시작하면 모놀리스와 최종 사용자들에게 실질적인 영향을 주지 않으면서, 새로운 과정을 미리 배우고 연습하고 개선할 수 있습니다.

6.1.4 손상 방지 레이어 패턴 사용하기

완벽한 건 없습니다. 특히 소프트웨어 개발에서는 더욱더 그렇습니다. 그래서 결국 모놀리스를 다시 호출하는 새로운 서비스가 있을 수 있습니다. 이 경우에는 **손상 방지 레이어**anticorruption layer 패턴을 사용합니다. 이 패턴은 같은 문맥을 공유하지 않는 구성 요소 간에 파사드나 어댑터를 구현하는 데 사용합니다. 손상 방지 레이어의 목적은 한 구성 요소에서 다른 구성 요소로의 요청을 변환하는 것입니다. 예를 들어 프로토콜이나 스키마 구현을 변환합니다.

이를 구현하기 위해 [그림 6-1]처럼 새로운 서비스에서 손상 방지 레이어를 호출하는 모놀리스의 새 API를 설계하고 생성합니다.

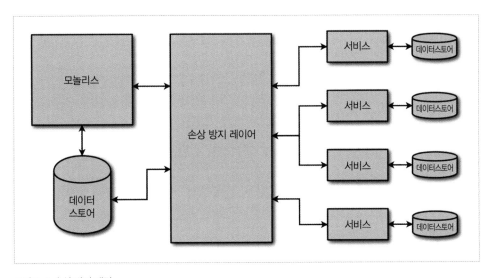

그림 6-1 손상 방지 패턴

이 접근법을 사용할 때 몇 가지 고려 사항이 있습니다. [그림 6-1]처럼 손상 방지 레이어는 그 자체가 서비스라서 어떻게 확장하고 운영할지에 대해 생각해야 합니다. 또한 모놀리스 애플리케이션이 클라우드 네이티브 애플리케이션으로 모두 옮겨간 후에 손상 방지 레이어를 제거할 것인지에 대해 생각해볼 필요가 있습니다.

6.1.5 스트랭글러 패턴 사용하기

마이크로서비스와 함수로 바꾸기 위해 모놀리스 애플리케이션을 분해할 때, 게이트웨이와 **스트랭글러**Strangler 패턴 같은 패턴을 사용할 수 있습니다. 스트랭글러 패턴의 아이디어는 백엔드 모놀리스를 새로운 아키텍처로 서비스, 함수, 또는 둘 다를 천천히 옮기는 동안 파사드로 게이트웨이를 사용합니다. [그림 6-2]처럼 모놀리스를 분해하고 서비스나 함수로 일부 기능들을 구현하는 과정 동안 새 기능으로 요청을 리다이렉트하도록 게이트웨이를 업데이트합니다.

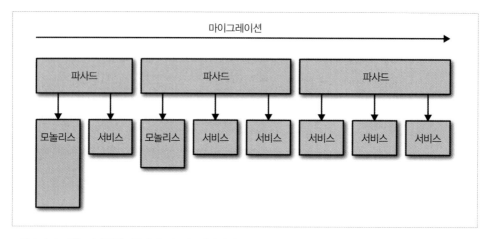

그림 6-2 스트랭글러 패턴을 이용해서 모놀리스에서 마이그레이션하기

스트랭글러 패턴은 모놀리스로 돌아가는 요청을 가로챌 수 없는 인스턴스용으로는 적합하지 않습니다. 시스템이 작을 때도 이 패턴은 적합하지 않습니다. 그때는 천천히 옮기는 것보다 전체 시스템을 한꺼번에 바꾸는 게 더 쉽고 빠릅니다.

손상 방지 레이어와 스트랭글러 패턴은 모놀리식 레거시 애플리케이션을 클라우드 네이티브 애플리케이션으로 옮길 때 좋은 접근법이란 것을 수없이 많이 증명했습니다. 둘 다 점진적인 접근법이기 때문입니다.

6.1.6 데이터 마이그레이션 전략 수립

모놀리스에서는 여러 위치와 서비스에서 데이터를 읽고 쓰기 위해 중앙의 공유 데이터스토어를 사용하는 게 일반적입니다. 클라우드 네이티브 아키텍처로 제대로 옮기기 위해서는 데이터를 분해해야 합니다. 데이터 마이그레이션 전략은 여러 단계로 구성해야 할 것입니다. 특히, 모든 데이터를 동시에 마이그레이션할 수 없다면 더욱 그렇습니다. 하지만 전체 시스템이 가동하는 동안 조금씩이라도 마이그레이션을 진행해야 합니다. 점진적인 마이그레이션은 작업 중에 데이터를 신규 데이터스토어와 예전 데이터스토어에 동시에 쓰는 것도 포함합니다. 두 곳에 데이터를 넣고 동기화한 후에 새로운 저장소에서 모든 데이터를 읽고 쓰도록 수정해야 합니다. 마지막으로 예전 저장소에 데이터를 쓰는 것을 완전히 중단할 수 있어야 합니다.

6.1.7 보일러플레이트 코드 재작성하기

모놀리스는 일반적으로 코드양이 많고 코드에서 설정, 데이터 캐싱, 데이터스토어 접근 등을 다룹니다. 그리고 대체로 오래된 라이브러리와 프레임워크를 사용합니다. 기능을 새로운 서비스로 옮길 때, 이 코드를 재작성해야 합니다. 가장 좋은 방법은 기존 코드를 수정하는 대신에 오래된 코드를 버리고 새로운 서비스에 맞게 모델링을 밑바닥부터 새로 작성하는 것입니다.

6.1.8 프레임워크, 언어, 데이터 구조, 데이터스토어 다시 고려하기

마이크로서비스로 옮기는 것은 기존 구현을 다시 생각할 기회를 줍니다. 더 좋은 기능과 기능을 제공하도록 현재 코드를 재작성할 수 있는 새로운 프레임워크나 언어가 있습니까? 코드를 재작성하는 데 더 좋은 선택이라면 그렇게 하세요! 또한, 현재 코드의 모든 데이터 구조를 다시 생각해보세요. 서비스를 옮길 때도 여전히 유효하나요? 다른 데이터스토어를 사용하는 것도 생각해봐야 합니다. 4장에서는 특정 데이터 구조와 쿼리 패턴에 가장 잘 어울리는 데이터스토어를 설명했습니다.

6.1.9 코드 제거

새로운 서비스를 만들고 모든 트래픽을 그 쪽으로 리다이렉트 한 후, 모놀리스에 남아 있는 오래된 코드를 제거해야 합니다. 이 접근법을 이용해서 모놀리스를 줄이고 서비스를 확장할 수 있습니다.

6.2 회복력 확인

회복력은 장애에서 회복하고 함수와 서버 요청을 계속하는 시스템의 능력입니다. 회복력은 장애를 피하지는 않는 대신에 심각한 다운타임이나 데이터 유실을 피하는 방법으로 장애에 대응하는 모든 것입니다.

6.2.1 재시도로 일시적인 실패 처리

요청은 네트워크 지연, 커넥션 유실, 다운스트림 서비스가 바빠서 타임아웃 등의 여러 이유로 실패할 수 있습니다. 요청을 재시도하면 이런 실패는 대부분 극복할 수 있습니다. 재시도는 애플리케이션의 안정성을 개선할 수 있습니다. 하지만 모든 요청을 무조건 재시도하기 전에 요청을 재시도해야 하는지 확인하는 로직을 넣어야 합니다. 실패가 일시적이지 않거나 재시도가 성공하지 않으면 해당 구성 요소의 요청을 취소하고 적절한 에러 메시지를 가진 응답을 하는 게 좋습니다. 예를 들어 잘못된 비밀번호를 넣어서 실패한 로그인을 재시도하는 것은 별 도움이 되지 않습니다. 장애가 일시적인 네트워크 문제로 요청을 다시하면 동일한 문제가 발생하지 않습니다. 마지막으로, 다운스트림 서비스가 바쁘거나 비율 제한 때문에 실패했다면 조금 기다렸다가 재시도해야 합니다. 다음은 재시도 동작을 처리하는 몇 가지 일반적인 전략입니다.

상수

매번 같은 시간을 기다렸다가 시도합니다.

선형

재시도할 때마다 시간을 꾸준히 증가시킵니다. 예를 들어 처음에 1초 후 재시도했다면 다음에는 3초 후 재시도, 그다음에는 5초 후 재시도합니다.

지수백오프

대기 시간을 지수적으로 증가시키면서 재시도합니다. 예를 들어 3초부터 시작해서 12초, 30초씩 증가시킵니다.

어떤 종류의 실패를 처리하느냐에 따라 즉시 재시도를 한 번 할 수 있고, 그다음부터는 앞서 살펴본 전략 중 하나를 사용합니다. 서비스 SDK가 제공하는 재시도를 이용할 수도 있고 구성 요소의 소스 코드에 일시적인 실패 로직을 넣어서 재시도를 처리할 수도 있습니다. 또는 이스티오 같은 서비스 메시를 사용 중이라면 인프라 계층에서 재시도를 처리할 수 있습니다.

6.2.2 재시도 횟수 제한

어떤 재시도 전략을 사용하는지에 상관없이 재시도는 지정된 횟수만큼만 해야 합니다. 무제한으로 계속 재시도를 하면 시스템에 예상치 못한 부하를 줄 수 있습니다.

6.2.3 일시적이 아닌 실패에는 서킷 브레이커 사용

서킷 브레이커의 목적은 운영 중인 구성 요소가 일시적이지 않은 장애를 겪었을 때 처리하는 것입니다. 서킷 브레이커는 요청을 계속해야 하는지, 다운스트림 서비스 호출조차 하지 않고 에러를 반환해야 하는지를 여러 장애 정보를 모니터링해서 결정합니다. 실패 개수가 지정한 값을 넘어서면 서킷 브레이커는 미리 설정했던 기간 동안 자동으로 에러를 반환합니다. 해당 시간이 지난 후에, 실패 카운트를 리셋하고 다운스트림 서비스로 다시 요청합니다. 이런 서킷 브레이커 패턴을 구현하는 잘 알려진 라이브러리로는 넷플릭스의 하이브릭스가 있습니다. 이스티오나 엔보이 같은 서비스 메시를 사용 중이라면 해당 솔루션에 있는 서킷 브레이커 기능을 사용할 수 있습니다.

6.2.4 우아한 성능 저하

서비스는 장애 중이더라도 사용자가 이해할 만한 경험을 제공하도록 우아하게 처리해야 합니다. 예를 들어 데이터를 검색할 수 없다면 해당 데이터의 캐시 버전을 보여줄 수 있고 데이터 소스가 복구되는 대로 최신 데이터를 보여줍니다.

6.2.5 벌크헤드 패턴 사용하기

벌크헤드bulkhead 패턴은 시스템의 다른 부분들을 독립된 그룹으로 분류해서 하나에 장애가 발생하더라도 다른 곳들은 영향 없이 계속 실행하게 합니다. 이렇게 서비스들을 그룹핑하면 장애를 격리할 수 있어서 장애 중에도 요청을 계속 처리할 수 있습니다.

6.2.6 헬스 체크와 레디니스 체크 구현

배포하는 모든 서비스에서 헬스 체크와 레디니스 체크를 구현해보세요. 플랫폼은 이를 이용해서 서비스가 건강한지, 정상으로 작동하는지를 결정할 뿐만 아니라 서비스가 요청을 받을 준비가 됐는지도 결정합니다. 쿠버네티스에서 헬스 체크는 **진단**probes이라고 합니다. 라이브니스 진단은 컨테이너를 재시작해야 하는지를 결정하는 데 사용하는 반면에, 레디니스 진단은 파드가 트래픽을 받을 준비가 됐는지를 결정하는 데 사용합니다.

컨테이너를 실행한 후에 얼마나 자주 진단을 할지 설정하지만 라이브니스 또한 레디니스 진단을 시작하기 전에 몇 초 동안 기다릴지 초기 지연을 정의할 수 있습니다. 진단을 잘 조절할 수 있게 하는 성공/실패 임계치와 타임아웃 같은 추가 설정도 있습니다.

6.2.7 컨테이너에 CPU/메모리 제한 설정하기

자원을 격리하기 위해서 CPU/메모리 제한을 정의해야 합니다. 그래야만 특정 서비스 인스턴스가 너무 많은 자원 소모를 방지할 수 있습니다. 쿠버네티스에서는 파드 정의에 메모리/CPU 제한을 설정할 수 있습니다.

6.2.8 레이트 리미팅과 스로틀링 구현

서비스에서 들어오고 나가는 요청 개수를 제한하기 위해 레이트 리미팅rate limiting과 스로틀링throttling을 사용합니다. 이를 구현해두면 서비스로 요청이 갑자기 몰려도 서비스 반응성을 유지할 수 있습니다. 스로틀링은 주로 나가는 요청에 사용합니다. 비용을 최소화하거나 외부 서비스에 서비스 거부 공격으로 보일 정도로 많은 요청을 보내는 일을 제어하고 싶을 때 사용을 고려합니다.

6.3 보안 강화

클라우드 네이티브 세계에서 보안은 공유 책임 모델에 기반합니다. 클라우드 공급자들은 고객 솔루션의 보안에 대한 책임을 홀로 지지 않습니다. 대신에 고객과 함께 책임을 공유합니다. 애플리케이션 관점에서는 3장에서 언급한 심층 방어 개념을 채택해야 합니다. 이번 절에서 다루는 모범 사례들은 보안을 강화하는 데 도움이 될 것입니다.

6.3.1 보안 요구 사항을 다른 요구 사항과 동일하게 다루기

클라우드 네이티브 개발의 정신은 전체 과정을 자동화하는 것입니다. 이를 달성하기 위해 모든 보안 요구 사항도 다른 요구 사항들처럼 취급해야 하고 개발 파이프라인에 포함되어 있어야 합니다.

6.3.2 설계 시 보안 통합

클라우드 네이티브 솔루션을 계획하고 설계할 때 보안을 생각해야 하고 설계 시 보안 기능을 통합해야 합니다. 설계 일부로 구성 요소를 개발하는 동안 해결해야 하는 모든 추가적인 보안 관련 사항들을 꺼내놔야 합니다.

6.3.3 접근 권한은 최소한만 승인

서비스나 함수가 어떤 자원에 접근이 필요하다면, 최소한의 접근만 할 수 있도록 권한을 제한해야 합니다. 예를 들어 서비스가 데이터베이스에서만 읽는 경우 해당 계정에는 쓰기 권한을 제한해야 합니다.

6.3.4 계정, 구독, 테넌트 분리해서 사용하기

클라우드 공급자의 용어에 따르면 클라우드 네이티브 시스템은 계정, 구독, 테넌트를 분리해서 사용해야 합니다. 최소한 사용하려는 모든 환경에서 계정을 분리해야 합니다. 그래야만 각 환경 사이에 제대로 된 격리를 보장할 수 있습니다.

6.3.5 모든 비밀정보를 안전하게 저장

구성 요소나 CI/CD 파이프라인에서 사용하는 시스템의 모든 비밀정보는 암호화해서 안전하게 저장해야 합니다. 바보 같은 소리겠지만, 어떤 비밀정보도 평문으로 저장하면 안 됩니다. 항상 암호화해야 합니다. 이런 사항들을 세심히 처리할 수 있는 기존에 증명된 비밀정보 관리 시스템을 사용하는 것이 좋습니다. 간단하게는 클러스터 내의 서비스에서 사용하는 비밀정보를 저장하기 위해 쿠버네티스 시크릿을 사용하는 것입니다. 시크릿은 분산 키/값 저장소인 ETCD에 저장됩니다. 하지만 관리형과 중앙 집중형 솔루션은 쿠버네티스 시크릿보다 많은 장점이 있습니다. 모든 것을 중앙 위치에 저장해서 접근 제어 정책을 설정할 수 있고 비밀정보는 암호화하고 감사지원을 제공하는 등을 할 수 있습니다. 마이크로소프트 Azure Key Vault, Amazon Secrets Manager, HashiCorp Vault 등이 이런 관리형 솔루션입니다.

6.3.6 데이터 난독화하기

구성 요소가 사용하는 모든 데이터는 제대로 난독화해야 합니다. 예를 들어 로그를 남길 때 개인 식별 정보^{personally identifiable information}(PII) 같은 데이터를 평문으로 남기면 안 됩니다. 이런 데이터를 로깅한다면 난독화해야 하고 저장한다면 암호화해야 합니다.

6.3.7 일시적으로 데이터 암호화하기

일시적인 데이터 암호화는 구성 요소 간에 데이터를 옮길 때 중간에 누군가 통신을 가로챌 때에 데이터를 보호합니다. 이렇게 보호하기 위해서는 데이터를 전송하기 전에 암호화, 엔드포인트를 인증, 마지막으로 엔드포인트에 도달한 후에 데이터를 복호화하고 검증해야 합니다. 전송 보안을 위해 일시적인 데이터 암호화로 전송 계층 보안^{transport layer security}(TLS)을 사용합니다. 서비스 메시를 사용 중이라면 메시 안의 프록시 사이에 이미 TLS가 적용되어 있을 것입니다.

6.3.8 연합 ID 관리 사용하기

사용자 등록, 로그인, 로그아웃을 처리하기 위해 기존 연합 id 관리 서비스(예: Auth0)를 사용하면 사용자를 인증용 외부 페이지로 리다이렉트할 수 있습니다. 가능하다면 구성 요소는 인증과 권한 관리를 위임해야 합니다.

6.3.9 RBAC 사용하기

역할 기반 접근 제어role-based access control (RBAC)는 오랫동안 사용했습니다. RBAC는 앞서 배운 역할과 권한 기반으로 접근을 제어하는 방법입니다. 특정 자원에 대해 사용자가 필요한 만큼의 세부 접근 권한만 제공할 수 있어서 심층 방어 전략에 활용하기 좋습니다. 예를 들어 쿠버네티스 RBAC는 쿠버네티스 API에 대한 권한을 제어합니다. RBAC를 이용하면 특정 사용자에게 디플로이먼트 생성이나 파드 목록 보기에 대한 권한을 허가하거나 제한할 수 있습니다. 클러스터롤보다 네임스페이스 단위로 쿠버네티스 RBAC 권한을 제한하는 것이 좋은 방법입니다.

6.3.10 쿠버네티스 파드 격리하기

쿠버네티스 클러스터에서 실행 중인 파드는 격리된 상태가 아니라서 모든 소스에서 요청을 받을 수 있습니다. 파드에 네트워크 정책을 정의하면 파드를 격리해서 정책에서 허가하지 않은 곳에서 오는 모든 연결을 거부할 수 있습니다. 예를 들어 시스템의 구성 요소가 손상되면 악의적인 사용자가 서비스와 통신하지 못하도록 네트워크 정책이 막아줍니다. 쿠버네티스의 NetworkPolicy 자원을 이용하면 파드 셀렉터와 자세한 수신/송신 정책을 정의할 수 있습니다.

6.4 데이터 다루기

대부분의 최신 애플리케이션은 데이터를 저장하고 다루는 작업을 합니다. 클라우드 공급자가 관리형 서비스로 제공하는 데이터 스토리지와 분석 서비스들의 개수가 증가하고 있습니다. 클라우드 네이티브 애플리케이션은 클라우드 공급자의 관리형 데이터 시스템의 모든 장점을 사용할 수 있도록 설계됐고, 늘어나는 기능들의 장점도 취할 수 있게 진화하도록 설계됐습니다. 클라우드에서 데이터를 다룰 때도 다양한 표준 데이터 모범 사례를 여전히 고려해야 합니다. 재난 복구 계획을 준비하고 비즈니스 로직을 데이터베이스와 분리해야 하고 오버페칭이나 극

심한 chatty I/O는 피해야 하고, 데이터에 접근할 때 SQL 인젝션 공격을 막을 수 있게 구현해야 합니다.

6.4.1 관리형 데이터베이스와 분석 서비스 사용하기

가능하다면 관리형 데이터베이스를 사용하세요. VM이나 쿠버네티스 클러스터에 데이터베이스를 프로비저닝하는 것을 빠르고 쉽게 합니다. 백업과 복제가 필요한 실서비스용 데이터베이스에서는 데이터 스토리지 시스템을 관리하는 시간과 부담이 빠르게 증가할 것입니다. 데이터베이스를 배포하고 관리하는 운영 부담을 없애면 팀이 개발에 집중할 수 있습니다.

어떤 경우에는 관리형 서비스로 이용할 수 없는 데이터 스토리지 기술일 수도 있고 관리형 시스템에서는 이용할 수 없는 설정에 접근해야 하는 경우도 있습니다.

6.4.2 데이터 요구 사항에 가장 잘 맞는 데이터스토어 사용하기

온프레미스 애플리케이션을 설계할 때 아키텍트는 데이터베이스를 여러 개 사용하지 않으려고 합니다. 사용하는 각 데이터베이스 기술은 해당 데이터베이스를 배포하고 관리하는 기술이 있는 데이터베이스 관리자가 필요해서 애플리케이션 운영 비용이 크게 늘어납니다. 클라우드 관리형 데이터베이스의 낮은 운영 비용은 데이터를 타입, 읽기, 쓰기 요구 사항에 가장 잘 맞는 시스템에 넣도록 여러 종류의 데이터스토어를 사용 가능하게 만들었습니다.

6.4.3 데이터를 여러 리전과 존에 보관하기

애플리케이션용 실서비스 데이터를 여러 리전과 존에 저장하세요. 데이터를 존이나 리전에 어떻게 분산해서 저장할지는 애플리케이션의 가용성 요구 사항에 따라 다릅니다. 예를 들어 백업이거나 복제 데이터베이스용 데이터일 수도 있습니다. 클라우드 공급자의 존이나 리전에 장애가 발생하면 해당 데이터는 복구나 장애 극복용으로 사용할 수 있습니다.

6.4.4 스케일을 위해 데이터 파티셔닝이나 복제 사용하기

클라우드 네이티브 애플리케이션은 주로 스케일업 대신 스케일아웃에 맞게 설계합니다. 데이터베이스 인스턴스의 가용 자원을 늘려서 스케일업을 처리합니다. 예를 들어 코어나 메모리를 더 추가하는 방식입니다. 결국에는 극복하기 어려운 한계를 만나고 비용이 많이 들 수도 있습니다. 스케일아웃은 데이터베이스 인스턴스 여러 개에 데이터를 분산하는 방식입니다. 데이터베이스를 파티션하고 나눠서 여러 데이터베이스에 저장합니다.

6.4.5 오버페칭과 chatty I/O를 회피하기

오버페칭은 애플리케이션이 데이터베이스에 데이터를 요청했지만 운영을 위해서는 데이터 일부만 필요한 것을 말합니다. 예를 들어 간단하게 요약한 주문 목록을 보여주는 애플리케이션이 필요 없는 전체 주문 내역과 주문 세부 내역을 요청하는 것입니다. 반대로 chatty 애플리케이션은 데이터베이스에 한 번만 요청해서 할 수 있는 일인데 작은 요청을 너무 많이 해서 처리합니다.

6.4.6 데이터베이스와 비즈니스 로직 분리하기

대부분 애플리케이션 스케일링 문제는 데이터베이스에 너무 많은 로직을 넣어서 발생합니다. 데이터베이스는 표준 개발 언어를 지원해서 데이터베이스 내부에 비즈니스 로직을 쉽게 넣을 수 있고 그로 인해 데이터베이스에서 이런 작업을 수행하기 쉬워졌습니다. 데이터베이스는 일반적으로 비싼 공유 자원이라서 스케일링할 때 자주 문제가 됩니다.

6.4.7 실서비스과 유사한 데이터로 테스트하기

데이터 변경에 따라 새로운 규칙을 업데이트할 수 있는 실서비스 데이터를 익명화하도록 자동화하세요. 애플리케이션은 실서비스와 유사한 데이터로 테스트해야 합니다. 실서비스와 유사한 데이터를 제공하기 위해 데이터를 가끔 실서비스 시스템에서 가져와서 민감한 내용을 정리한 후 테스트 시스템에 올립니다. 이 과정을 자동화로 설정해두면 데이터 변경에 따른 업데이트를 쉽게 할 수 있습니다.

6.4.8 일시적인 장애 처리하기

6.2절에서 설명했듯이 장애는 항상 발생합니다. 데이터베이스를 호출할 때도 장애가 발생할 수 있으므로 어떻게 해결해야 할지 미리 준비해둬야 합니다. 많은 데이터베이스 클라이언트 라이브러리가 이미 일시적인 장애 처리를 지원합니다. 어떻게 작동하고 지원하는지를 이해하는 게 중요합니다.

6.5 성능과 확장성

성능은 시스템이 특정 시간 동안에 작업을 얼마나 잘 실행하는지를 말하지만 확장성은 성능에 영향을 주지 않고 늘어나는 부하를 시스템이 어떻게 처리하는지를 의미합니다. 시스템 활동이 증가하는 시기를 예측하는 건 어려워서 구성 요소들이 증가해야 할 때 스케일아웃할 수 있어야 하고 그 후 줄여야 할 시점이 되면 스케일다운할 수 있어야 합니다. 이어지는 절에서 성능과 확장성을 최적화하는 데 도움이 되는 모범 사례를 소개합니다.

6.5.1 스케일아웃 가능하게 상태가 없도록 서비스 설계하기

서비스는 스케일아웃할 수 있게 설계해야 합니다. 스케일아웃은 서비스에 인스턴스를 추가해서 서비스를 확장하는 접근 방법입니다. 스케일업은 메모리나 코어 같은 자원을 추가해서 서비스를 확장하지만 보통 이 방법에는 한계가 있습니다. 서비스를 스케일아웃과 스케일인 가능하게 설계하면 서비스의 가용성에 영향을 주지 않으면서 다양한 부하를 처리하도록 서비스를 확장하거나 줄일 수 있습니다.

상태가 있는 애플리케이션은 확장하기가 구조적으로 어렵기 때문에 피해야 합니다. 상태가 있는 서비스가 필요하면 애플리케이션에서 기능을 분리하고 가능하면 파티셔닝 전략과 관리형 서비스를 사용하는 게 좋습니다.

6.5.2 플랫폼의 오토스케일링 기능 이용하기

가능하다면, 직접 구현하기 보다는 플랫폼이 제공하는 오토스케일링 기능을 사용하세요. 쿠버네티스는 수평적 파드 오토스케일러$^{Horizontal\ Pod\ Autoscaler}$(HPA)를 제공합니다. HPA는 CPU, 메모리, 커스텀 메트릭에 기반해서 파드를 스케일합니다. 메트릭(예: CPU 85%, 메모리 16GB)과 최소/최대 파드 복제본 개수를 지정합니다. 메트릭이 설정한 기준에 도달하면 쿠버네티스는 자동으로 파드를 스케일합니다. 이와 비슷하게 클러스터 오토스케일링은 파드를 스케줄할 수 없는 경우에 클러스터 노드 개수를 스케일합니다. 클러스터 오토스케일링은 노드를 추가해야 하는지를 판단하기 위해 파드 명세에 있는 requested resources를 사용합니다.

6.5.3 캐시 사용하기

캐싱은 구성 요소와 가까운 스토리지에 자주 사용하는 데이터를 임시로 저장해서 구성 요소의 성능을 개선합니다. 구성 요소가 원본 소스에 갔다 오지 않아도 되므로 응답 시간을 개선합니다. 가장 기본 종류인 캐시는 단일 프로세스에서 사용하는 인메모리 저장소입니다. 구성 요소가 인스턴스 여러 개를 가지고 있다면 각 인스턴스는 독립된 인메모리 캐시 복제본이 있을 것입니다. 데이터가 고정된 것이 아니라면 각 인스턴스가 다른 버전의 캐시된 데이터를 갖게 되므로 일관성 문제가 발생할 수 있습니다. 이런 문제를 해결하기 위해 여러 구성 요소 인스턴스들이 동일한 캐시 데이터를 사용하도록 보장하기 위해서 공유 캐싱을 사용할 수 있습니다. 이 경우에 캐시는 보통 데이터베이스 앞에 분리해서 저장합니다.

6.5.4 서비스 한계를 넘어서 확장할 수 있게 파티셔닝 사용하기

클라우드 서비스는 종종 어떤 명확한 규모의 한계를 가집니다. 사용 중인 각 서비스의 확장성 한계를 이해하고 얼마나 스케일업할 수 있는지 이해하는 것이 중요합니다. 단일 서비스로 애플리케이션의 요구 사항에 맞게 확장할 수 없다면 여러 개의 서비스 인스턴스를 만들어서 작업을 각 인스턴스에 나눠서 실행합니다. 예를 들어 관리형 게이트웨이가 애플리케이션 부하의 80%만 처리할 수 있는 용량이라면 게이트웨이를 하나 더 만들어서 서비스를 그 게이트웨이에서 나눠서 처리합니다.

6.6 함수

대부분의 소프트웨어 개발 생명 주기^{software development life cycle} (SDLC)와 일반적인 서버 아키텍처 모범 사례들은 서버리스 아키텍처에도 동일하게 적용됩니다. 주어진 서버리스가 다른 운영 모델인 경우, 일부 모범 사례는 함수에만 적용 가능합니다.

6.6.1 함수를 단일 목적으로 작성하기

단일 책임 원칙에 따라서 한 가지 책임만 있는 함수를 작성합니다. 따라서 함수를 쉽게 파악하고 테스트하여 필요할 때 쉽게 디버깅할 수 있습니다.

6.6.2 함수를 연계하지 않기

일반적으로 함수는 필요에 따라 다른 함수를 시동하기 위해 큐나 데이터스토어에 메시지/데이터를 푸시해야 합니다. 다른 함수들을 호출하는 함수가 하나 이상이라면 추가 비용을 발생하고 디버깅을 더 어렵게 만드는 안티패턴을 고려해야 합니다. 애플리케이션에 함수의 데이지 체이닝^{daisy-chaining}이 필요하면 Azure Durable Functions나 AWS Step Functions 같은 함수 오퍼링을 이용하는 것도 고려해보세요.

6.6.3 함수를 가볍고 단순하게 유지하기

각 함수의 기능은 한 가지만 있어야 하고 외부 라이브러리는 최소한만 사용해야 합니다. 함수에 불필요한 코드가 있으면 함수의 크기가 커져서 실행 시간에 영향을 미칩니다.

6.6.4 함수를 상태 없게 만들기

함수에 데이터를 저장하지 마세요. 새로운 함수 인스턴스는 보통 격리된 환경에서 실행하고 다른 함수나 같은 함수의 호출과 아무것도 공유하지 않기 때문입니다.

6.6.5 함수 로직과 함수 진입 지점 분리하기

함수는 함수 프레임워크가 호출하는 진입지점이 있습니다. 호출 컨텍스트를 가진 프레임워크 전용 컨텍스트를 함수 진입 지점에 전달합니다. 예를 들어 API 게이트웨이 같은 HTTP 호출로 함수를 호출하면 해당 컨텍스트는 HTTP 전용 세부 사항을 포함할 것입니다. 진입 지점 메서드는 이런 진입 지점의 세부 사항을 코드의 다른 부분과 분리해야 합니다. 그래야만 함수의 관리용이성, 테스트용이성, 이식성이 좋아집니다.

6.6.6 함수 실행 시간 줄이기

대부분 FaaS 오퍼링은 함수당 실행 시간 상한이 있습니다. 그 결과, 오랫동안 실행하는 함수는 로드 시간과 타임아웃을 증가시키는 문제를 초래할 수 있습니다. 가능하다면 큰 함수를 함께 작동하는 작은 함수들로 리팩터링하세요.

6.6.7 함수 간 통신을 위해 큐를 사용하기

서로 간에 정보를 직접 전달하는 대신에 함수는 메시지를 보내기 위해 큐를 사용해야 합니다. 해당 큐에서 발생하는 이벤트(예: 항목 추가, 삭제, 수정)를 기반하여 다른 함수들을 실행할 수 있습니다.

6.7 운용

데브옵스는 클라우드 기술을 잘 사용하도록 조직에 필요한 기본 사항을 알려줍니다. 클라우드 네이티브 애플리케이션은 데브옵스 원칙과 5장에서 상세히 다룬 모범 사례들을 활용합니다.

6.7.1 배포와 출시는 별도의 행위

배포와 출시를 구분하는 게 중요합니다. 배포는 빌드한 구성 요소를 환경에 넣어두는 행위입니다. 이때 구성 요소는 완벽하게 설정되어 있고 준비가 된 상태입니다. 하지만 아직 트래픽을 받은 건 아닙니다. 구성 요소 출시의 일부로서, 배포한 구성 요소에 트래픽을 흘려보내기 시작합니다. 이렇게 구분하면 통제된 방식으로 점진적인 출시, A/B 테스트, 카나리 배포를 할 수 있게 합니다.

6.7.2 배포를 작게 유지하기

각 구성 요소 배포는 단일 팀이 짧은 시간에 수행할 수 있는 작은 이벤트여야 합니다. 배포가 얼마나 작아야 하는지와 구성 요소를 배포하는 데 시간이 얼마나 걸려야 하는지에 관한 일반적인 규칙은 없습니다. 구성 요소, 절차, 구성 요소 변경 사항에 따라 다르기 때문입니다. 좋은 접근법은 하루 안에 중요한 수정 사항을 롤아웃할 수 있는 것입니다.

6.7.3 CI/CD 정의를 구성 요소에 함께 두기

CI/CD 설정과 의존성은 구성 요소 쪽에 저장하고 관리해야 합니다. 구성 요소의 브랜치에 푸시를 할 때마다 파이프라인을 시작하고 CI/CD 설정에 정의된 작업을 실행합니다. 여러 환경(개발, 스테이징, 실서비스)에서 구성 요소 배포를 관리하기 위해 깃 브랜치 이름을 사용할 수 있습니다. 예를 들어 실서비스 환경에는 마스터 브랜치만 배포하도록 파이프라인을 설정합니다.

6.7.4 일관된 애플리케이션 배포

일반적으로 신뢰성 있고 반복적인 배포 절차가 있어야 에러를 최소화할 수 있습니다. 가능한 한 많은 절차를 자동화해야 배포가 실패했을 때 롤백할 수 있습니다.

6.7.5 제로 다운타임 출시 사용

출시하는 동안 시스템의 가용성을 극대화하기 위해 블루/그린이나 카나리 같은 제로 다운타임 출시를 사용해보세요. 이런 접근법 중 하나를 사용하면 실패했을 때 빠르게 롤백할 수 있습니다.

6.7.6 배포한 인프라를 수정하지 않기

인프라는 변하지 않아야 합니다. 배포한 인프라를 변경하면 손안에서 빠르게 벗어나서 변경 사항을 추적하는 게 복잡해집니다. 인프라를 업데이트해야 하면 재배포하는 게 좋습니다.

6.7.7 컨테이너화된 빌드 사용하기

빌드 환경을 설정하는 것을 피하기 위해 빌드 과정을 도커 컨테이너 안으로 패키지하세요. 하나의 모놀리식 빌드 이미지를 만드는 대신에 빌드용으로 여러 이미지와 컨테이너를 사용하는 것도 고려해보세요.

6.7.8 코드로 인프라를 설명하기

인프라는 클라우드 공급자의 선언적 템플릿이나 인프라를 프로비전하는 프로그래밍 언어나 스크립트를 이용해서 설정해야 합니다.

6.7.9 쿠버네티스에서 서비스를 구성하는 용도로 네임스페이스를 사용하기

쿠버네티스 클러스터의 모든 자원은 네임스페이스에 속합니다. 기본으로 새로 만들어진 자원은 **default**라는 네임스페이스로 들어갑니다. 서비스를 더 잘 구성하기 위해서는 의미가 분명한 이름을 사용하고 컨텍스트별로 서비스를 그룹핑하는 것이 좋습니다.

6.7.10 환경 격리

전용 실서비스 클러스터를 사용하고 개발, 스테이징, 테스트 환경용으로 실서비스 클러스터를 물리적으로 분리하세요.

6.7.11 함수 소스 코드 분리하기

각 함수는 독립적으로 버전 관리해야 하고 자신에게 필요한 의존성만 가지고 있어야 합니다.

그렇지 않으면 나중에는 결국 모놀리스하고 강하게 결합된 코드베이스를 갖게 됩니다.

6.7.12 커밋과 배포를 연관시키기

브랜치 내의 특정 커밋과 배포를 연관시킬 수 있도록 하는 브랜칭 전략을 선택하세요. 그러면 어떤 버전의 소스 코드를 배포했는지 확인할 수 있습니다.

6.8 로깅, 모니터링, 알림

애플리케이션과 인프라 로깅은 단순히 원인 분석뿐만 아니라 더 많은 가치를 제공할 수 있습니다. 제대로 된 로깅 솔루션은 애플리케이션과 시스템에 가치 있는 통찰을 제공하고, 애플리케이션의 상태를 모니터링하고 중요한 작업 이벤트를 알리는 데 필요합니다. 클라우드 애플리케이션은 많이 분산되어 있어서 로깅과 측정이 더 어려워지고 중요해지고 있습니다.

6.8.1 통합 로깅 시스템 사용

시스템의 여러 서비스와 수준별로 퍼져 있는 로그 메시지들을 포착하는 통합 로깅 시스템을 이용해서 로그를 중앙 저장소에 저장하세요. 분석과 검색을 위해 모든 로그를 중앙 저장소로 옮기거나 분산 쿼리를 실행하는 도구들과 함께 장비에 그대로 남겨야 합니다. 엔지니어에게는 한 시스템에서 다른 곳으로 가지 않고 로그를 찾고 분석할 수 있는 게 중요합니다.

6.8.2 연관 ID 사용

모든 서비스에 전달되는 고유 연관 ID$^{unique correlation ID}$(CID)를 포함하세요. 한 서비스가 실패하면 요청을 추적하기 위해 시스템에 사용된 CID로 어디서 실패가 있었는지 찾아낼 수 있습니다.

6.8.3 로그 항목에 컨텍스트 넣기

모든 로그에는 문제 발견 시 도움을 줄 수 있는 추가적인 컨텍스트를 포함해야 합니다. 예를 들어 모든 예외 처리, 재시도, 서비스 이름이나 ID, 이미지 버전, 바이너리 버전 등을 포함해야 합니다.

6.8.4 공통 구조의 로깅 형식

모든 구성 요소에 공통 구조의 로깅 형식을 적용하세요. 그래야만 나중에 로그를 빠르게 검색하고 파싱할 수 있습니다. 또한 모든 구성 요소에 같은 시간대를 사용하세요. 일반적으로 협정세계시^{Coordinated Universal Time}(UTC) 같은 시간 형식을 적용하는 게 좋습니다.

6.8.5 메트릭에 절적한 태그하기

명확하고 고유한 메트릭 이름을 사용하는 것 외에도, 메트릭 태그에 구성 요소 이름, 환경, 함수 이름, 리전 같은 추가 정보를 저장하세요. 적절한 태그가 있으면, 다각도로(예: 특정 함수에 대해 특정 리전 혹은 여러 리전 간의 평균 지연) 쿼리, 대시보드, 보고서를 만들 수 있습니다.

6.8.6 알림으로 인한 피로 방지

메트릭이 너무 많으면 알림^{alert}을 어디에, 어떻게 설정해야 하는지에 대한 결정이 어려워집니다. 알림이 너무 빈번하게 발생한다면 사람들은 알림에 더 신경을 쓰지 않게 되고 심각하게 받아들이지 않습니다. 또한 너무 많은 알림을 조사하는 것은 그 자체가 극복해야 할 과제가 되거나 그 일에만 너무 치중하게 됩니다. 알림을 낮음, 중간, 높음의 중요도에 따라 분류하는 것이 중요합니다. 중요도가 낮은 알림의 목적은 중요도가 높은 알림의 원인을 분석할 때 잠재적으로 나중에 사용할 수 있다는 것입니다. 이를 이용해서 특정 패턴을 알아낼 수 있지만, 발생했을 때 즉시 대응하지 않아도 됩니다. 중요도가 중간인 알림은 알림을 생성하거나 티켓을 오픈해야 합니다. 이는 확인해야 할 알림이지만 우선순위가 높지 않아서 즉시 대응하지 않아도 됩니다. 결국 없어지는 일시적인 상태(예: 수요 증가)를 표현하기도 합니다. 우선순위가 높은 알림이 될 가능성이 있다는 걸 미리 경고합니다. 마지막으로 우선순위가 높은 알림이 울리면 사람들은 한

밤중에 자다가도 일어나서 즉시 처리해야 합니다. 최근에는 자동으로 문제를 검사하고 알림을 울리는 머신러닝 기반 접근법이 인기를 얻고 있고, AIOps라는 용어도 나왔습니다.

6.8.7 KPI 정의하고 알림하기

클라우드 네이티브 시스템은 수많은 신호가 나오고 모니터합니다. 이런 신호들을 걸러서 어떤 것이 가장 중요하고 가치 있는지 결정해야 합니다. 이런 핵심 성능 지표$^{key\ performance}$ $_{indicator}$(KPI)는 시스템의 건강상태에 관한 통찰을 제공합니다. 예를 들어 KPI로 서비스로 들어온 요청을 처리하는 데 시간이 얼마나 걸리는지를 측정하는 지연이 있습니다. 지연이 증가하기 시작하거나 받아들일 만한 범위를 벗어나면 누군가 살펴볼 수 있게 알림을 보내야 합니다. KPI 외에도 무언가 왜 잘못됐는지 결정하기 위해 다른 신호와 메트릭을 사용할 수 있습니다.

6.8.8 실서비스에서 지속적으로 테스트하기

지속적인 테스트를 이용하면 시스템에 요청을 보내서 실제 사용자인 것처럼 시뮬레이션해볼 수 있습니다. 구성 요소에 대한 테스트 커버리지를 늘리고 잠재적인 문제를 발견하고 모니터링과 알림을 테스트하기 위해 이 트래픽을 이용할 수 있습니다. 다음은 공통적인 지속적인 테스트 사례입니다.

- 블루/그린 배포

- 카나리 테스트

- A/B 테스트

이러한 사례들은 5장에서 자세히 설명했습니다.

6.8.9 기본 메트릭으로 시작하기

시스템의 각 구성 요소에 대해 트래픽(구성 요소에 얼마나 많은 요구가 있는지), 지연(서비스 요청에 시간이 얼마나 걸리는지), 에러(실패하는 요청 비율)를 항상 수집하는 것을 잊지 마세요.

6.9 서비스 커뮤니케이션

서비스 커뮤니케이션은 클라우드 네이티브 애플리케이션에서 중요한 부분입니다. 클라이언트가 백엔드와 통신하는지, 서비스가 데이터베이스와 통신하는지, 분산 아키텍처 내의 개별 서비스가 다른 것과 통신하는지 등의 상호작용은 클라우드 네이티브 애플리케이션에서 중요합니다. 커뮤니케이션의 다양한 형식은 요구 사항에 따라 다릅니다. 이번 절에서는 서비스 커뮤니케이션의 모범 사례를 소개합니다.

6.9.1 하위/상위 호환성 설계하기

하위 호환성을 유지하려면 서비스에 새 기능이나 구성 요소를 추가할 때 기존 서비스를 망가뜨리지는 않는지 확인해야 합니다. 예를 들어 [그림 6-3]을 보면 서비스 A v1.0이 서비스 B v1.0과 함께 작동합니다. 하위 호환성이란 서비스 B v1.1을 출시했을 때 서비스 A의 기능이 망가지지 않는다는 것을 의미합니다.

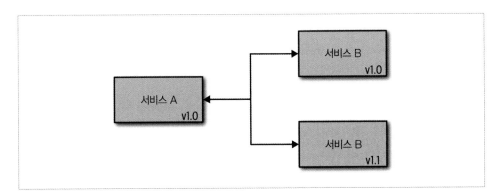

그림 6-3 하위 호환성

하위 호환성을 보장하기 위해서 API에 새 필드를 추가하면 그 항목은 옵션으로 두거나 적당한 기본값을 가져야 합니다. 기존 필드의 이름을 절대로 바꾸지 말아야 합니다. 이름을 바꾸면 하위 호환성이 망가집니다.

> **NOTE_ Expand and Contract** 패턴이라고 알려진 **병렬 변경**parallel change 패턴은 하위 호환이 안 되는 변경 사항을 안전하게 도입할 수 있게 해줍니다. 예를 들어 서비스 소유자가 인터페이스의 속성이나 자원을 변경하려고 할 때가 있습니다. 서비스 소유자는 인터페이스에 새로운 속성이나 자원을 확장하고, 모든 소비자가 서비스 인터페이스를 변경할 여유를 주고 나서 이전 속성을 삭제합니다.

시스템이나 구성 요소에 롤백 기능이 꼭 있어야 한다면, 서비스를 변경할 때 상위 호환성에 관해 생각해봐야 합니다. 상위 호환은 구성 요소가 앞으로 있을 버전과 호환된다는 것을 의미합니다. 서비스는 '미래' 데이터와 메시지 형식을 받아들일 수 있어야 하고 적절하게 그것들을 처리할 수 있어야 합니다. 상위 호환의 좋은 예로는 HTML이 있습니다. HTML에서는 모르는 태그나 속성이 들어오면, 장애를 발생하는 게 아니라 처리하지 않고 그냥 지나칩니다.

6.9.2 내부 세부 사항이 유출되지 않게 서비스 계약 정의

API를 노출한 서비스는 계약을 정의하고 업데이트를 출시할 때 해당 계약을 만족하는지 테스트해야 합니다. 예를 들어 REST 기반 서비스는 OpenAPI 형식이나 문서로 계약을 정의하고 서비스의 사용자는 이 계약에 맞게 개발을 합니다. 서비스 업데이트를 푸시할 수 있고 API 계약에 망가진 변경 사항이 없다면, 이런 출시는 사용자에게 영향을 미치지 않습니다. 서비스의 내부 구현이 유출되면 추후 변경하기 어렵고 커플링을 심화시킵니다. 사용자가 API를 통해 노출된 데이터를 사용하지 않을 거라고 가정하지 마세요.

> **NOTE_** 큐나 스트림에 메시지를 발행하는 서비스는 동일한 방법으로 계약을 정의해야 합니다. 이벤트를 발행하는 서비스는 일반적으로 해당 계약을 갖고 있습니다.

6.9.3 비동기 통신 선호

가능하다면 비동기 통신을 사용하세요. 분산 시스템과 잘 동작하고 두 개 이상의 서비스를 분리해서 실행할 수 있습니다. 메시지 버스나 스트림을 구현할 때 주로 이런 접근법을 사용하지만 gRPC로 직접 호출할 수도 있습니다. 둘 다 채널로 메시지 버스를 사용합니다.

6.9.4 효율적인 직렬화 기법 사용하기

마이크로서비스 아키텍처를 이용해서 개발한 분산 애플리케이션은 서비스 간의 통신과 메시징을 많이 사용합니다. 데이터 직렬화와 역직렬화는 서비스 통신에 많은 부하를 발생시킬 수 있습니다.

> **NOTE_** 어떤 경우에는 직렬화와 역직렬화가 전체 서비스에서 CPU 사용률의 거의 40%를 사용합니다. 표준 JSON 직렬화 라이브러리를 사용자 정의 라이브러리로 대체하면 이런 전체 CPU 사용률 과부하를 약 15%로 줄일 수 있습니다.

gRPC에서 일반적으로 사용하는 프로토콜 버퍼 같은 효율적인 직렬화 형식을 사용하세요. 다른 직렬화 형식을 사용할 때의 트레이드오프를 이해해야 합니다. 도구와 사용자 요구 사항 때문에 사용할 수 없을 때도 있기 때문입니다. 일부 데이터는 헤더에 넣어서 서비스에서 직렬화해야 하는 부담을 줄이는 기법을 사용할 수도 있습니다. 예를 들어 서비스가 요청을 받아서 다운스트림 서비스로 보내기 전에 큰 메시지의 전체 페이로드 중 일부 필드만 처리하는 경우라면 이런 필드들을 헤더에 넣어두면 서비스가 해당 페이로드를 직렬화/역직렬화하지 않아도 됩니다. 서비스는 헤더만 읽고 쓰면 되고 전체 페이로드는 바로 다운스트림 서비스로 전달하면 됩니다.

6.9.5 무거운 부하와 트래픽 스파이크를 처리하기 위해 큐와 스트림 사용

구성 요소 간의 큐나 스트림은 메시지를 사용할 때까지 버퍼와 저장소로 작동합니다. 큐를 이용하면 구성 요소가 들어오는 규모나 부하를 신경 쓰지 않고 자기 능력에 맞게 메시지를 처리할 수 있습니다. 따라서 서비스의 가용성과 확장성을 최대화하는 것을 도와줍니다.

6.9.6 효율성을 위한 일괄 처리

큐는 여러 요청을 한꺼번에 가져와서 한 번에 처리할 수 있게 해줍니다. 예를 들어 데이터베이스에 하나의 항목을 1000번 쓰는 대신에 1000개의 항목을 1번에 쓰는 게 더 효율적입니다.

6.9.7 큰 메시지 분리하기

큰 메시지를 보내고, 받고, 조작하는 데는 더 많은 자원이 필요하고 전체 시스템을 느려지게 할 수 있습니다. **클레임체크**^{Claim-Check} 패턴은 큰 메시지를 두 개의 부분으로 나누는 것을 의미합니다. 전체 메시지는 데이터베이스 같은 외부 서비스에 저장하고 메시지에 대한 참조만 보냅니다. 해당 메시지에 관심 있는 수신자는 참조를 이용해서 데이터베이스에서 전체 메시지를 가져올 수 있습니다.

6.10 컨테이너

도커 컨테이너 안에 있는 대부분 애플리케이션은 큰 노력 없이 실행할 수 있습니다. 하지만 실서비스에서 컨테이너를 실행해서 빌드, 배포, 모니터링을 간소화할 때 잠재적인 함정이 있습니다. 다양한 모범 사례들은 함정을 피하고 결과를 개선할 수 있도록 도움을 줍니다.

6.10.1 신뢰성 있는 저장소에 이미지 저장하기

플랫폼에서 실행 중인 모든 이미지는 신뢰성 있는 컨테이너 이미지 저장소에서 가져와야 합니다. 쿠버네티스는 파드가 신뢰성 있는 저장소에서만 이미지를 가져올 수 있도록 보장하여 웹훅(어드미션 검증)을 제공합니다. 구글 클라우드를 사용 중이라면 바이너리 인증 보안 조치를 해서 클러스터에 안전한 이미지만 배포할 수 있도록 합니다.

6.10.2 도커 빌드 캐시 활용하기

도커 이미지를 빌드할 때 빌드 캐시를 이용하면 빌드 속도를 올릴 수 있습니다. 모든 이미지는 레이어로 구성되고, 도커파일의 각 줄은 마지막 이미지의 레이어에 영향을 미칩니다. 빌드하는 동안 도커는 레이어를 다시 빌드하는 대신에 이전 빌드에 있던 레이어를 재활용하려고 시도합니다. 하지만 이전 빌드 단계를 모두 동일하게 사용한 것만 캐시 된 레이어를 재활용할 수 있습니다. 대부분의 도커 빌드 캐시를 얻기 위해서 변경하는 명령어들(이미지에 소스 코드 추가, 소스 코드 빌드)을 도커파일의 마지막에 넣어야 합니다. 그러면 모든 이전 단계를 재활용할 수 있습니다.

6.10.3 컨테이너를 Privileged 모드로 실행하지 않기

privileged 모드로 컨테이너를 실행하면 호스트의 모든 곳에 접근할 수 있습니다. 컨테이너가 privileged 모드로 실행하는 것을 막기 위해 파드에 보안 정책을 사용하세요. 컨테이너가 호스트 환경을 변경하기 위해 privileged 모드가 필요하면 해당 기능을 컨테이너에서 분리하여 인프라로 프로비저닝해보세요.

6.10.4 명시적인 컨테이너 이미지 태그를 사용하기

이미지 내부에 패키지된 코드와 컨테이너 이미지를 연결하도록 항상 컨테이너 이미지에 태그를 설정하세요. 이미지에 태그를 제대로 설정하려면 코드의 버전을 고유하게 식별할 수 있는 깃 커밋 해시를(예: 1f7a7a472) 사용하거나 시멘틱 버전을(예: 1.0.1) 사용하세요. 태그가 없을 때의 기본값은 latest 태그를 사용합니다. 하지만 코드의 특정 버전과 연결된 게 아니므로 사용을 피해야 합니다. 불규칙적인 행동을 유발해서 트러블슈팅을 어렵게 만들기 때문에 latest 태그는 절대 실서비스 환경에서는 사용하면 안 됩니다.

6.10.5 컨테이너 이미지를 작게 유지하기

컨테이너 저장소나 이미지를 이용해서 컨테이너를 실행하는 호스트 시스템의 공간을 작게 차지하는 것 외에도 작은 이미지는 이미지 푸시와 풀 성능을 개선합니다. 이는 서비스를 배포하거나 확장하면서 컨테이너를 시작할 때 성능을 개선합니다. 애플리케이션과 그에 대한 의존성은 이미지의 크기에 영향을 미치지만 작은 베이스 이미지를 사용하고 불필요한 파일은 이미지에 포함시키지 않아서 대부분의 이미지 크기를 줄일 수 있습니다. 예를 들어 alpine 3.9.4 이미지는 3MB밖에 안 됩니다. Debian stretch 이미지는 45MB이고 CentOS 7.6.1810은 75MB입니다. 이 배포판들은 베이스이미지에서 애플리케이션에서 필요하지 않은 일반적인 것들을 제거한 슬림 버전을 제공합니다. 일반적으로 이미지를 작게 유지하려면 기억해야 할 두 가지 사항이 있습니다.

- 작은 베이스 이미지에서 시작할 것

- 애플리케이션을 운영하는 데 필요한 파일만 포함할 것

아티팩트를 빌드하는 이미지를 애플리케이션을 실행할 때 사용하는 베이스 이미지와 분리하는 컨테이너 빌더 패턴을 사용하면 이미지를 작게 만들 수 있습니다. 도커의 멀티스테이지 빌드를 이런 방식으로 빌드할 때 사용합니다. 도커 빌드 파일을 만들 때 아티팩트를 빌드하고 테스트하는 명령을 다른 이미지에서 실행하고 애플리케이션을 실행하는 이미지는 다른 베이스 이미지를 지정해서 만들 수 있습니다.

TIP .dockerignore 파일을 이용하면 도커 빌드에 필요하지 않은 파일을 제외해서 빌드 속도를 개선할 수 있습니다.

6.10.6 하나의 컨테이너에 하나의 애플리케이션 실행하기

하나의 컨테이너에는 항상 하나의 애플리케이션만 실행해야 합니다. 컨테이너는 단일 애플리케이션을 실행하도록 설계되었습니다. 컨테이너는 내부에서 실행 중인 애플리케이션과 같은 생명 주기를 가집니다. 하나의 컨테이너에서 여러 개의 애플리케이션을 실행하면 관리가 어렵고, 결국에는 프로세스 중 하나가 망가지거나 응답을 하지 않게 됩니다.

6.10.7 신뢰성 있는 저장소의 검증된 이미지를 사용하기

컨테이너로 작업할 때 도움이 되는 공개되어 있는 이미지들이 많이 있고 계속 증가하고 있습니다. 도커 저장소의 태그는 변경이 가능하기 때문에 이미지가 바뀔 수 있음을 이해하는 게 중요합니다. 외부 저장소에 있는 이미지를 사용할 때 외부 저장소에 있는 것을 복사하거나 다시 만

들어서 조직 내의 관리형 저장소로 가져오는 것이 좋습니다. 조직 내의 저장소는 대개 CI 서비스와 가깝기 때문에 이렇게 하면 빌드에 영향을 줄 수 있는 또 다른 서비스 의존성을 제거합니다.

6.10.8 이미지에 취약점 검색 도구 사용하기

시스템 보안을 위협할 수 있으므로 이미지에 영향을 미치는 취약점은 미리 파악해야 합니다. 취약점을 발견하면 패치와 수정을 해서 이미지를 다시 빌드해서 재배포합니다. 일부 클라우드 공급자는 이미지 저장소 솔루션에 취약점 스캐닝을 제공해서 그런 기능들의 장점을 사용할 수 있게 해줍니다.

> **TIP** 새로운 사이버 보안 취약성 및 노출cybersecurity vulnerabilities and exposures(CVE)이 매일 새로 나오기 때문에 가능한 한 자주 이미지를 검사해야 합니다.

6.10.9 컨테이너에 데이터를 저장하지 않기

컨테이너는 휘발성이라서 멈추고, 파괴되고, 대체되면서 데이터를 잃어버릴 수 있습니다. 컨테이너에서 실행 중인 서비스가 데이터를 저장할 땐 볼륨 마운트를 사용하세요. 볼륨에 있는 콘텐츠는 컨테이너 생명 주기와 분리되어 외부에 존재하고 볼륨은 컨테이너의 크기를 증가시키지 않습니다. 컨테이너에서 임시로 비영구적인 쓰기가 필요하다면 tmpfs 마운트를 사용하세요. 이는 쓰기 가능한 레이어에 쓰는 것을 회피해서 성능을 개선할 수 있습니다.

6.10.10 이미지 내부에 비밀정보나 설정을 절대 저장하지 않기

이미지 내부에 비밀정보를 하드 코딩해두는 것은 피해야 할 행동입니다. 컨테이너에서 비밀정보가 필요하다면, 환경 변수로 정의하거나 컨테이너에 마운트한 볼륨의 파일로 제공합니다.

6.11 마치며

클라우드 네이티브 애플리케이션에 포함된 여러 기술에 대한 모범 사례로 책 전체를 쉽게 채울 수 있었습니다. 하지만 고객과 대화에서 반복해서 나온 특정 분야가 있었고, 이 장은 클라우드 네이티브 애플리케이션에서 그런 분야에 대한 모범 사례, 팁, 증명된 패턴들을 다뤘습니다. 따라서 독자들은 신경 써야 하는 요소들을 더 잘 이해하고 있어야 합니다.

CHAPTER 7

이식성

이식성은 클라우드 네이티브 애플리케이션을 개발할 때 가끔 관심사가 됩니다. 애플리케이션을 여러 클라우드 공급자나 온프레미스에 걸쳐서 배포해야 하는 요구 사항이 있을 수 있습니다. 이런 요구 사항은 일반적으로 애플리케이션을 이용하는 고객이나 애플리케이션을 개발하는 사업 등 이해관계자들 사이에서 발생합니다. 고객이 배포하는 애플리케이션의 경우에는 고객의 하드웨어에 배포할지 클라우드 공급자의 고객 계정으로 배포할지는 고객의 선택 사항입니다. 이런 이유를 신경 쓰지 않는다면 이식성에 대한 요구 사항은 다른 아키텍처적 요구 사항과 같은 중요도로 다뤄야 합니다. 비용과 트레이드오프는 사업에 맞게 고려해야 합니다.

7.1 왜 애플리케이션을 이식할 수 있게 만드는가?

애플리케이션을 이식할 수 있게 만들어야 하는 이유가 여러 가지 있습니다. 이식성도 요구 사항 중 하나이므로 해당 기능에 관련된 트레이드오프와 비용을 고려해야 합니다. 다음은 소프트웨어 벤더들이 왜 애플리케이션을 이식할 수 있게 만들어야 하는지에 대한 이유입니다.

- 고객의 환경에 배포해야 하는 애플리케이션을 개발할 때와 고객이 선택한 클라우드 공급자나 온프레미스에 배포해야 하는 요구 사항이 있을 때

- 클라우드와 온프레미스에서 실행하는 하이브리드 애플리케이션을 개발할 때, 애플리케이션의 일부 서비스는 두 환경에서 모두 실행해야 할 때

- 지연을 최소화하기 위해 고객의 애플리케이션과 가까운 곳에 서비스를 두어야 할 때(예를 들어 데이터를 저장하거나 분석하는 서비스 등)

- 애플리케이션의 일부 측면이 다른 클라우드 공급자가 제공하는 서비스에서 혜택볼 때(애플리케이션의 주요 기능과 다른 기능을 각기 다른 클라우드 벤더에 배포)

- 서비스의 재해 복구와 백업에 매우 높은 수준의 가용성이 필요할 때

- 클라우드 공급자 계정 관리 팀이 더 좋은 가격으로 협상하는 데 활용할 때

- 비용을 절감하기 위해 워크로드를 옮기거나 다른 클라우드 공급자의 어떤 새로운 기능의 장점을 활용하기 위해 민첩성이 필요할 때

어떤 애플리케이션들은 이식할 수 있게 만들어진 이유가 단지 벤더 록인의 공포에서 벗어나려는 것 때문입니다. 애플리케이션이 특정 클라우드 공급자만 제공하는 서비스나 API에 의존성이 있을 때 벤더 록인이 발생합니다. 이는 애플리케이션과 운영 도구를 리팩터링하거나 재작성 없이 옮기는 건 어렵게 만듭니다. 어떤 팀은 이런 비용을 고려하지 않고 애플리케이션을 이식할 수 있게 많은 투자를 합니다. 요구 사항 중에 이식성이 있으면 그에 따른 트레이드오프를 이해하는 것이 중요합니다. 이해관계자들은 때때로 이식성에 대한 이해 없이 애플리케이션에 이식성을 요구합니다. 이식성을 구현하려면 시장에 출시하는 시간, 기능, 엔지니어링 비용, 운영 비용 증가에 영향을 주는 트레이드오프가 있습니다.

이식성에 대한 요구 사항이 없어도 엔지니어링 팀은 가끔 불필요한 애플리케이션 이식성을 만듭니다. 종종 클라우드 공급자에게 종속된다는 결정을 한다는 공포에서 발생합니다. 다른 클라우드 공급자 서비스가 더 저렴해지거나 기능이 추가되거나 누군가가 더 인기 있게 된다면 무슨 일이 일어날까요? 이런 록인에 대한 공포는 팀이 플랫폼과 기술을 평가하는 데 시간을 소모해서 프로젝트 시작 시간을 지연시킬 수 있습니다.

7.2 이식성 비용

애플리케이션 이식성에는 일반적으로 가격표가 따라옵니다. 큰 애플리케이션에서는 비용이 심각해질 수 있습니다. 여러 클라우드 공급자나 온프레미스에 배포할 수 있게 애플리케이션을 이

식할 수 있게 만드는 것은 요구 사항일 수 있습니다. 따라서 관련된 비용과 잠재적인 트레이드오프를 이해하는 것은 중요합니다. 기업은 이런 트레이드오프를 고려해 다른 기능들과 비교해서 이식성의 우선순위를 높일 수 있고, 추가 비용을 들일 가치가 있는지를 결정할 수 있습니다. 예를 들어 기업이 이식성을 요구 사항으로 고려 중이라면 이것이 운영 비용과 시장에 제때 출시하는 데 어떤 영향을 미치는지 아는 것이 중요합니다. 이식성에 비용을 들일 가치가 없는 경우일 수도 있습니다.

다음은 이식성 요구 사항을 평가할 때 고려해야 하는 잠재적인 비용입니다.

- 벤더별 관리형 서비스를 이용하지 않아서 운영 비용이 증가할 때

- 모든 클라우드 공급자에서 이용 가능하지 않은 클라우드 공급자 제품과 서비스를 이용하지 않아서 인프라 비용이 증가할 때

- 클라우드 공급자 중 한 곳에서만 이용할 수 있는 기능을 구현해 엔지니어링 비용이 증가할 때

- 팀의 보유 기술이 아닌 기술을 이용해 엔지니어링 비용이 증가할 때

- 서비스 간 레이어를 둬서 성능이 감소할 때

- 지원받는 공급자에서 애플리케이션의 기능을 검증하기 위한 테스트 비용이 증가할 때

- 고객에게 가치를 전달하는 게 지체되어 이익이 감소할 때

CAUTION_ 운영 비용은 많이 증가할 수도 있어서 신중하게 고려해야 합니다. 대부분은 컴퓨트 이식성만 고려하지만 큐, 스트림, 데이터 스토리지, 분석 서비스 같은 관련 서비스를 관리하는 데 많은 운영 부담이 발생합니다.

7.2.1 데이터 중력과 이식성

데이터 중력data gravity은 데이브 맥크로리가 만든 용어입니다. 개념은 아주 간단합니다. 데이터는 자신을 사용하는 애플리케이션과 가까이 있고 싶어 합니다. 데이터가 성장할수록 중력이 강해져서 애플리케이션과 추가 데이터를 끌어당깁니다. 즉, 데이터가 커질수록 중력의 끌어당김도

커집니다. 모든 주요 클라우드 공급자는 다른 클라우드 벤더로 데이터를 옮길 때 내제된 어려움뿐만 아니라 데이터 중력의 중요성을 이해하고 있습니다.

사실 한 클라우드 공급자에서 다른 곳으로 데이터를 옮기는 것은 애플리케이션을 이동할 때 가장 어려운 부분입니다. 어떤 기업들은 그런 어려움을 이해하지 않고 애플리케이션을 이식할 수 있게 만들기 위해 많은 자원을 투자합니다. 데이터를 이전할 때 잠재적으로 다운타임이 발생할 수 있다면 비용을 투자할 만큼의 가치가 없습니다. 그런 경우는 애플리케이션을 이식할 수 있게 만드는 투자 비용은 낭비입니다.

대부분의 주요 클라우드 벤더들은 데이터를 쉽게 옮길 수 있는 데이터 마이그레이션 서비스를 제공하지만 대용량 데이터는 여전히 큰 노력이 필요합니다. 애플리케이션을 중지하지 않고 데이터를 옮기는 것은 어렵고 많은 비용이 발생할 수 있습니다. 이런 다운타임을 최소화하기 위해 마이그레이션하기 전에 더 이상 데이터를 변경하지 않도록 하고 이전하는 기법을 사용할 수 있습니다. 또한, 일시적으로 데이터의 실시간 복제를 사용할 수도 있습니다.

7.3 이식성을 언제, 어떻게 구현할 것인가?

애플리케이션의 일부나 전체에 대한 이식성 요구 사항은 애플리케이션을 시작할 때나 나중에 실행 중일 때 해결할 수 있습니다. 이식성이 나중에 요구 사항이 된다면 이런 요구 사항을 쉽게 추가할 수 있게 애플리케이션을 시작할 때 몇 가지를 미리 해둘 수 있습니다. 코드를 관심사와 레이어로 분리하도록 구성하는 좋은 코딩 사례를 사용할 수 있습니다. 여러 클라우드 공급자에서 사용할 수 있는 기술을 선택해 심각한 트레이드오프를 사전에 방지합니다. 몽고 DB나 PostgreSQL를 사용하는 것처럼 단순해지면 애플리케이션 이식성을 계속 유지할 수 있습니다. 이런 데이터 스토리지 기술은 관리형 서비스로 이용할 수 있고 온프레미스에 배포할 수도 있습니다. 또한 다른 제품과 잘 통합될 수 있는 벤더의 제품을 사용하지 않도록 선택했을 때의 트레이드오프도 고려해야 합니다. 예를 들어 클라우드 공급자가 제공하는 데이터 스토리지 서비스는 플랫폼 내 다른 서비스와 함께 보안을 통합하거나 이벤트를 처리할 수 있습니다.

7.3.1 인터페이스 표준화하기

표준화는 이식성 있는 애플리케이션을 만들기 쉽게 해주지만 일반적으로 표준화 과정은 느리게 진행되고 여러 조직의 팀들이 표준화에 동의해야 가능하기도 합니다. 어떤 기술과 클라우드로 이동하느냐에 따라 어려운 일이 될 수도 있습니다. 모든 표준에 해당하지 않더라도 이식성 있는 애플리케이션을 개발할 때 대중적으로 많이 사용하는 표준을 이용하는 것도 고려해야 합니다.

예를 들어 OpenAPI는 REST 기반 게이트웨이 서비스를 정의할 때 사용하는 API 관리 제품의 표준입니다. 개발자는 OpenAPI를 이용해 API 정의를 생성할 수 있고 다양한 클라우드 벤더 게이트웨이에서 사용할 수도 있습니다. 정의에 추가해야 하는 특정 벤더용 세팅이 일부 있을 수도 있지만 이를 최소화할 수 있습니다. 오픈 서비스 브로커 API는 표준 인터페이스의 또 다른 예입니다. 플랫폼을 쿠버네티스 같은 플랫폼으로 클라우드 벤더 자원을 프로비전하고 관리하는 데 사용할 수 있습니다.

서비스 메시 인터페이스service mesh interface(SMI), 이스티오, 컨설, 링커디 같은 여러 종류의 서비스 메시 기술 간의 상호운용성을 제공하는 데 사용할 수 있는 인터페이스를 정의합니다. 오늘날 이용 가능한 다양한 서비스 메시 기술이 있지만 그에 맞는 표준 인터페이스는 없습니다. 이런 기술을 채택한 개발자가 이 중 하나에 기여하고 API에 맞는 기능을 직접 구현해야 합니다. SMI 같은 표준 인터페이스는 이식성과 유연성을 더해서 애플리케이션이 쉽고 빠르게 요구 사항, 환경, 기술 생태계 성장 등을 사용할 수 있게 합니다.

이식성을 해결하기 위해 애플리케이션에서 사용할 수 있는 많은 '표준'들은 다른 곳에서 선정된 인기 있는 제품에서 만들어져서 사용하는 인터페이스입니다. 몽고 DB는 오늘날 가장 있기 있는 NoSQL 문서 지향 데이터베이스입니다. 예를 들어 마이크로소프트와 아마존 같은 클라우드 벤더는 몽고 DB API를 구현해서 몽고 DB처럼 보이는 데이터베이스를 만들었습니다. 몽고 DB를 대상으로 하는 애플리케이션들은 몽고 DB처럼 보이는 이런 데이터베이스 중 하나로 이전할 수 있습니다. 하지만 이런 서비스들이 전체 기능을 구현하지는 않습니다. 몽고 DB에서 이용 가능한 모든 기능을 사용할 수 있는 게 아니어서 애플리케이션에서 추가 기능을 구현해야 합니다.

컨테이너

컨테이너를 다루지 않고는 이식성 부분을 마무리할 수 없습니다. 코드와 의존성을 캡슐화하는 표준 패키징 형식인 컨테이너는 애플리케이션 코드의 이전을 매우 쉽게 만들 수 있습니다. 애플리케이션과 의존성을 컨테이너 내부에 패키징해서 컨테이너 안에서 애플리케이션을 실행하기 위해 여러 클라우드 공급자 서비스 중 하나를 사용할 수 있습니다. 널리 퍼져서 사용 중인 도커 컨테이너 형식은 컨테이너를 쉽게 이식이 가능하도록 만들 수 있게 도와줍니다.

컨테이너 안에 애플리케이션을 두면 이식성 있게 만들 필요가 없습니다. 애플리케이션이 로깅 서비스 같은 클라우드 벤더 종속적인 서비스에 연결한다거나 애플리케이션을 온프레미스나 다른 클라우드 벤더에서 실행하려면 변경해야 할 수도 있습니다. 애플리케이션을 개발할 때 외부 의존성을 생각하고 12요소 애플리케이션 방법론을 사용하세요. 예를 들어 12요소 방법론 중 하나는 로그를 이벤트 스트림으로 다루는 것입니다. 이때 애플리케이션은 스트림의 라우팅이나 스토리지를 신경 쓰지 않아야 합니다. 표준 출력으로 로깅을 해서 실행 환경이 애플리케이션이 실행 중인 환경에 가장 잘 맞는 위치로 로그를 보내도록 설정할 수 있습니다.

7.3.2 공통 서비스와 기능

클라우드 공급자에서 이용할 수 있는 공통 기술과 기능을 최소한으로 사용하면 이식성 요구 사항에 도움을 줄 수 있습니다. 하지만 그렇게 하면 비용을 증가시킬 수 있고 잠재적으로 애플리케이션의 기능성을 줄일 수 있습니다. 예를 들어 관계형 데이터베이스가 필요한 애플리케이션은 오라클 대신에 PostgreSQL을 사용해야 합니다. 모든 주요 클라우드 벤더들은 PostgreSQL과 MySQL을 완전 관리형 서비스로 제공합니다. 엔지니어링 팀이 마이크로소프트 SQL Server 데이터베이스에 더 익숙하더라도, 운영 비용을 증가시키지 않고 이식성을 보장하도록 개발자를 교육하고 경험 있는 컨설턴트를 데려오는 것은 가치가 있습니다. 더 인기 있는 많은 오픈 소스 기술을 관리형 서비스로 이용할 수 있습니다. 예를 들어 레디스, PostgreSQL, MySQL 등 데이터 서비스를 관리형 서비스로 이용할 수 있고, 쿠버네티스도 AWS, 구글 클라우드 플랫폼, 마이크로소프트 애저에서 관리형 서비스로 이용할 수 있습니다.

7.3.3 추상화와 레이어

이식성을 위한 일반적인 접근법은 추상화와 레이어를 사용하는 것입니다. 이런 추상화는 애플리케이션의 설정 가능한 라이브러리이거나 변경할 때 사용하는 일반적인 표현이거나 애플리케이션과 클라우드 공급자의 서비스 사이에 자리 잡은 서비스 파사드입니다. 클라우드 공급자별 레이어는 애플리케이션 코드에서 다른 구성 요소로 치환 기법을 이용해서 대체할 수 있거나 플랫폼 전용 파사드로 서비스에 연결합니다. 이런 서비스 추상화를 통해 제공하는 추가 이익은 테스트입니다. 공급자는 애플리케이션을 독립적으로 테스트할 수 있고 로컬 개발 환경을 개선하기 위해 목으로 대체할 수 있습니다.

구성 요소 치환

환경 설정에서 구성 요소를 치환할 수 있도록 애플리케이션을 개발할 수 있습니다. 라이브러리로 공급자를 만들 수 있고 여러 팀에 걸쳐 공유할 수 있습니다. [그림 7-1]은 지원받은 데이터 스토리지 서비스용 공급자를 어떻게 생성할 수 있는지와 배포한 환경에 따라 애플리케이션을 설정하는 것을 보여줍니다. 이런 접근법은 엔지니어링 비용을 증가시킵니다. 구성 요소를 개발하고 테스트해야 하기 때문입니다. 모든 서비스에서 이용 가능한 것이 아닌 일부 기능을 다룰 때 어려움이 자주 발생합니다. 이는 애플리케이션이 최소한의 공통 분모를 사용해야 하고 서비스의 일부 기능의 장점을 활용할 수 없다는 것을 의미합니다. 클라우드 벤더에서 누락된 기능은 이 레이어에서 구현할 수 있거나 다른 클라우드 공급자에서 실행할 때 해당 기능을 켜고 끌 수 있게 애플리케이션을 개발할 수 있습니다.

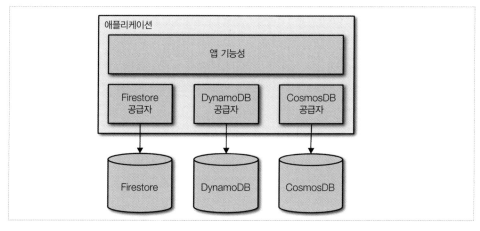

그림 7-1 다양한 스토리지 공급자를 이용하는 애플리케이션 개발

서비스 파사드

어떤 서비스는 애플리케이션과 클라우드 공급자 서비스 사이에 있을 수 있습니다. 클라우드 공급자 서비스들과 상호작용하는 데 사용할 수 있는 파사드로 이 애플리케이션을 개발합니다. 이는 기본적으로 추상화를 프로세스 밖으로 옮기고, 결국 애플리케이션 개발자는 이에 대한 세부사항을 신경 쓰지 않아도 됩니다. [그림 7-2]는 어떻게 로드밸런서를 가진 서비스로 파사드를 배포할 수 있는지 보여주고 애플리케이션의 사이드카 헬퍼로 파사드를 배포하는 것도 보여줍니다.

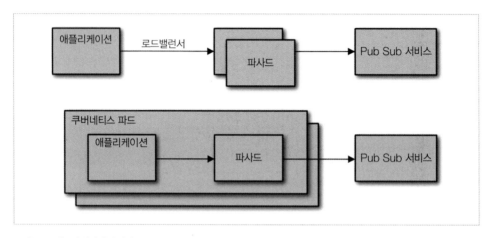

그림 7-2 애플리케이션이 파사드를 통해 토픽에 메시지 넣는 과정

이 서비스를 만들고 관리하는 엔지니어링 비용이 증가할 것입니다. 애플리케이션 개발자가 잠재적으로 유용한 클라우드 공급자 클라이언트 라이브러리를 사용할 수 없는 경우가 발생하는 것도 고려해야 합니다. 이 접근법은 특정 클라우드 공급자에서만 이용 가능한 기능은 어떻게 다뤄야 하는지도 고려해야 합니다. 이 장의 후반부에서 다루는 MinIO가 온프레미스의 오브젝트 스토리지를 제공하는 것뿐만 아니라 스토리지 어댑터로 사용할 수 있는 서비스의 좋은 예입니다.

변형

일반적인 형식으로 관리 중인 자원을 클라우드 공급자별 형식으로 변형하는 것은 여러 클라우드 벤더들을 사용할 수 있게 하는 또 다른 기법입니다. 일반적인 형식으로 자원을 정의한 다음 클라우드 공급자별 표현에 맞게 변경합니다. 서버리스 프레임워크는 클라우드 벤더별 설정을 생성하는 데 사용하는 표준 형식으로 서버리스 설정을 정의할 수 있게 합니다.

7.3.4 다른 벤더들의 관리형 서비스

이식성이 필요한 클라우드 네이티브 애플리케이션은 대상 클라우드 공급자의 회사 독립적으로 제공하는 관리형 서비스를 이용하는 것도 고려할 수 있습니다. 마찬가지로 이 서비스는 클라우드 공급자 독립적이고, 일부는 사용 중인 클라우드 공급자에 프로비전하거나 온프레미스 버전도 제공할 수 있습니다. 예를 들어 애플리케이션에서 데이터베이스로 몽고 DB를 사용하면 클라우드에 배포할 때 몽고 DB Atlas 같은 관리형 서비스를 사용할 수 있습니다. 몽고 DB가 제공하는 관리형 서비스는 데이터베이스를 관리할 필요를 없애고 운영 비용을 줄이는 데 도움을 줍니다.

다음은 이런 종류의 서비스들입니다.

- Auth0: *https://auth0.com/*

- MongoDB Atlas: *https://cloud.mongodb.com*

- Elasticsearch Cloud: *https://www.elastic.co/cloud/*

- Sendgrid: *https://sendgrid.com/*

- Cloudflare LB: *https://cloudflare.com*

이런 서비스의 청구서는 클라우드 공급자의 청구서와 통합되지 않아서 애플리케이션에서 청구서 계정을 여러 개 관리해야 합니다. 또 다른 고려 사항은 이런 서비스들이 클라우드 공급자가 제공하는 다른 서비스들과 완벽하게 통합되지 않습니다. 예를 들어 보안을 관리하는 인증과 접근 서비스 또는 이벤트가 발생했을 때 클라우드 공급자 함수를 실행하는 것은 할 수 없을 것입니다. 이런 종류의 서비스를 선택했을 때 고려해야 하는 사항들입니다.

7.3.5 이식성 도구

사용 가능한 이식성 도구의 개수가 늘어나고 있어서 개발자가 공급자에 구애받지 않고도 클라우드 서비스를 사용할 수 있습니다. 이런 도구들은 자신들의 추상화 레이어를 만들어 레이어를 클라우드 공급자별 플러그인을 이용하는 설정을 변경하거나 처리하는 데 사용합니다. 여러 클라우드 공급자를 함께 사용하면서 대상 클라우드 공급자들이 공통으로 지닌 자원들을 단순하게 관리할 수 있으므로 개발자들에게 도움이 됩니다. 하지만 변형과 공급자별 세팅을 미리 이해해야 한다는 부담도 있습니다.

서버리스 프레임워크

FaaS를 사용하는 애플리케이션의 이식성은 어려운 문제이기 때문에 이식성 요구 사항을 처리하는 많은 소프트웨어 개발자에게 관심 주제입니다. 이식성이 요구 사항인 곳에선 많은 팀이 서버리스를 피할 것입니다. 불행하게도 팀은 궁극적인 강력한 서비스들의 장점을 활용하지 못한다는 것을 의미합니다. 모든 클라우드 공급자의 서버리스 제품들은 다른 설정과 코드를 사용하고 서로 다른 기능들을 제공합니다. 예를 들어 서버리스 프레임워크(*http://serverless.com*)는 인기 있는 FaaS 기술들의 추상화를 제공합니다. 개발자는 이런 프레임워크를 개발할 수 있고 이 프레임워크가 지원하는 모든 플랫폼을 대상으로 할 수 있습니다. 새로운 플랫폼을 지원하도록 프레임워크를 확장할 수 있습니다.

> **TIP** 서버리스 프레임워크를 이용해서 함수를 개발하거나 클라우드 공급자의 SDK를 사용할 때 함수의 로직과 이벤트 핸들러를 분리하는 것이 좋은 방법입니다. 이는 함수의 코드가 깔끔해지고 테스트하기 쉽고 필요하면 다른 클라우드로 쉽게 이전할 수 있습니다.

인프라

클라우드 공급자들이 노출하는 인프라 관리용 API는 모두 다릅니다. 여러 클라우드 공급자 플랫폼을 지원해야 하는 소프트웨어 개발자는 일반적으로 클라우드 인프라를 관리하기 위한 추상화를 만들어서 작업합니다. 예를 들어 해시코프의 테라폼은 여러 클라우드 벤더를 함께 인프라로 관리하는 제품입니다. 이 도구는 클라우드 인프라 관리를 위한 IaC 접근법을 지원하는 유용한 도구입니다. 안전하고 일관된 방법으로 인프라를 정의하고 변경하고 버전 관리하기 위해 테라폼을 사용할 수 있습니다. 테라폼을 이용하면 인프라 엔지니어는 여러 클라우드 공급자를 관리하는 데 사용할 수 있는 단일 설정을 만들 수 있습니다. 설정 대부분을 여러 클라우드 공급자들에 대해 동일한 형식으로 만들 수 있지만 실제로 설정 일부는 클라우드 공급자마다 조금씩 다릅니다. [그림 7-3]은 인프라 엔지니어가 다중 클라우드 벤더를 대상으로 할 수 있는 테라폼 파일과 스크립트를 소스 제어 저장소에 생성하고 관리하는 과정입니다. 프로비저너는 클라우드 공급자별 API로 자원을 프로비전하기 위해 테라폼 설정을 사용합니다. 클라우드 공급자별 프로비저너는 벤더의 API와 함께 작동하도록 개발하고 자원을 생성하고 관리하기 위해 클라우드에 의존성이 없는 설정으로 변경할 수 있습니다.

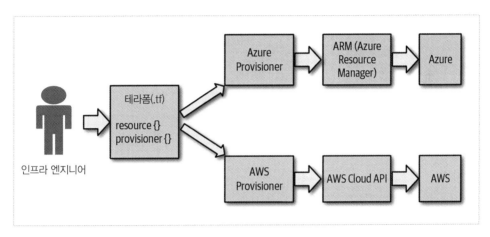

그림 7-3 Azure, AWS에 대한 테라폼 배포 설정

실제로는 테라폼 파일들은 클라우드 벤더 전용 설정을 일부 포함합니다. 하지만 관리를 단순화하기 위해 이를 최소화할 수 있습니다.

스토리지 추상화

애플리케이션은 종종 데이터스토어를 여러 개 지원해야 하고, 이를 해결하기 위해 저장소 패턴 repository pattern을 사용합니다. 클라우드 애플리케이션과 비슷한 접근법을 사용할 수 있지만 다른 접근법은 온프레미스에 스토어로 작동할 수 있는 게이트웨이를 두고 애플리케이션에서 추상화를 외부로 분리하는 것입니다. MinIO가 좋은 예입니다. MinIO는 아마존 S3 같은 오픈 소스 오브젝트 스토어입니다. MinIO 스토리지는 아마존 S3 API를 구현합니다. 그 외에도 데이터를 파일 시스템 볼륨에 저장하고, 게이트웨이로 작동하도록 설정할 수도 있습니다. [그림 7-4]는 MinIO 서비스에 데이터를 두고 작동하는 애플리케이션을 개발하는 것을 보여줍니다. 이는 다른 스토리지 공급자에 대한 게이트웨이로 작동하도록 설정할 수 있습니다. 예를 들어 개발 환경에서 실행할 때는 로컬 파일 시스템에 쓰도록 MinIO 서비스를 설정할 수 있습니다.

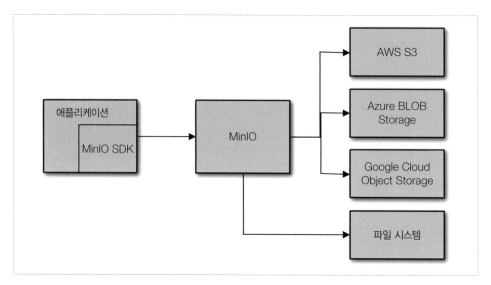

그림 7-4 게이트웨이로 배포된 MinIO 오브젝트 스토리지 서비스

MinIO 서비스를 사이드카 컨테이너로 배포할 수 있어서 서비스의 배포와 관리를 단순화할 수 있습니다. 고가용성을 위해 로드밸런서 뒤에 서비스 인스턴스를 여러 개 두도록 배포할 수 있습니다.

애플리케이션이 더욱 이식성 있게 되더라도 게이트웨이에는 과부하가 조금 있을 것입니다. 애플리케이션과 스토리지 사이에 추가로 게이트웨이 서비스를 두었을 때 잠재적인 성능 트레이드오프를 계산하고 고려해야 합니다. 이때 중요한 점은 일부 스토리지 기능은 MinIO API를 통해 이용할 수 없을 것입니다. 일부 벤더 전용 기능은 MinIO 게이트웨이를 그대로 통과하도록 구현해야 합니다.

7.3.6 이식성 레이어로서의 쿠버네티스

클라우드 공급자 인프라를 추상화하기 위해 쿠버네티스를 사용할 수 있습니다. 하위에 어떤 클라우드 공급자가 있는지 신경 쓰지 않고 비슷한 방법으로 쿠버네티스에 애플리케이션을 배포하고 관리할 수 있습니다. 쿠버네티스는 계속 진화하고 있고 쿠버네티스 API를 통해 더 많은 클라우드 공급자의 인프라 기능에 접근할 수 있게 제공하고 있습니다.

오늘날 모든 주요 클라우드 벤더는 관리형 쿠버네티스 서비스를 가지고 있습니다. 클라우드 공급자의 관리형 쿠버네티스 서비스는 매우 쉽게 새로운 쿠버네티스 클러스터를 만들 수 있습니다. 클라우드 공급자는 쿠버네티스 관리 플레인을 책임지고 클라우드 공급자의 하위 인프라와 통합된 전용 플러그인을 함께 클러스터에 프로비전합니다.

클라우드 컨트롤러 매니저

쿠버네티스는 클라우드 공급자 인프라와 플랫폼을 통합할 수 있도록 플러그 가능한pluggable 플랫폼으로 만들어졌습니다. 이는 쿠버네티스에 실행 중인 애플리케이션을 사용하도록 클라우드 공급자 전용 자원을 프로비전할 수 있게 합니다. 쿠버네티스 인터페이스를 통해 로드밸런서나 스토리지 볼륨을 이용할 수 있습니다. [그림 7-5]는 클라우드 인프라와 상호작용하기 위해 사용하는 **클라우드 커넥터**cloud connector라는 어댑터와 함께 구성한 쿠버네티스 클라우드 컨트롤러 매니저cloud controller manager (CCM)를 보여줍니다. 클라우드 벤더의 관리형 쿠버네티스 서비스의 사용자는 이런 세부 사항을 신경 쓰지 않아도 됩니다.

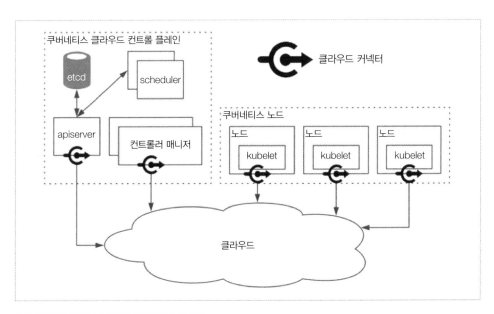

그림 7-5 쿠버네티스 클라우드 컨트롤러 매니저

서비스 카탈로그

쿠버네티스 서비스 카탈로그는 쿠버네티스에 관리형 서비스를 프로비저닝할 때 사용할 수 있는 확장 API입니다. 서비스 카탈로그는 클라우드 공급자 관리형 서비스의 목록 확인, 프로비전, 바인드하기 위해 오픈 서비스 브로커 API를 사용합니다. [그림 7-6]은 쿠버네티스 클러스터 사용자가 서비스 브로커를 통해 제공된 관리형 서비스의 목록을 어떻게 확인할 수 있는지, 클러스터에 인스턴스를 프로비전하고 애플리케이션이 그걸 사용할 수 있는지를 보여줍니다. 예를 들어 애플리케이션 개발자와 운영자는 클라우드 공급자 관리형 PostgreSQL 데이터베이스를 생성하기 위해 쿠버네티스 API를 사용합니다. 애플리케이션 자원을 프로비전하기 위한 스크립트와 인프라 정의는 각 클라우드 공급자용을 따로 만들지 않아도 됩니다. 클러스터가 어떤 클라우드 공급자에 배포되어 있는지 신경 쓰지 않고 단순히 쿠버네티스만 사용하면 됩니다. 모든 클라우드 공급자가 서비스 카탈로그에서 이용할 수 있는 관리형 PostgreSQL를 제공한다는 것을 가정하고 있습니다.

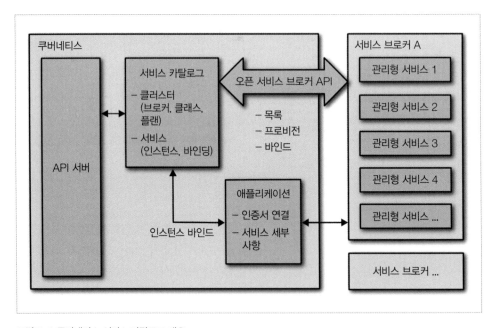

그림 7-6 쿠버네티스 서비스 카탈로그 개요

가상 쿠블렛

가상 쿠블렛은 API를 쿠버네티스 클러스터 내의 노드에 있는 **kubelet**처럼 보이게 할 수 있는 오픈 소스 프로젝트입니다. 이는 쿠버네티스를 통해 클라우드 벤더의 CaaS 제품을 사용할 수 있게 만듭니다. 개발자와 관리자는 자신들의 워크로드를 실행하기 위해 계속해서 쿠버네티스 인터페이스를 사용할 수 있고, 클라우드 공급자에서 이용 가능한 컴퓨트 서비스의 장점도 여전히 이용할 수 있습니다. [그림 7-7]은 쿠버네티스 클러스터의 가상 노드를 보여줍니다. 이 노드는 ACI나 AWS 파게이트 같은 컴퓨트 서비스에서 실행하고 작업을 할당받을 수 있습니다. 이는 다른 레이어를 만들 필요 없이 클라우드 벤더 서비스를 여전히 제공하면서 이식할 수 있게 하는 가장 효율적인 접근법입니다.

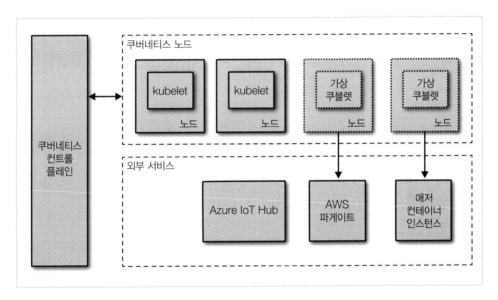

그림 7-7 가상쿠블렛

7.4 마치며

이식성은 클라우드 네이티브 애플리케이션에서 반드시 고려해야 하는 기능입니다. 이를 요구 사항으로 다뤄야 하고 잠재적인 트레이드오프와 비용을 이해해야 합니다. 예를 들어 엔지니어링 비용 외에도 운영 비용과 인프라 비용도 고려해야 합니다. 계획을 잘 세우고 좋은 개발 사례를 따르면 애플리케이션을 이식하기가 훨씬 더 쉬워집니다.

INDEX

INDEX

INDEX

INDEX